「縮減」される「就学機会」

生活保護制度と大学等就学

三宅雄大

さて、私は言う。人間および一般にあらゆる理性的存在者は、目的それ自体として現存し、あれこれの意志によって任意に使用される手段としてのみ現存するのではなく、自分自身にむけられた行為においても、他の理性的存在者にむけられた行為においても、あらゆる行為においてつねに同時に目的として見られなければならない、と。

イマニュエル・カント『道徳形而上学の基礎づけ』

「縮減」される「就学機会」――生活保護制度と大学等就学

目次

第4章　生活保護制度における大学等就学の「条件」

第5章　利用世帯における若者の「進路希望」の形成過程

補論　生活保護制度における大学等就学（二〇一七年度‐二〇一九年度の動向）

資料

序章

1　はじめに――「当事者の語り」／生活保護制度における大学等就学

本書は、生活保護制度を利用する世帯（以下、利用世帯）[1]における大学等への「就学機会」の実態を「当事者の語り」に依拠して検討するものである。

保護を受けていて、大学には行かせられないっていう、基本っていう話を、福祉事務所の担当の方にお話を聞いたときに、〔夫〕とは凄く考えました。本人〔娘＝長女〕が、大学に行きたいという、選択肢が。したいのに……それは、子どもには言えなかったです。何とかしてでも、というところではありました。

二〇一一年一一月二〇日（日曜日）

以上の引用は、ある利用世帯の母親による語りである。この語りは、筆者が博士前期課程在籍時（二〇一一年度〜二〇一二年度）に関わったインタビュー調査（X県町村部で実施）で語られたものである。この世帯は、精神疾患のため療養中の父親（四〇代）、パート就労をする母親（四〇代）、難病のため療養中の長女（二〇代）、小学生の次女の四名から構成されていた。先の引用で言及されていたのは二〇代の長女のことである。

母親によれば、長女は、幼少期に腎臓系の疾患（指定難病）を発症し、中学校卒業まで入退院を繰り返していた。そのため、学校に通えないことや行事に参加できないことも多くあり、中学校卒業後も高校進学はせず治療に専念することとなった。しかしながら、療養生活のかたわら、高等学校卒業程度認定（高卒認定）の取得を目指し独学で勉強をして、一六歳のときに高卒認定試験に合格していた。

高卒認定取得後二年間は大学進学（心理系）を目指して大学受験の勉強をし、一八歳の年に、センター試験を受験する予定であったという。しかし、その年は特に体調がすぐれなかったこともあり受験を断念していた。その後、調査実施時まで、勉強は続けながらも療養生活を続けていた。

以上のとおり、この世帯の場合、長女は健康上の理由から大学受験を断念している。あるいは仮に、試験に合格していたとしても、健康上の理由から通学することは難しかったかもしれない。しかしながら、引用した語りにあったとおり、両親は担当ケースワーカーから「保護を受けていて、大学には行かせられない」ことを知らされていた。そして、当時も現在も、就学者本人が生活保護を利用しながら大学等に通うことは原則認められていない。

＊＊＊

二〇一一年当時の筆者は、漠然と「貧困問題と教育」に関する研究をしたいと考えていたため、生活保護制度と大学等就学の問題をテーマにしようとは考えていなかった。そのため、博士前期課程では、別のテーマ（利用世帯における進学期待、通塾状況等に関する実態）で修士論文を書いた。

しかしながら、先に引用した「当事者の語り」は、筆者に様々な問い（あるいは、違和感）を残すものだった。「もし、彼女が、利用世帯から大学等に就学することは認められないと知っていたら、大学等就学を諦めていた（諦めざるを得なかった）のだろうか」、「もし、彼女が、大学受験を諦めていなかったら、なおかつ、大学受験に成功していたら、本人や周囲の人間は何ができたのだろうか」、そして、「本人の意向とは無関係に、大学等就学が左右される状況は公正なものなのだろうか」等々。

その後、筆者は、博士後期課程（二〇一三年度～二〇一七年度）において、生活保護制度と大学等就学に関する研究を行ってきた。本書は、その成果『生活保護利用世帯における大学等「就学機会」に関する研究』（博士論文）を大幅に加筆・修正したものである。

この意味で、本書は、以降に述べる学術的な論理とともに、「当事者の語り」から投げかけられた問題を契機として書かれたものである。

2　問題提起

現在の日本では、高等学校等卒業後の大学等進学率が七割を超えている。しかしながら他方で、利用世帯においては、①高等学校等卒業後の大学等進学率が約三割にとどまる一方で、②就職率は日本全体に比して高くなっている[2]。

以上の数値のうち、利用世帯における大学・短期大学進学率（一九・九％）は、日本全体における一九六〇年代初頭の大学・短期大学進学率（通信教育学部を除く）――一九六二年＝一九・三％、一九六三年＝二〇・九％――に等しい。つまり、利用世帯における大学・短期大学進学率は、五〇年以上前の日本全体の進学率と同水準にとどまっている（図序－1及び2）。

トロウ（1976）が整理したモデルによると、高等教育は、①少数者（同世代人口の一五％）が「特権」として高等教育を受ける「エリート段階」、②一定数の人びと（同一五～五〇％）が「権利」として専門分化したエリート養成教育を受ける「マス段階」、③多数の人びとが一種の「義務」として産業社会に適応するための教育を受ける「ユニバーサル段階」へと移行するという。

以上のモデルに倣うならば、現在の日本は、高等教育の「ユニバーサル段階」に至っていると考えられる一方で、利用世帯の子ども[3]は明らかにその潮流から取り残され「マス段階」に留め置かれているといえよう。

ここまでの議論を踏まえると、利用世帯出身の子どもは、大学等[4]への「就学機会」（＝大学等に「就学す

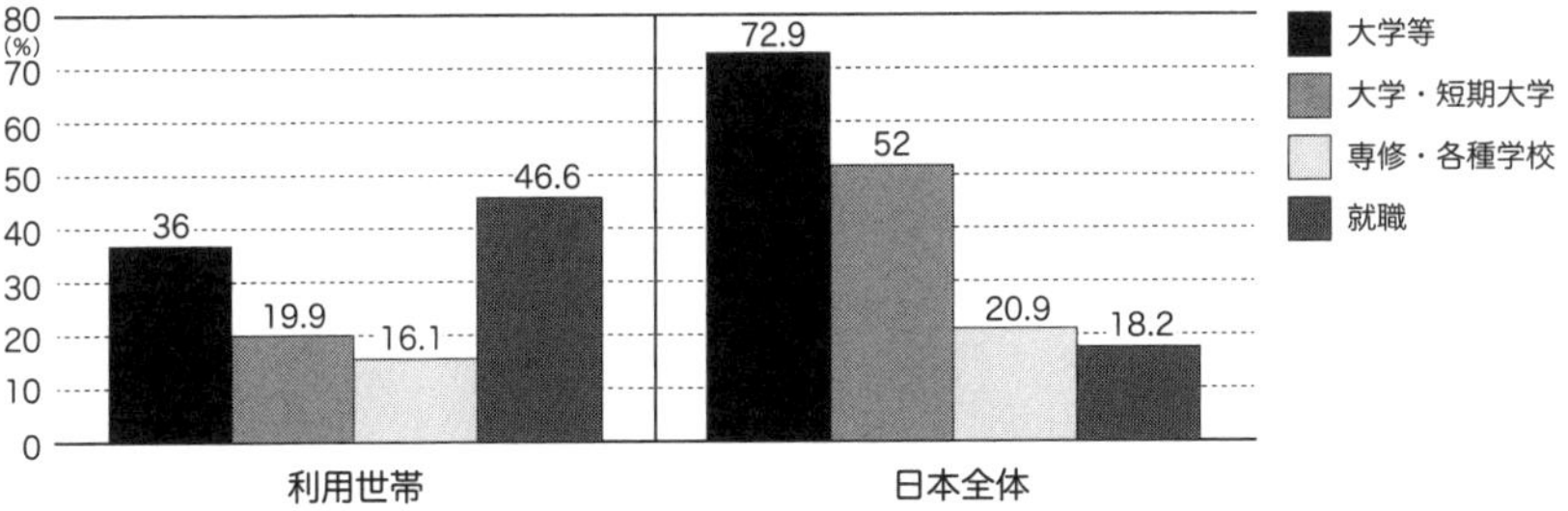

図序-1　高等学校等卒業後の進学率・就職率――利用世帯／日本全国
資料：「平成30年度　子供の貧困の状況と子供の貧困対策の実施状況」に基づき筆者作成

図序-2　大学・短期大学進学率――利用世帯／日本全体
資料：「子供の貧困の状況と子供の貧困対策の実施状況（2015、2016、2017、2018年度版）」
及び「学校基本調査」（年次統計・進学率）に基づき筆者作成

るか否か」を選択する「機会」に関して、何らかの不利を被っていると考えられる。この認識が本書の起点となる。

しかしながら、大学等進学率の格差は、利用世帯のみならず、広く貧困・低所得世帯や社会階層間においても見受けられる（cf. 平沢・古田・藤原 2013）。前掲の「子供の貧困の状況と子供の貧困対策の実施状況」（二〇一八年度版）によれば、児童養護施設の子どもの高等学校等卒業後の進学率が三〇・八％で、就職率が六二・五％、ひとり親世帯における子どもの同進学率が五八・五％で、就職率が二四・八％である[5]。この意味で、利用世帯だけが問題なのではない。

それでは、なぜ、とりわけ利用世帯に焦点化するのか。その理由としては、利用世帯が――「生活保護制度を利用している」という事実から――「非利用世帯」とは異なる状況に置かれていることが挙げられる。利用世帯は、文字通り「生活保護制度を利用している」世帯である。そして、このことは、利用世帯が生活保護制度の根拠法である生活保護法、ならびに、関連する通知等によって影響を受けることを含意する。

そして、既にみた統計や先行研究（第1章で詳述）の知見によるならば、生活保護制度を利用しているという事実、ひいては生活保護制度の仕組みによって、利用世帯の子どもの「就学機会」が左右されていることが推論される。そうであるとすれば、生活保護制度と大学等就学に関わる問題は、他の問題系とは独立に追究されるべき研究課題であろう。

3　本書の目的と構成

本書の目的は、①生活保護制度を利用する世帯の子どもが高等学校等卒業後に「どのようにして」大学等「就学／非就学」に至るのかその過程を分析すること、そして、②とりわけ生活保護制度の及ぼす影響に焦点をあてながら、利用世帯における大学等「就学機会」が「縮減」される条件を明らかにすることである。

なお、ここでは「縮減」とは、文字通り「ちぢめ減らすこと」を意味する[6]。この用語を使用することで、①他者によって、②人びとの「選択肢」が「減らされていること」、そして、「生き方の幅」が「縮められていること」を示している。

つまり、「就学機会」は、自然と変化していくのではなく、他者（人間、法律、制度等）の介在によって左右されるのである。そして、このことは、他者によって「就学機会」が「縮減」されうることとともに、他者によって「拡充」されうること――つまり、改善の可能性――をも含意する。

以上の研究目的を究明する本書は、「はじめに」を含めて9章構成である。次章以降の概要は以下のとおりである。第1章から第3章にかけては、本書の分析に向けた準備作業を行う。第1章では、生活保護制度における大学等就学と関連する先行研究を検討する。この作業をとおして、先行研究で得られた知見と残された課題を析出し、本書が取り組むべき研究課題を明らかにする。

第2章では、本書の研究の視点と分析枠組みを提示する。具体的には、なぜ「就学機会」を問題化するのかに関して「目的論／義務論」という対立する視点を導入する。また、分析枠組みとして、「就学機会」が何を意味しているのか「三つの側面」に分けて説明する。そのうえで、本論で明らかにすべき具体的な研究課題を提示する。

第3章では、研究課題を明らかにするために採用する研究方法を説明する。具体的には、第4章で用いる行政資料に関する説明、ならびに、第5章及び第6章で用いるインタビュー調査（利用世帯の養育者を対象とした「二〇一四年度／二〇一五年度調査」、利用世帯の若者を対象とした「若者調査」）に関する説明を行っている。

以上の準備作業を踏まえて、続く第4章以降では、研究課題（課題1〜3）を明らかにするべく分析作業を進めていく。まず、第4章では、生活保護制度における大学等就学の取扱いを検討する。ここでは、生活保護制度下で利用世帯の子どもが、大学等へ就学する場合に採りうる「客観的な選択肢」、ならびに、その選択にあたって要請される「条件」を行政資料（「保護の実施要領」など）の分析をとおして明らかにする。

第5章では、利用世帯の子どもの「進路希望」の形成過程を検討する。ここでは、利用世帯の子どもが、生活保護制度という仕組みの中で「どのような」過程を経て「大学等就学／非就学」を希望するに至ったのかを、「若者調査」（利用世帯出身の若者へのインタビュー調査）を通じて検討する。この作業によって、大学等「就学機会」に関する「主観的な選択肢」を析出する。

第6章では、利用世帯の子どもが「大学等就学／非就学」を「選択」するにあたってなされる「資源調達」の過程を検討する。ここでは、養育者、ケースワーカーが、大学等就学に伴う「資源調達」において「どのような」役割を果たしているのか（果たしていないのか）を、養育者に対するインタビュー調査（「二〇一四年度調査」、「二〇一五年度調査」、「若者調査」）から析出する。

第7章では、上記3章の分析結果を踏まえて本研究を総括する。具体的には、分析結果・考察の整理、全体考察、政策への示唆、残された課題を提示する。

最後の補論では、二〇一七年度以降の生活保護制度、「教育政策」の動向を検討することで、第7章までの議論を補う。ここでは、「客観的な選択肢」の限定性が緩和されつつある一方で、制約性に変化のないことを指摘している。

■注

1 一般的には「生活保護受給世帯」、「受給者」という語句が用いられている。また、厚生労働省は「被保護世帯」（「被保護世帯調査」など）という語句を、生活保護法（第6条、第10章）は「被保護者」という語句を用いている。しかしながら、本研究では、人びとが他の制度同様に「生活保護という制度」を「利用している」という点を強調するために「生活保護利用世帯」、「利用者」という語句を用いる。

2 「子供の貧困対策に関する大綱について」によれば、①進学率＝「高等学校（中等教育学校の後期課程及び特別支援学校の高等部を含む。）、高等専門学校、専修学校、各種学校又は公共職業能力開発施設等を卒業した者（年度途中に卒業を認められた者を含む。）のうち、大学等（大学及び短期大学）、専修学校等（専修学校及び各種学校）に進学した者の割合」、②就職率＝「高等学校（中等教育学校の後期課程及び特別支援学校の高等部を含む。）、高等専門学校、専修学校、各種学校又は公共職業能力開発施設等を卒業した者（年度途中に卒業を認められた者を含む。）のうち、就職した者の割合」である。

なお、日本全体の数値は、各年度の「学校基本調査」に基づき算出されており、利用世帯の数値は、厚生労働省社会・援護局保護課調べの数値である。

3 本研究では、「児童福祉法第（4条）」における「児童」の定義にならって、「子ども」を「一八歳未満の者」と定義する。ただし、分析を進めるうえでの便宜上、一八歳以上の者であっても「高等学校等に就学中の者」（例えば、定時制高校、高等専門学校などに就学中の者）に関しては「子ども」と表記する。また、養育者（親）との関係の文脈で論じる際には、年齢を問わず「子ども」——「親」に対する「子ども」——と表記する。

4 以下、本研究では、「保護の実施要領」（局長通知）に倣い「高等学校（定時制及び通信制を含む）、中等教育学校の後期課程、特別支援学校の高等部専攻科、高等専門学校、専修学校又は各種学校」を「高等学校等」と略記する。また、同様に「夜間大学等（大学夜間部、通信制各種学校）」と「大学・短期大学（大学昼間部、短期大学、生業扶助の給付対象外である専修学校・各種学校）」を併せて「大学等」と略記する。なお、学校系統に関しては、巻末の資料図1を参照。

5 児童養護施設の子どもに関しては、厚生労働省雇用均等・児童家庭局家庭福祉課調べ（二〇一八年度）、ひとり親世帯の子どもに関しては、「全国母子世帯等調査（特別集計）」（二〇一六年度）から算出されている。

6 「ちぢめ減らすこと。「予算の規模を―する」」（『広辞苑　第七版』岩波書店

第1章

先行研究の検討

知見と残された課題

序章で論じたように、利用世帯における大学等進学率は低位である。それでは、「なぜ、利用世帯の子どもは、高等学校等卒業後に大学等へ就学しないのか（できないのか）」、あるいは、「利用世帯の子どもは、大学等への就学機会に関して、どのような不利を被っているのか」。

以下では、先行研究をレビューすることで、上記の「問い」に関連する知見を整理し、先行研究において「何」が「明らかにされているのか／明らかにされていないのか」を明らかにする。その際、大別して以下、二通りの先行研究を検討する。（1）生活保護制度における学校教育「就学」の取扱いを検討している「制度研究」、（2）貧困・低所得世帯（以下、利用世帯を含む）の子どもの「就学」に関する「調査研究」。

1 「制度研究」――生活保護制度における「就学」の取扱い

ここでは、まず、生活保護制度において学校教育「就学」が「どのように」取扱われてきたのかについて、生活保護法や「保護の実施要領」(厚生労働省発の通知)を検討している「制度研究」(鈴木 1967; 小山 1975; 白沢 1978; 牧園 1999, 2006; 横山 2001; 小川 2007; 阿部 2012; 岡部 2013)の知見を整理する。具体的には、(1)義務教育就学、(2)高等学校等就学、(3)大学等就学の順に検討する。この作業を通じて、生活保護制度における大学等就学の取扱いの特徴を、他の学校段階と比較して析出する。

(1) 義務教育就学の取扱い

学校教育の就学費用を対象とした給付=「教育扶助」は、一九五〇年施行の生活保護法第13条においてはじめて創設された(cf. 小山 1975)[1]。その条文では、以下のとおり規定されている。

教育扶助は、困窮のため最低限度の生活を維持できない者に対し、左に掲げる事項の範囲内において行われる。

1・義務教育に伴って必要な教科書その他の学用品
2・義務教育に伴って必要な通学用品
3・学校給食その他義務教育に伴って必要なもの[2]

以上に示されているとおり、「教育扶助」の給付対象は、義務教育（小中学校）就学に伴う費用に限られている。

この点と関連して、生活保護法のコンメンタールを著した小山（1975）によれば、当初の厚生省当局の新法案には「但し、政令の定めるところにより、義務教育以外の学校教育についてもこれを行うことを妨げない」と但し書きが付されており、高等学校等就学に対する給付の可能性も残されていたという。しかしながら、「この案は社会福祉ということだけを考えた場合には適当であろうが、社会保障という見地から考えた場合にはいささか行きすぎであり、最低生活保障法としての建前を乱す虞ありとの批判強く」、最終的には削除されている（ibid. p. 246）。

小山は、「教育扶助」の対象が義務教育に限定された理由を以下のとおり説明している。

> 教育扶助の適用範囲を義務教育に限定していることは、本法の目的が要保護世帯の自立助長にあることから考えると些か物足りない感があるが、本法の最低生活保障法たる建前と一般庶民世帯の教育水準とを考慮するとき、当分我が国民の最低限度の教育水準を義務教育以上の線に置くことは困難であろう。（ibid. p. 248）

つまり、生活保護法の施行当時は、義務教育以上への就学が「最低生活」を超え出るものとして考えられていたため――当時の高等学校等への進学率は四〇％台であった――、「教育扶助」の対象が義務教育に限定されたのである（以上の議論は、白沢［1978］も参照）。

この点に関して、小川（2007）は、「教育面での人たるに値するという意味での最低生活がいわゆる義務教育にとどまらなければならないという根拠は必ずしも存在しない」（p. 237）としたうえで、「教育に対する権利」という観点、ならびに、「自立助長」という生活保護法の趣旨目的という観点からしても「義務教育学校以外の教育も、それが健康で文化的なという意味での最低生活権に属すると考えられるときには当然、生活保護法による教育扶助でカバーすべきものと考えられる」（p. 238）と論じている。

ここまでの議論を整理すると以下のとおりである。①利用世帯から義務教育に就学することは、生活保護法施行当時から「教育扶助」によって、一定程度、経済的に保障されてきたこと、②ただし、「教育扶助」の対象が義務教育に限定される根拠はないと考えられること、以上である。

（2）高等学校等就学の取扱い

以上に検討したとおり、生活保護制度における「教育扶助」の給付対象は、義務教育に限定されている。それでは、利用世帯の子どもが義務教育修了後の就学をすることは、完全に不可能であったのか。結論の先取りになるが、政府は「保護の実施要領」の改正を通じて、利用世帯の子どもが高等学校等に就学することを可能にしてきた。以下、先行研究の知見から、その経緯を概観する。

そもそも、生活保護法では、「収入および支出、即ち、家計を一にする消費生活上の一単位」（小山 1975: p. 220）である「世帯」を単位として「保護の要否及び程度を定める」ことを規定している（生活保護法第10条）。また、同10条の但し書きには、世帯単位の原則によりがたいときには、「個人を単位として定めることができる」と付されている。

小山（1975）は、以上の「世帯単位の原則」に「よりがたい場合」の一例として、以下の場合を挙げている。

母と子供から成る世帯で、子供の中の一人が高等学校以上の学校に行くことがその世帯のために必要であってその世帯外の他からの援助とその子供の自力でその学校に行くことができる場合（p. 224）

つまり、利用世帯の子どもが高等学校等、大学等に就学する場合には、当該就学者のみを世帯分離することで、その就学を認めることが想定されていた。いわば、「事実は世帯であるものを世帯でないと擬制する」こと――「消極的擬制」――（小川 2007: p. 38）で、義務教育以上の就学への途を拓くということである。

実際に、「生活保護制度」下では、「保護の実施要領」の改正によって、利用世帯の子どもの高等学校等就学が可能となってきた。この点に関して、義務教育以上の就学が「保護の実施要領」において「どのように」取扱われてきたかを分析した牧園（1999）[3]は、以下の点を指摘している。すなわち、当初、優秀者対策であった高等学校等への「世帯分離就学」が、要件の緩和によって「世帯内就学」の容認にまで拡張されてきたことである。

具体的には、以下のような変遷を経ている。①一九五八年の「保護の実施要領」の改正では、日本育英会法の「特別貸与奨学金」（成績優秀者向け）を活用していることが高校への「世帯分離就学」の要件であったが、②一九六一年の改正では、「公的奨学金」を活用した高校教育への「世帯内就学」（保護を受けながらの就学）が認められ、③一九七〇年の改正では、高校就学を原則的に「世帯内就学」とする方式が確立されている。

以上に加えて、高等学校等就学に関する大きな転換点として、二〇〇五年度の「保護の実施要領」の改正が挙げられる。この改正によって、①「生業扶助」に「高等学校等就学費」が創設され、②保護費のやりくりによる「預貯金」、「学資保険の保有」が認められている。

これにより、二〇〇五年度以降、利用世帯の子どもが高等学校等に就学する場合は、①保護を受けながらの「世帯内就学」が一般的に認められ、なおかつ、「就学費用」に関しては、②「学資保険」や「預貯金」の活用、ならびに、③「高等学校等就学費」（「生業扶助」）で賄うことが可能となった[4]。

なお、以上の改正の契機としては、二〇〇四年三月一六日の中嶋訴訟の最高裁判決が挙げられる。中嶋訴訟とは「生活保護法による保護を受けている者が子の高等学校修学費用に充てる目的で加入した学資保険の満期保険金について収入の認定をして保護の額を減じた保護変更決定処分が違法であるとされた事例」[5]である。

同訴訟の最高裁判決では、「生活保護法の趣旨目的にかなった目的と態様で保護金品等を原資としてされた貯蓄等は、収入認定の対象とすべき資産には当たらない」としたうえで、以下のとおり論じている。

> 近時においては、ほとんどの者が高等学校に進学する状況であり、高等学校に進学することが自立のために有用であるとも考えられるところであって、生活保護の実務においても、前記のとおり、世帯内修学を認める運用がされるようになってきているというのであるから、被保護世帯において、最低限度の生活を維持しつつ、子弟の高等学校修学のための費用を蓄える努力をすることは、同法の趣旨目的に反するものではな

いというべきである[6]。

上記の中嶋訴訟の最高裁判決を受けて、「生活保護制度の在り方に関する専門委員会」（以下、「在り方委員会」）による報告書では、以下のとおり高等学校等就学に関する提言がなされている。

高校進学率の一般的な高まり、「貧困の再生産」の防止の観点から見れば、子供を自立・就労させていくためには高校就学が有効な手段となっているものと考えられる。このため、生活保護を受給する有子世帯の自立を支援する観点から、高等学校への就学費用について、生活保護制度において対応することを検討すべきである。

（「在り方委員会」報告書）[7]

以上のとおり、「学資保険・預貯金保有の容認」と「高等学校等就学費の創設」は、「子どもの自立」、「世帯の自立」、ならびに、「貧困の再生産防止」という観点からなされたと言えよう。

ここまでに検討してきた「高等学校等就学費」に関しては、以下、二通りの課題が指摘されている。①高等学校等就学費が「教育扶助」としてではなく「生業扶助」として給付されていること（就労に偏重していること）（阿部 2012; 岡部 2013）、②ならびに、世帯内就学を認める要件として、高等学校等に「就学し卒業することが世帯の自立助長に効果的と認められる場合」と規定されていることである。

後者に関しては、本来「生活保護請求権も学習権もその主体は個人であるから、自立は権利主体たる児童本人について考えられなければ」ならず「世帯の自立はあくまでも副次的第二次的な効果に過ぎない」ことが指摘されている（阿部 2012; p. 153, cf. 横山 2001）。

以上、ここまでの議論を整理すると、①「高等学校等就学費」が「教育扶助」ではなく「生業扶助」に創設されたこと、ならびに、②子どもの就学が「世帯の自立」によって条件づけられているという限界がある一方で、③利用世帯における高等学校等就学は、一定程度、経済的に保障されつつある（「世帯内就学」+「高等学校等就学費」）と言えよう。

（3）大学等就学の取扱い

上述の高等学校等就学の場合と同様に、政府は、「保護の実施要領」を改正することで利用世帯の子どもが大学等に就学する途を拓いてきた。重要な論点としては、以下三点が指摘できる（cf. 牧園 1999）。

第一に、限定的な「世帯分離就学」から、要件の緩和された「世帯分離就学」に移行していったことである。大学への「世帯分離就学」は、一九六一年の「保護の実施要領」の改正においてはじめて正式に認められている。ただし、要件として「特別貸与奨学金の活用」（成績優秀者向け）が設定されていたため、その対象者は限られていた。

しかしながら、その後、段階的に「世帯分離就学」の要件は緩和されていった。具体的には、以下の要件を充たす場合に「世帯分離就学」が認められるに至っている。①保護開始時に現に大学に就学中の場合（一九七〇年改正）、②「生業扶助」の給付対象外である各種学校に就学する場合（一九七〇年改正、一九七三年改正）、③「各種貸与金」を活用して大学に就学する場合（一九七四年改正、一九七五年改正）、④「生業扶助」の給付対象とならない専修学校に就学する場合（一九九五年改正）。

第二に、一九七三年の「保護の実施要領」改正によって、「余暇活用」としての「夜間大学等」への「世帯内就学」が認められたことである。以降、大学等就学に関して「世帯内就学」が認められているのは、上記の「夜間大学等」のみである。ただし、「夜間大学等」就学の場合であっても、「就学費用」に対する保護費の給付はない。

上記のとおり、利用世帯から大学等へ就学する場合には――「夜間大学等を除き」――「世帯分離就学」が前提とされている。このことは、就学する者が「生活扶助」等の対象から除外されることを意味する。この点に関して、岡部（2013）は、「世帯内就学」を認めていないことが「貧困の世代間継承（再生産）の解消を図る上では大きな障壁となる」（p. 37）と指摘している。

第三に、上記二点と関連して、現行の「生活保護制度」では、「恵与金」や「各種貸与金」（「他法・他施策」）によって、大学等就学に伴う費用を賄うことが前提とされていることである（cf. 岡部 2013）。既に言及したとおり、大学等就学――「世帯分離／世帯内就学」を問わず――に対する保護費の給付はない。それゆえ、利用世帯の子どもは、「生活保護制度」以外の「資源」に頼らざるを得ない。

ここまでの議論を整理すると以下のとおりである。①利用世帯の子どもが大学等へ就学することは、「世帯分離」をする場合にのみ認められていること（但し、夜間大学等を除く）、以上と関連して、②「学費等」や「世帯分離」後の「生活費等」に対する経済的保障はなされていないこと、それゆえに、③「恵与金」や「他法・他施策」の活用が前提とされていること、以上である。

＊＊＊

以下、ここまでの先行研究から得られた知見と課題を整理する。

まず、先行研究から得られた知見としては、以下三点が指摘できる。第一に、生活保護制度において「教育扶助」の給付対象は、義務教育に限定されていることである。そのため、義務教育修了後の高等学校等、大学等への就学は対象外とされている。この理由としては、義務教育以上の学校が「最低生活」を超え出ることが挙げられている。

第二に、高等学校等に関しては、①「保護の実施要領」の改正を繰り返すなかで「世帯内就学」が認められてきたこと、ならびに、②二〇〇五年改正により、「生業扶助」（「高等学校等就学費」）、「学資保険」や「預貯金」の保有による一定程度の経済的保障を得られるに至ったことである。ただし、「高等学校等就学費」には、①「生業扶助」に位置づけられていることから「就労」に偏重しているという課題、ならびに、②「世帯の自立助長」という要件が付されているという課題が残されている。

第三に、大学等に関しては、就学の対象・要件は緩和されてきたものの、「夜間大学等」を除いて「世帯分離就学」しか認められていないことである。そのため、「学費等」や「世帯分離」後の「生活費等」に対する保護費の給付はなく、「各種貸与金」や「恵与金」の活用に頼らざるを得ない状況にある。したがって、利用世帯の子どもが大学等へ就学する場合には、義務教育や高等学校等の場合に比して、より大きな経済的障壁があると考えられる。

上記の知見が得られた一方で、先行研究には、以下、二点の課題が残されている。第一に、利用世帯から大学等に就学する場合に、「何」を「なしうるのか／なしえないのか」が部分的にしか明らかにされていないことである。「保護の実施要領」では、「世帯認定」（「世帯分離就学／世帯内就学」）以外にも、「収入認定」、「資産の活用」、「他法・他施策」などに関する規定がある。

以上に加えて第二に、「保護の実施要領」における大学等就学に関する「要件」の分析が不十分だということである。すでに言及したように、高等学校等の「世帯内就学」の「要件」には「世帯の自立助長に効果的と認められる場合」と規定されており、子どもの就学が「世帯の自立助長」の「手段」として位置づけられていた。大学等就学に関する「要件」の規定にも、以上のような問題が含まれている可能性がある。

以上を踏まえると、「生活保護制度」における大学等への「就学機会」を明らかにするためには、より体系的に「保護の実施要領」の規定を検討する必要があるだろう。

2　貧困・低所得世帯の子どもの「大学等就学」に関する「調査研究」

以上に見てきたとおり、生活保護制度では、子どもが大学等へ就学することが――無条件ではないものの――認められている。それにも関わらず、多くの利用世帯の子どもが、大学等に「就学していない」のは「なぜ」なのか。

以下では、利用世帯における大学等就学の実態に関する「調査研究」を検討する。但し、論点の先取りになるが、「利用世帯」に焦点化して、なおかつ、「大学等就学」をとりあげた先行研究は管見の限りほとんどない。

そこで、以下では、利用世帯を含む「経済的困難を経験している世帯」（以下、「貧困・低所得世帯」[8]と略記）を対象とした「調査研究」を検討することで知見の整理を行う。また、必要に応じて社会階層研究、若者の移行に関する研究にも参照して上記の知見を補完する。

（1）大学等からの「選別」

フランスの社会学者、Bourdieu, Passeron（1964=1997）によれば、①フランスの労働者階級の子どもが大学へ進学する「客観的な可能性」（一〇〇人に二人）は、上級管理職の子どもの進学可能性（二人に一人）を大きく下回っており、②同様に、労働者階級の子どもは、身近に大学進学者がいないため、大学進学への「主観的期待度」が低いという（ibid. p.14）。つまり、下層階級の子どもは、大学進学から「客観的」に「選別」されており、そしてまた、「主観的」に「自己選別」をしていると考えられている（cf. 宮島 2017; pp. 58-62）。

それでは、日本の利用世帯に関しては、どのような知見が得られているのか。第一に、利用世帯の子どもが、義務教育修了時、ならびに、高等学校等卒業時に「上級学校への進学」ではなく「就職」や「その他」[9]の進路へと「選別」されている可能性が指摘できる。先に言及したとおり、利用世帯における大学等進学率（三三・一%）は、日本全体の大学等進学率（七三・一%）に比して低位であった。

以上に加えて、利用世帯においては、高等学校等進学率が相対的に低く、高等学校等中途退学率が相対的に高いことが指摘されている。例えば、内閣府の公表する「平成三〇年度　子供の貧困の状況と子供の貧困対策の実施状況」によれば、①利用世帯における高等学校等進学率は、九〇・八%（二〇一三年）、九三・七%（二〇一八年）で、全世帯の数値九九・〇%（二〇一八年）に比して八・二~五・三ポイント低く、②また、利用世帯の高等学校等中退率は、五・三%（二〇一三年）、四・一%（二〇一八年）で、全世帯の数値一・三%

（二〇一七年）に比して四・〇～一一・八ポイント高くなっている（類似の知見は、高山 1981; 林 2016 参照）。

また、第二に、中学生という早期の段階で、利用世帯と一般世帯との間に「進学期待／進学希望」[10]の格差が生じていることが指摘できる（青木 2003; 田中 2013; 前馬 2014; 林 2016）。具体的には、利用世帯の中学生が、①「進学希望」として「高校」まで、ならびに「専門学校」までを挙げる割合が一般世帯に比して高いこと、②反対に「大学」、「短大」を挙げる割合が一般世帯に比して低いことが析出されている（林 2016; 田中 2013）。また、利用世帯における親の子に対する「進学期待」としては、「最低限」「高校」までは卒業してほしいとする割合の高いことが指摘されている（青木 2003; 前馬 2014）。

なお、利用世帯に限らず、広く「貧困層（相対的貧困）」を対象とした調査研究（藤原 2012）からは、①「貧困層」の親が、「進学期待」として「中学・高校」までを挙げる割合が「非貧困層」に比して高く、②反対に「大学・院」までを挙げる割合が低かったことが析出されている。子ども自身の「進学希望」に関しても同様の傾向が析出されている。

以上の知見を踏まえると、利用世帯の子どもには、自ら「大学等就学」を「諦める」、あるいは、何らかの理由から「希望しない」という「主観的」な「選別」が生じていると考えられる[11]。

ここまでの議論を整理すると、①利用世帯の子どもは、一般世帯に比して、大学等就学に至るより以前の段階で「学校教育」から離れている可能性が高く、②また、早い時期から大学等就学を「諦めている」、あるいは、「希望していない」状況にあり、③大学等就学から二重に「選別」されていると考えられる。

それでは、「なぜ」、「どのようにして」、利用世帯の子どもは、大学等就学を「諦め」、あるいは、「希望することなく」、大学等就学から「選別」されていくのであろうか。以下では、「貧困・低所得世帯」を対象とした調査研究から上記の問いに関連する知見を整理する。

（2）「経済的障壁」による「選別」——大学等就学に伴う「経済的負担」

上記のような「客観的」な「選別」が生じる理由として、先行研究からは、大学等就学に伴う「経済的負担」（「就学費用」＝「学費等＋生活費等」）の問題が析出されている。先行研究（青木 2007; 小林 2008; 矢野 2015）によれば、日本では、子どもが大学等に就学する場合に、「家族（親）」が「経済的負担」（「学費等」、「生活費等」）を引き受けることが前提とされているという。

この指摘と関連して、OECD諸国の統計データからは、以下二点が指摘できる（以下、OECD 2016 ならびに、青木 2007; 小林 2008; 中澤 2015; 大内 2017 参照）。第一に、日本では、高等教育[12]に対する「公財政」の支出割合が低く（三五％）、「私費負担」の割合（「家計」五一％、「その他の私的部門」一四％）が高いことである。日本における「公財政」の支出割合は、OECD諸国の中でも最低水準に位置している。例えば、OECD諸国平均では「公財政」七〇％、「私費負担」三〇％（「家計」二一％、「その他の私的部門」九％）であり、日本における「公私負担割合」の構成と反転している。

第二に、日本においては、高等教育（国公私立）における平均授業料が高く、なおかつ、学生支援体制が整備されていないことである。日本の高等教育機関では、私立のみならず国公立の授業料も高騰してきており、OECD諸国の中でもアメリカに次ぐ高水準である。

例えば、日本政策金融公庫の実施する「令和元年度　教育費負担の実態調査結果」[13]によれば、大学等就学に伴う費用負担（「入学費用」＋「在学費用」）[14]は、図1‐1のとおりである。具体的には、最も費用負担

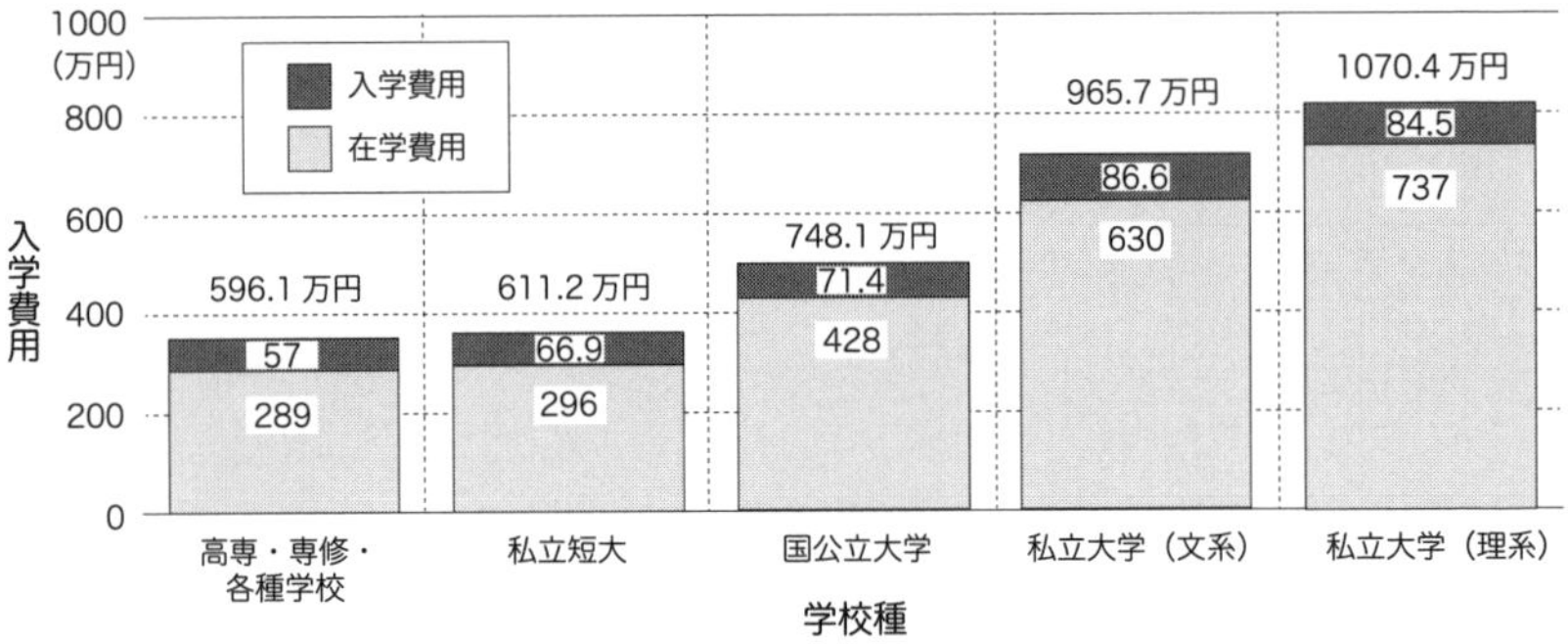

図 1-1　大学等就学に伴う費用
資料：『令和元年度　教育費負担の実態調査結果』に基づき筆者作成

の軽い「高等専門学校・専修・各種学校」では「五九六・一万円（二年間）」、最も費用負担の重い「私立大学（理系）」では「一〇七〇・四万円（四年間）」の費用負担が生じている。

これに対して、日本における奨学金制度に関しては、①独立行政法人・日本学生支援機構の「貸与型」（ローン）が中心であり、②なおかつ、「貸与型」（ローン）の返済軽減・免除の措置がほとんどとられていないことが指摘されている。

ただし、二〇一七年度には、①住民税非課税世帯、②生活保護利用世帯、③社会的養護を要する者を対象として給付型奨学金が創設された。また、二〇二〇年四月からは、給付型奨学金に加えて、住民税非課税世帯（及びそれに準ずる世帯）を対象とした大学等の授業料等減免が開始された。

以上のとおり、少なくとも貧困・低所得世帯に関する「就学費用」の負担は緩和される傾向にあると考えられる。しかしながら、給付型奨学金・授業料等の減免ともに選別主義的な要件が課されており問題含みであることが指摘されている（田中 2019; 大内 2020 等）。

総じて、日本では、高等教育に要する経済的負担の多くを「私費」（とりわけ、家計）に依存している。そして、先行研究では、このような費用負担のあり方が、「『家族依存型』教育システム」（青木 2007; p. 215）、「無理する家計」（小林 2008; p. 81）、「親負担主義」（矢野 2015; p. 253）として析出されている。

上記のような、大学等就学に伴う「経済的負担」を「私費」（「家族（親）」）に依存している日本においては、出身世帯に頼ることが困難／不可能である貧困・低所得世帯（含む利用世帯）の子どもは、大学等進学にあたって不利な位置に置かれると考えられる（青木 2007）。

この点に関して、乾（2006）の指摘は示唆的である。乾は、公立高校を卒業した若者の「移行」過程を調査したうえで（cf. 乾・東京都立大学 2006）、以下のとおり指摘する。

極度に狭められた「就職」にかかわる選択肢として進学を選べるか否かは、ほとんど直接、学費を用意できるか否かにかかっている。これまで家庭階層の差は「経済資本」ばかりではなく「文化資本」のもつ影響力、すなわち「学力」の差として間接的に現れていたとすれば、現状は、私たちが対象にしたような中位以下の高校の生徒たちにとっては、よりむき出しの経済力の差として現れている。（p. 257）

上級学校への進学可能性が、出身世帯の「経済力」如何によって左右されているというのである（cf. 耳塚 2002）。

上記の知見は、「貧困・低所得世帯」を対象とした調査研究からも支持される。例えば、小西（2003）によれば、「貧困・低所得世帯」の高校生には、具体的な将来展望を抱いており、なおかつ、上級学校への進学を希望しながらも「経済的な問題」が理由でその実現が難しい者がいたという。

同様に、西田（2012）は、経済的困難が語られた「困難層」出身の「若者」（すべてフリーター状況）が、主として経済的理由（親の経済状況、奨学金返済に対する不安など）から、高校卒業後に大学等へ進学することを諦めていたと指摘している（cf. 妻木 2005）。

また、大澤（2008）によれば、「困難層」（利用世帯、児童扶養手当受給世帯、低所得世帯）出身の「若者」（すべて高校卒業）には、高校卒業後に大学等へ進学することを断念した者がいたという。そして、かれらが、進学を断念した理由としては「奨学金制度を利用することで過大な借金を背負うことに対する忌避感や、高等教育を受けた後の就職可能性への不安から奨学金利用をためらうこと」（p. 10）が語られていたという。

以上のとおり、「貧困・低所得世帯」の子どもは、大学等就学に伴う「経済的負担」の重さ（i.e.「私費負担」の高さ、奨学金制度の不十分）によって、大学等就学から「選別」されていると考えられる。また、ここで留意すべきは、「経済的負担」の重さによる「選別」が、子ども自身の「諦め」＝「自己選別」へと変換されていることである。

（3）大学等就学を可能にした要因

以上のように、「貧困・低所得世帯」の子どもは、「経済的負担」によって、大学等就学に至ることなく「選別」されていた。しかしながら、以上のような「選別」が働くなかにあっても、「貧困・低所得世帯」から大学等へ就学する者は一定数いる（例えば、利用世帯においても大学等進学率は約三割ある）。

そこで、以下では、視点を反転させて、「貧困・低所得世帯」の子どもが「いかにして」大学等就学を達成しているのかに着目した先行研究を検討する（長瀬 2011; 樋口 2014; 林 2016）。例えば、長瀬（2011）は、児童養護施設出身者（大学等卒業者）へのインタビュー調査から、大学等就学が可能となった条件として、以下三点を析出している。①「複合的な条件」（信頼できる他者との出会い、具体的な職業像との出会いなど）に恵まれたため、当人が「『進学は可能である』というイメージを持つことができた」（p. 129）ということ、②学費、生活費を賄うために、当人が「人並み以上の頑張り」をしていたこと、③身近な援助者（施設職員、地域住民など）を介して「偶然」、「たまたま」各種「資源」（奨学金、児童養護施設独自の支援など）を活用できたこと。

また、樋口（2014）は、「生活困難層（母子・父子家庭、傷病・障害者家族、引揚者家族）」出身者へのインタビュー調査から、大学等就学が可能となった条件として、以下二点を析出している。①学費等を準備するために「家族一丸となって働く」という「がんばり」があったこと（p. 139）、②この「がんばり」が、前もって計画的に行われていたことである。

阿部（2013）は、大学等就学者のいる母子・寡婦世帯（貧困・低所得世帯含む）の母親に対するインタビュー調査から、以下、三点を析出している。①母子・寡婦世帯では、母親の「自己犠牲」に基づき、②大学等就学に伴う「入学金」を家計内のやり繰り（「学資保険」、「預貯金」など）によって、また、③入学後の「授業料」を家計外からの複数の「奨学金等」借り入れによって賄っていたことである。

最後に、林（2016）は、既述の利用世帯の高校生に対して実施したインタビュー調査から、かれらの大学等就学が可能となった条件として、以下三点を析出している。①学校・勉強中心の高校生活を送っていたこと、②親との距離をとることを可能にする「家庭以外」の「居場所」を有していたこと――つまり、「家族への準拠」を緩和することが可能であったこと、③養育者以外に経済的支援をしてくれる「他者」がいたこと、以上である。

なお、利用世帯の子どもが、過重な「経済的負担」を負って大学等就学を果たしていることに関しては、大阪府堺市と大阪市立大学が実施した「堺市生活保護世帯の大学生等に対する生活実態調査（堺市調査）」[15]が示唆的である（以下、桜井・鷲見・堀毛［2017］参照）。

堺市調査では、①堺市内の利用世帯に同居する者で、なおかつ、②「世帯分離」によって大学等に就学している者（二〇一六年一〇月一日現在）を対象にアンケート調査（経済状況、アルバイトの就労状況など）を実施している。以下、堺市調査から得られる知見を、独立行政法人・日本学生支援機構が実施した「学生生活調査報告」（二〇一六年度）[16]における大学生（大学・昼間部）の状況と対比しながら整理する。

第一に、大学等就学者が「世帯分離」されることによって、世帯あたりの最低生活費が平均三・九万円（月額）減少していることである。この点に関して、桜井・鷲見・堀毛（2017）は、「世帯全員を保護基準未満の貧困リスクに晒す恐れ」があると指摘している（p. 105）。

以上と関連して、第二に、利用世帯における「奨学金」（日本学生支援機構の貸与型奨学金）の利用率が高いことである。利用世帯における利用率は八六・六％であり、他方で、「学生生活調査」における同「奨学金」利用率は四八・九％である。なお、「奨学金」は「必要ない」と回答した割合に関しては、利用世帯では五・二％、「学生生活調査」では四四・〇％である。

第三に、利用世帯においては、①年間収入に占める「家庭からの給付」の割合が低く（六・五％）、②他方で、「奨学金」の割合が高く（七〇・六％）なっていることである。反対に、「学生生活調査」では、「家庭からの給付」の割合が高く（六〇・一％）、「奨学金」の割合は低い（一九・六％）。なお、「堺市調査」独自の項目によれば、「奨学金」利用者のうち「借入総額（見込み）が「三〇〇万円以上」の者が七三％、同数値が「四〇〇万円以上」の者が五五％と高額に偏っている。

第四に、利用世帯の学生は、①アルバイト従事者の割合（八二・五％）は、「学生生活調査」（八三・六％）と概ね同等であるが、しかし、②アルバイト従事日数が「週三日以上」である割合は、「授業期間中」（六五・九％）「長期休暇中」（六七・四％）ともに、「学生生活調査」の数値（「授業期間中」四七・八％、「長期休暇中」六五・五％）に比して高い。総じて、利用世帯出身の者のほうが、長時間のアルバイト就労をしている傾向にある。

第五に、利用世帯出身の者のうち「経済的に勉強を続けることが難しい」と考えている者（「大いにある＋少しある」と回答した者）は五二・八％であり、他方で、「学生生活調査」では、一八・〇％と二割を切っている。

以上、ここまでの議論を整理するならば、①「貧困・低所得世帯」の子どもは、偶発的な要因（信頼できる他者や職業モデルとの出会い、居場所の獲得、制度資源へのアクセス）ならびに、②就学者自身や家族による過重な「経済的負担」（長時間のアルバイト、親の自己犠牲、多額の奨学金の借り入れなど）によって、大学等に――将来の見通しの不透明さを伴いながらも――就学しているのだと言えよう。

（4）「学校教育」を通じた成功から「降りる」子ども

以上に検討してきた先行研究では、大学等就学を希望した場合の「経済的負担」（学費等）が議論の焦点であった。しかしながら、利用世帯の子どもを、大学等就学から「選別」する要因は、「経済的負担」にのみ還元することはできない。

第一に、先行研究からは、「貧困・低所得世帯」の子どもが、自ら「学校教育を通じての地位達成」という論理から「降りて」いることが析出されている。

例えば、長谷川（1993）は、「学校〈不適応〉」（不登校、高校不進学、高校中途退学）――つまり、高校卒業以前の「学校教育」からの離脱――が「生活困難層（ひとり親世帯、傷病・障害者家族、引揚者家族）」に集中して生じていると指摘する。

長谷川によれば、「学校〈不適応〉」を経験している者の間には、大きな迷いもなく自ら「学校での競争を通じての地位獲得という論理」（p. 141）から離れていくという「学校へのこだわりの希薄さ」（p. 134）が共通して見られたという。

それでは、なぜ、かれらは、「学校での競争を通じての地位獲得という論理」から「降りて」いくのだろうか。この点に関しては、以下の先行研究から示唆的な知見を得られる。まず、利用世帯の中学生に対して参与観察を実施した盛満（2011）によれば、利用世帯の中学生の多くが「就職」以外に「将来の夢や進路を自由に描くことができていない様子」（p. 283）であったという。そして、上記の理由として、子どもが接近しうる「職業モデルの偏りや狭さ」、ならびに、利用世帯で育つがゆえに「就職を強く意識」せざるをえないことが析出されている（pp. 282-283）。

また、既述の大澤（2008）の調査研究によれば、「困難層」出身の「若者」の多くが、自らの所属する「集団」（経済的に困窮している家庭、中卒、高卒で働くきょうだい、高校卒業後すぐに働く同級生など）に準拠して進路選択を行っていたことが析出されている。つまり、「困難層」の若者には、「所属集団」以外に準拠する集団がないため、限られた選択肢の中から進路選択（就職）をしていたと考えられるのである。

以上の知見に対して、より「文化」的な要因に着目した研究としては、Willis（1977=1996）によるイギリスでの調査研究がある。Willisは、労働者階級出身の「〈野郎ども〉Lads」が、「反学校文化」（教師への反抗、からかい、飲酒、喫煙など）の実践をとおして、自ら進んで筋肉労働――そこでは、「反学校文化」に親和的な「労働者階級の文化」「職場文化」がある――に参入していく過程を描出している。つまり、「〈野郎ども〉」は、労働者階級の「文化」に依拠することで、学校生活、ひいては、進路選択を規定しているのだと言えよう。

Willisと類似した日本の調査研究としては、知念（2012）が挙げられる。知念は、公立高校（進路多様校）の「〈ヤンチャな子ら〉」（喫煙や飲酒、ケンカを繰り返す男子生徒［利用世帯出身の者も含む］）を対象にフィールドワーク調査を実施している。知念によれば、「〈ヤンチャな子ら〉」の「家庭の文化」（バイク、パチンコなどの趣味、家族に高校中退が多いことなど）が、学校文化と葛藤を生じさせているという。この点は、Willisの指摘と重なりがある。

しかしながら他方で、「〈ヤンチャな子ら〉」は、自らの将来を親の人生と重ね合わせようとはしておらず、そのほとんどが「親たちのような人生は歩みたくないと考えていた」という（p. 81）。それゆえに、知念は、「〈ヤンチャな子ら〉」を「〈野郎ども〉のように学校文化を積極的に異化していく存在」ではなく、むしろ、「学校文化への異化と同化のジレンマにおかれた存在」（p. 81）として解釈している。

以上の議論を整理すると、「貧困・低所得世帯」の子どもは、①「職業モデル」や「準拠集団」の偏り、あるいは、②「家庭の文化」（「階級分化」）の影響を受けて、「学校教育」ではなく「就職」等への進路を選び取っていると考えられる。ただし、ここで留意すべきは、知念の指摘にあるように、「文化」的な要因のみから子どもの「自己選別」を説明することはできないことである。

(5)「学校教育」を通じた成功から「降りざるをえない」子ども

第二に、先行研究からは、「貧困・低所得世帯」の子どもが、「貧困・低所得」ゆえに「学校教育を通じての地位達成」という論理から「降りざるをえない」状況に置かれていたことが析出されている。

例えば、先に言及した盛満(2011)の調査によれば、利用世帯の中学生(一~三年生)の一部に、日常の生活基盤が整っていない(生活習慣が身についていない、幼いきょうだいの世話を見なければならない等)ことによる「不登校」がみられたという。また、調査対象者の多くが、過去の不登校経験、学習資源(眼鏡、文房具等)の不足といった要因から「低学力」に陥っていたことが指摘されている。

また、以上の論点を端的に析出している研究としては、小西(2003)の研究がある。小西は、「生活保護・低所得世帯」(利用世帯、児童扶養手当受給、親類の援助で生活する世帯)に育つ高校生(中途退学者含む)が、経済的困窮の経験、複数回の転居(転校)などを背景に「早期からの低学力」に陥っていることを指摘している。

そして、かれらは、経済的な問題、学力・学歴の低さにより「選び取れる将来」が「相対的に狭くなり、目標を見つけること、そしてそれを実現する」ことが困難な状況に置かれているのだという(p. 105)。

以上は、要するに「貧困・低所得」と関連する諸困難の経験、それらを背景とした「低学力」、ならびに、経済的困窮そのものが、子どもが「学校教育を通じての地位達成」という論理に乗ることを制約していることを示している[17]。

（6）「学校教育」を通じた成功から「降りる」論理

第三に、先行研究からは、「貧困・低所得」ゆえに「学校教育を通じての地位達成」という論理から「降りざるをえない」状況に置かれた際に、子どもが別の論理に回収されることが析出されている。

例えば、西田（2012）は、経済的「困難層」出身の「若者」（一五〜二四歳、すべてフリーター状態）には、以下三通りの共通する特徴があると指摘している。①出身世帯に困難な事情（親の離・死別、親の不安定就労など）があったこと、②早期から「勉強がわからない」状態にあったこと、③義務教育段階での不登校経験者が多くみられたこと（cf. 妻木 2005）。

ここで留意すべきは、上記の勉強が「わからなくなった時期」、「面白くなくなった時期」と同じ頃に、「困難層」の若者の多くが「『遊び』への参入」＝「学校や家庭での生活を圧倒する形で『遊びまくる経験』」（p. 81）をしていたことである。西田の分析によれば、このような「『遊び』への参入」は、①「困難層」の若者の多くに「リスク感覚」（勉強しなかったら大変なことになる）が不在であったこと、②「親」や「教師」による「『遊び』への参入」の「引き止め」が機能していなかったこと、によって生じていたという。

西田の提示する知見に対して、苅谷（2001）による「インセンティブ・ディバイド」の議論は示唆的である。苅谷によれば、①「社会階層（親の学歴・職業）」の低い高校生は「学校での成功をあきらめ、現在の生活を楽しもうと意識の転換をはかることで、自己の有能感」を高めている一方、②社会階層の高い高校生は「学校での成功」に対する「意欲」を維持しているため（p. 220）、社会階層間での「意欲」の格差が生じていると指摘する。

つまり、出身世帯の社会階層が低い子どもは、「学校での成功」から「降りる」と同時に、「遊び」（「現在の生活を楽しもう」）の論理に乗ることで「自己の有能感」を得ていると考えられるのである。

以上に対して、林（2016）は、利用世帯に育つ高校生に対するインタビュー調査の結果から以下の知見を析出している。①かれらの多くが、幼少期から高校入試までの期間に「家庭生活の変容」（親の離婚、借金、世帯構成員の増減、世帯構成員の障害、介護など）を経験していたこと、②同時期に学校生活での変化（授業中の落書き、いじめ、不登校、部活動の退部など）、ひいては、学校生活での周辺化を経験していたこと、③学校生活で周辺化された子どもたちが、「家庭生活の変容」に対応するために引き受けた「家庭生活での役割」（家事、家計管理など）を通じて自己肯定感、自己効力感、アイデンティティを獲得していたこと、そして、④かれらが、「家庭への準拠」を強めていった結果、相対的に低位な進路（中学卒業後非進学、通信制／定時制高校進学など）に至っていたことである。なお、子ども（特に女性）の「家庭での役割」が、「移行」、「成績」や「理想学歴」に影響を及ぼしていることは、宮島（2013）、稲葉（2012）によっても指摘されている。

＊＊＊

以上の議論をまとめると、①貧困・低所得世帯の子どもが、貧困・低所得と関連する家庭での諸困難を経験していること、②また、それらを背景に、かれらが「低学力」や「学校生活での周辺化」を経験していること、③最終的に、かれらが「学校での成功」ではなく、「遊び」や「家庭での役割」という論理に回収されて低位な進路に至っていたことが指摘できる。

3　先行研究から得られた知見・残された課題

以下、先行研究の検討から得られた知見と課題を整理する。まず、先行研究から得られた知見としては、以下六点が指摘できる。第一に、利用世帯の子どもが、大学等就学から「客観的」、「主観的」に「選別」されていることである。先行研究によれば、利用世帯では、大学等進学率の相対的な低さに加えて、それ以前の段階で「学校教育」から離れていく者、あるいは、大学等就学を「諦める／望まない」者が一定数いることが明らかにされていた。

第二に、大学等就学に伴う「経済的負担」の高さゆえに、上記のような「選別」が生じていたことである。日本の高等教育費は、「私費負担」（親、家族）に依存しているため、出身世帯の経済状況が不安定である「貧困・低所得世帯」は、学費等を準備する段階で不利を被っていると考えられる。実際に、「貧困・低所得世帯」を対象とする調査研究によれば、学費等の高さ、奨学金を活用することへの不安から進学をあきらめる者が析出されている。

第三に、「貧困・低所得世帯」の子どもが、①偶発的な要因（信頼できる他者や職業モデルとの出会い、居場所の獲得、制度資源へのアクセス）、②ならびに、就学者自身や家族による過重な「経済的負担」（長時間のアルバイト、多額の奨学金の借り入れなど）によって、大学等就学を達成していたことが指摘されていた。

第四に、「貧困・低所得世帯」の子どもが、自ら「学校教育」を通じての成功から「降りて」いたことである。その理由としては、「職業モデル」、「準拠集団」、あるいは、「家庭の文化」といった要因が指摘されていた。

第五に、そもそも、「貧困・低所得世帯」の子どもが、「学校教育」を通じての成功から「降りざるをえない」状況に置かれていたことである。「貧困・低所得世帯」の子どもは、出身世帯での諸困難などを背景にした「早期からの低学力」、ならびに、経済的困窮そのものによって、採りうる進路が制約されていた。

第六に、上記の知見と関連して、「貧困・低所得世帯」の子どもが、「学校教育」を通じての成功から「降りざるをえなくなる」とともに、別の論理（「遊び」、「家庭での役割」）に回収されていたことである。

上記の知見が得られた一方で、先行研究には、以下、二点の課題が残されていると考えられる。第一に、先行研究においては、利用世帯の子どものみを対象として、なおかつ、「生活保護制度」の大学等就学に対する影響をとりあげた調査がほとんどないことである。各調査研究で部分的に言及されることはあれども、制度の仕組みが、「進路選択」の過程に「どのような」影響を及ぼしているのかは、体系的に追究されていない。

第二に、上記と関連して、当事者（子ども、養育者）が、生活保護制度の仕組みをどのように理解、解釈しているのかが検討されていないことである。「制度研究」の検討の際に指摘したように、利用世帯から大学等に就学するためには、「世帯分離」の手続きが不可避であり、なおかつ、「就学費用」を別途準備する必要がある。しかし、これらの手続きがどのように行われているのか、また、この過程のなかで「選別」が働く可能性はないのかといった論点は究明されていない[18]。

■注

1 これより以前、救護法から旧生活保護法においては、教育に伴う費用は「生活扶助」に含みこまれていた（cf. 小山 1975; 白沢 1978; 小川 2007）。

2 「教育扶助」の対象となるのは、原則的に公立の小中学校である。また、二〇一六年度現在の「教育扶助」の内容は、基準額、学校給食費、通学費、教材費、ならびに、学習支援費（二〇〇九年創設）である。

3 鈴木（1967）、白沢（1978）も参照。

4 なお、二〇一〇年度には、他法・他施策ではあるが「公立高校授業料無償制・高等学校等就学支援金制度」が創設されている。この制度により、公立高校の授業料が無償化され、また、私立高校の就学費に対しては「高等学校等就学支援金」が給付されることとなった。ただし、上記制度は、二〇一四年度に「高等学校等就学支援金制度」に改正されている。これにより、「市町村民税所得割額」が三〇万四二〇〇円（年収九一〇万円程度）以上の世帯は、授業料無償化、ならびに、高等学校等就学支援金の対象から除外された。

5 裁判所ＨＰ（http://www.courts.go.jp/app/hanrei_jp/detail2?id=52270）

6 裁判所ＨＰ（http://www.courts.go.jp/app/files/hanrei_jp/270/052270_hanrei.pdf）

7 厚生労働省ＨＰ（http://www.mhlw.go.jp/shingi/2004/12/s1215-8a.html）

8 ここで、「貧困・低所得世帯」とは、個々の調査研究において設定された基準に基づき「貧困」、「低所得」として定義、分類された世帯を指す。そのため、必ずしも一貫した基準があるわけではないことに留意されたい。

9 ここで「その他」の進路としては、フリーター、無職、家族介護、療養などを想定している。

10 ここでは、①養育者が子どもに対して望む「最終学歴」を「進学期待」、②子ども自身が自らに望む「最終学歴」を「進学希望」と表記する。

11 なお、「世帯構造」の相違によっても「学歴達成」や「進学希望」の格差が生じていることが明らかにされている。例えば、稲葉（2011）は、「二〇〇五年　ＳＳＭ調査」の結果を分析して、以下、三点を指摘している。①「父不在家庭」の者が、「父存在家庭」の者に比して、「高等教育」（短大以上）進学に際して不利を被っていること、なおかつ、

②上記の不利が「経済的問題」（一五歳時の暮らし向き）に還元できないこと、また、③「父不在家庭」の者の「中学三年時」の「成績」が相対的に低位であり、「短大以上への進学」を希望する者の割合が低いこと。これらの指摘は、ひとり親世帯において「関係的な資源」（親子間の相互作用など）に関する不利が生じている可能性を示すものと考えられる（cf. 山田 2016）。

12 ここでいう「高等教育」は、「国際標準教育分類（International Standard Classification of Education: ISCED）」による。ＩＳＣＥＤによれば「高等教育は、中等教育を基盤として、専攻分野での高度に複雑な学習活動を提供する。高等教育の中には、理論中心の教育と一般に理解されているものだけではなく、高度な職業教育または専門教育も含まれる。」具体的には、短期高等教育（ISCED5）、学士課程または同等レベル（ISCED6）、修士課程または同等レベル（ISCED7）、博士課程または同等レベル（ISCED8）が含まれている。

13 日本政策金融公庫『令和元年度　教育費負担の実態調査結果』（https://www.jfc.go.jp/n/findings/pdf/kyouikuhi_chousa_k_r01.pdf）

14 「教育費負担の実態調査結果」において、「入学費用」とは、「受験料」（受験したすべての学校、学部にかかった受験料、受験のための交通費・宿泊費）、「学校納付金」（入学金、寄付金、学校債など、入学時に学校に支払った費用）、「入学しなかった学校への納付金」の総額である。また、「在学費用」とは、「学校教育費」（授業料、通学費、教科書・教材費、学用品の購入費、施設設備費など）、「家庭教育費」（学習塾・家庭教師の月謝、通信教育費、参考書・問題集の購入費など、おけいこごとの費用）の総額である。なお、図に示した就学に伴う費用負担は、「入学費用」に「在学費用」（年間平均額×在学年数、専修・各種学校及び短大は二年間、大学は四年間と想定）を足した数値である。

15 結果の概要は、堺市 HP（http://www.city.sakai.lg.jp/kenko/fukushikaigo/seikatsuhogo/switch_research_result.files/result.pdf）を参照。

16 日本学生支援機構『平成二八年度　学生生活調査報告』（https://www.jasso.go.jp/about/statistics/gakusei_chosa/__icsFiles/afieldfile/2018/08/30/houkoku16_all.pdf）

17 なお、以上の指摘に関しては、先行研究から、類似の知見が得られている。すなわち、「貧困・低所得世帯」の子どもは、①出身世帯における「複合的な困難」（経済的困窮、両親の不仲、親との離・死別、世帯構成員の傷・障害、複数回の転居など）を経験している可能性が高いこと（青木 2003; 妻木 2005, 2011; 石田 2012; 西田 2012）、②「学習環境」に関する不利（勉強部屋、勉強机、文房具等の欠如、学習塾・習い事に通う経験の欠如など）を被っている割合が高いこと（高山 1983; 石田 2012; 盛満 2011; 田中 2013; 林 2016）、以上を背景として、③「学力」――学校での学業成績、学業成績の自己評価、授業理解度など――が低位に偏っていること（篭山 1984; 高山 1983; 石田 2012; 盛満 2011; 田中 2013; 林 2016; cf. 耳塚 2007; 平沢・古田・藤原 2013）。この他、近年では、地方自治体独自の実態調査が実施されつつあり、子どもの置かれている生活実態が明らかにされてきている。例えば、神奈川県『すべての子どもに夢と希望をかなえる力を』（平成二六年三月）（http://www.pref.kanagawa.jp/cnt/f152/p1062265.html）：東京都足立区『平成 28 年度報告書　第二回子どもの健康・生活実態調査』（https://www.city.adachi.tokyo.jp/kokoro/fukushi-kenko/kenko/kodomo-kenko-chosa.html）：大阪府・大阪府立大学『子どもの生活に関する実態調査』（平成二九年三月）（http://www.pref.osaka.lg.jp/attach/28281/00000000/01jittaityosahoukokousyo.pdf）など。

18　なお、鳥山（2003）が、利用世帯（母子世帯）を対象に行った調査研究は――対象が中学生のいる利用世帯に限定されているものの――示唆的である。鳥山は、利用世帯における家計管理に関して以下、三点を指摘している。①給付されている保護費の水準では「預貯金」が「できない」状況にあったこと、②そもそも、「保護費のやり繰りによる預貯金」が正式に認められる（二〇〇五年度）以前であったために、「預貯金」を「してはいけない」状況にあったこと、それゆえ、③子どもの進学を意図した家計管理をすることができていなかったこと。以上の知見は、「生活保護制度」によって「利用者」の「なしうること／なしえないこと」が左右されることを示していると言えよう。

第2章

なぜ、「就学機会」なのか

研究の視点・分析枠組みと研究課題

以上に論じてきたとおり、本書では、利用世帯における大学等への「就学機会」が不平等であることを問題の起点としている。それでは、なぜ、「就学機会」の不平等が問題なのか。そしてまた、そもそも、なぜ「就学機会」なのか。

以下では、研究の視点（「就学機会」の不平等を問題化する視点）、ならびに、分析の枠組み（「就学機会」に焦点化する理由）を順に説明していく。

1　研究の視点――「目的論」と「義務論」

本書では、「就学機会」の不平等を問題化する視点として「目的論」と「義務論」を設定する（以下、Rawls, 1999=2010 の議論を参照）[1]。

(1)「目的論」的な視点

まず、ここでいう「目的論」的な視点とは、「善さ」を最大化する制度や行為を「正しい」とみなすものである。大学等への「就学機会」が不平等であることによって、教育/学習によって生じる「善さ」——教養の修得といった自己実現、「商品化」された主体の産出、子どもの就労自立など——が阻害される可能性が高い。「目的論」の視点に立つならば、この結果の「望ましくなさ」ゆえに「就学機会」の不平等は問題視される。

また、以上の「目的論」的な視点は、「誰にとっての『善さ』なのか」という次元でさらに類型化できる。一方で、各個人の観点から「就学機会」の平等が要請される場合には、個人の「欲望」や「必要」(知的好奇心、教養の修得、社会的・職業的地位の獲得など)の充足が主目的となる。ここでは、「個人の論理」と呼ぶ。他方で、社会の観点から「就学機会」の平等が要請される場合には、社会の「欲望」、「必要」(有為な労働者の育成=「商品化」、それによる経済成長や社会保障費の削減など)の充足が主目的となる。ここでは、「社会の論理」と呼ぶ。

そして、ここで留意すべきは、「社会の論理」が社会政策領域で展開されている「ワークフェア」——教育(職業訓練含む)を福祉(所得保障)の条件、手段とする——と親和的だということである(宮本 2013; 仁平 2009; 2015; 田中 2011; 2016; 埋橋 2007)。

この点に関して、現在の日本では、「社会の論理」に基づく「目的論」的な視点が優勢であると考えられる。例えば、内閣府の公表した「子どもの貧困対策に関する大綱」の基本指針における①「貧困の世代間連鎖を断ち切る」、②「我が国の将来を支える積極的な人材育成」といった文言、あるいは、③進学率の向上によって「社会的損失」を縮減するという推計など(cf. 日本財団・子どもの貧困対策チーム 2016)は、「社会の論理」による「目的論」的な視点に立っていると言えよう。

(2)「義務論」的な視点

以上に対して、ここでいう「義務論」的な視点とは、制度や行為の正しさを「善さ」とは独立に判断するものである。例えば、ある行為がどれだけ多くの善を生み出すとしても、それが義務に反する行為の場合、その行為は不正だとみなされるであろう(cf. Kant, 1785=2004)。

この場合、大学等への「就学機会」の不平等は、国民の「教育を受けること/学ぶこと」に対する権利(=日本国憲法第二六条の「教育を受ける権利」)の侵害=政府の権利保障「義務」の不履行として問題視される。日本国憲法第二六条に規定される「教育を受ける権利」には、①「学問・学習の自由」に由来する「自由権」的な側面(兼子 1971; pp. 115-116)、及び、②「教育」を受けるための「外的・経済的条件」[2]の整備、その前提である「生存権」の保障を求める「社会権」的な側面があると指摘されている(小川 1972; cf. 中村・永井 1972; 山崎 1994)[3]。この両面を保障することが、ここでいう政府の「義務」である。

また、法律レベルでは、「教育基本法」(第四条)に「教育機会の均等」が規定されている。

すべて国民は、ひとしく、その能力に応じた教育を受ける機会を与えられなければならず、人種、信条、性別、社会的身分、経済的地位又は門地によって、教育上差別されない。

2 国及び地方公共団体は、障害のある者が、その障害の状態に応じ、十分な教育を受けられるよう、教育上必要な支援を講じなければならない。

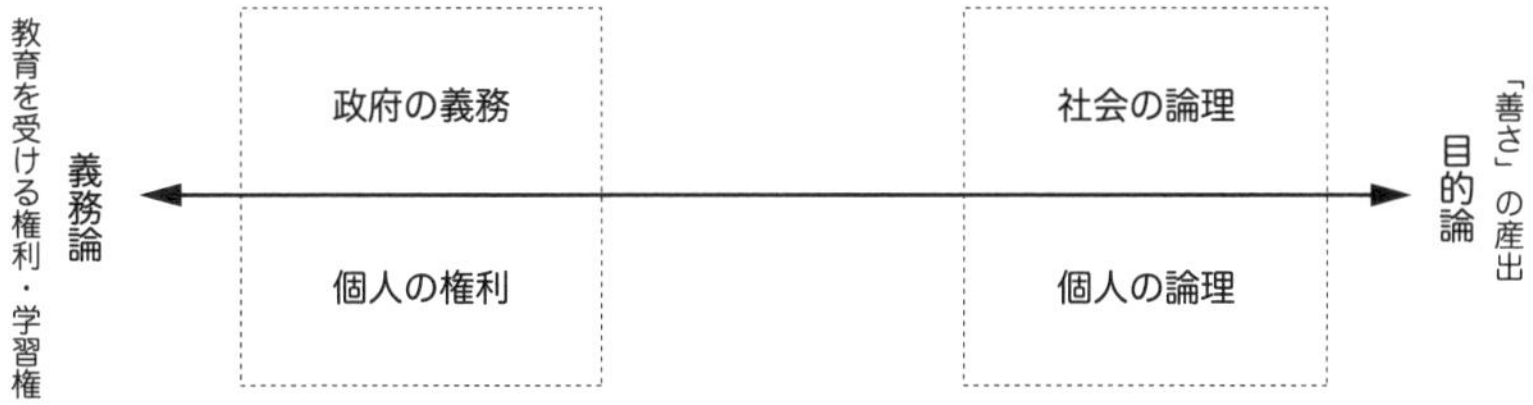

図 2-1 「目的論」／「義務論」的な視点――全体像

3　国及び地方公共団体は、能力があるにもかかわらず、経済的理由によって修学が困難な者に対して、奨学の措置を講じなければならない。

なお、国家による「教育を受ける権利」の保障対象は、義務教育に限られず、高等学校等や大学等、さらには、社会教育も含まれると考えられる（兼子 1971; 有倉 1977; 山崎 1994 など）。二〇一二年に日本政府が「国際人権規約（A規約）」の第一三条――中等教育、高等教育の「無償教育の漸進的な導入」――の留保を撤回していることを踏まえると、国家による「条件整備義務」の対象に大学等が含まれることは明らかだと言えよう。

以上の議論を整理すると図2-1のとおりである。

(3) 本書の視点

本書は、以上のうち「目的論」的な視点ではなく「義務論」的な視点に立つ。なぜ「義務論」的な視点なのか。まず、「目的論」的な視点に立つ場合、あくまでも大学等での教育／学習によって生じる「善さ」が最大化される限りで、「就学機会」の平等が望まれることになる。確かに、教育／学習によって「善さ」が生じうること自体は、「望ましいこと」であり否定すべきではない。本書においても、「善さ」が生じること自体を否定するわけではない。しかし、上記の論理は、裏を返せば、教育／学習が「善さ」を生じさせないのであれば「就学機会」の平等は望まれないことを含意する。

他方、すでに指摘したように、日本には「教育を受ける権利」（日本国憲法二六条）が存在している――成文化された「権利」は、主体の認識によって恣意的に修正することはできない実在である[4]。仮に「目的論」的な視点に立つならば、「善さ」が生じるから「教育を受ける権利」が保障されることになる。これでは、無条件に保障されるべき権利が「条件付き」のものになるという矛盾が生じる。したがって、「教育を受ける権利」とそれに係る義務の関係は、それによって生じる「善さ」に論理的に先行する必要がある。

本書において利用世帯における「就学機会」の不平等を問題化するのは、あくまでもそれが「教育を受ける権利」の保障に失敗しているからであって、「善さ」の産出を阻害しているからではない[5]。

2 分析枠組み――「就学機会」の三つの側面

ここまでの議論で繰り返し言及してきたように、本書では、大学等への「就学機会」に着目して分析を行う。それでは、「就学機会」に着目することは何を意味するのか。

(1)「就学機会」――「選択」の擬制

そもそも、就学「機会」に着目することは、「就学する可能性」も「就学しない可能性」もともに認めたうえで、当事者がそれらの「選択肢」――より広く、「就職」やその他の「選択肢」を含む――から何かしらの「選択肢」を「合理的」[6]に「選択する／しない」ことを想定している。したがって、本論の分析では、現実に生じた「結果」としての「移行」[7]のみをとりあげるものではないことに留意が必要である。

また、「就学機会」＝「選択」の観点を採ることは、文字通り「主体」（＝「子ども」）が「進路」を「選択した／しなかった」という擬制[8]（以下、「選択の擬制」）を引き受けることを含意する。それでは、「なぜ」、「就学機会」＝「選択の擬制」を採るのか。その理由は、以下のとおりである。

第一に、「選択すること」そのものに価値があると考えられることである。子どもの「進路」――例えば、大学等就学、あるいは、「就職」――が、当人の選択の余地もなく決定されるとすれば、それは望ましいことは言えないであろう[9]。

ただし、ここで留意すべきは、「選択の擬制」は、個人の「選択」を強調することによって、「自己責任論」（自己決定／自己選択の結果に対しては、その人自身が責任を取らなければならないという観念）を招来しうるということである。つまり、当人が「選んだ」進路であれば、その結果は（それが悪い結果であれ）その人自身が引き受けるべきだと。

しかしながら他方で、人びとは「選択」するにあたって多様な状況（情報、資産、所得、人間関係などに関する不平等な状況）に置かれていると考えられる。そのため、現実的には、個人が「完全に理想的状況下」で「選択する」ことは想定しがたく、それに応じて全面的な「自己責任」も生じえないと考えられる。

以上の議論より、第二の理由が導出される。すなわち、「選択の擬制」を採ることで、現実に生じた「選択」――あるいは、その困難や、究極的には「選択肢」の不在――をもたらす状況や過程を逆照射できることである。これにより、当人の責任とは言い難い条件、つまり、社会政策によって改善可能な条件を析出できると考えられる。

（2）「選択」の諸側面

以上のとおり本書では、「就学機会」＝「選択の擬制」という分析枠組みを設定している。以下では、「就学機会」＝「選択の擬制」を三つの側面に切り分けて分析焦点を限定する。

A 「客観的な選択肢」――生活保護制度の定める「選択肢」への着目

第一に、生活保護制度が、利用世帯から大学等へ就学する場合に「なしうること（可能性）／なしえないこと（制約）」を「どのように」規定しているのかに焦点化する。

既述のとおり、本書では、「就学機会」（現実の「移行」のみならず、「移行」に至るまでに「どのような」「選択肢」を採りえたのか）に照準している。それゆえ、①子どもが選びとった「選択肢」のみならず、②選びえた「選択肢」をも析出する必要がある。なお、以上の議論は、Berlin（1969=1971）による「消極的自由」の説明に依拠している。

> 私が述べている自由は、行動それ自体というよりは行動のための機会である。開いたドアーを通って歩く権利をもってはいるが、もし私がそうせずに坐ってじっとしていたいと思うなら、じっとしていたとしても、私がそれだけ自由でなくなるということではない。（p. 63）

以上の「ドアー」（扉）の比喩を援用するならば、ここでの分析焦点は、①子どもが実際に通過した「扉」だけではなく、②子どもが通過することはなかったが、開かれていた「扉」――潜在的には通過可能であった「扉」――をも含めて検討することにある。

ところで、生活保護制度の利用者は、制度を利用する限りにおいて利用者たりうる。そして、この意味で利用者（利用世帯の子ども、養育者）にとって生活保護制度は、予め与えられた「構造」であると考えられる。ここでいう「構造」とは、「一組の内的に連関しあう諸対象」を意味する（Danermark, Ekström, Jakobsen, Karlsson, 2002=2015, p. 74; 傍点ママ）。ここで「内的な関係」とは、「BがAと現にあるように関係していない場合にAが本質的にAでなくなるような」AとBの関係を指している（p. 73; 傍点ママ）[10]。

以上のような、「構造」としての生活保護制度は、その関係性において、利用者に対して一定の「可能性（なしうること）」を提供し、また同時に、一定の「制約（なしえないこと）」を課すものと考えられる。したがって、生活保護制度は、利用世帯の子どもの「主観」からは独立に、大学等就学に際して「なしうること／なしえないこと」を「客観的」に定めていると言えよう。本書では、行為主体の「主観」から独立に、制度によって定められた「選択肢」を「客観的な選択肢」と呼ぶ。

以上の議論を踏まえると、利用世帯の子どもは、非利用世帯（貧困・低所得世帯等）とは異なり、生活保護制度＝「構造」の下で高等学校等卒業後の進路「選択」を経験すると言えよう。したがって、利用世帯における大学等への「就学機会」を分析するにあたっては、生活保護制度＝「構造」が、いかに「客観的な選択肢」＝「なしうること／なしえないこと」を規定しているのかを明らかにする必要がある。

B 「主観的な選択肢」――「進路希望」の形成過程への着目

先に述べた「客観的な選択肢」は、生活保護制度＝「構造」によって規定されている。そして、この「客観的な選択肢」は、子ども（個人）の「主観」からは独立に存在する。このことは、子ども自身が「客観的な選択肢」を認識、理解していない場合、これらの「選択肢」が「主観的」には存在しないに等しいことを示している。

そこで、第二に、本書では、子どもの「主観」に焦点をあてる。具体的には、利用世帯の子どもが、なぜ、どのような経緯で、「大学等就学／非就学」という「進路」を望むに至ったのかという「進路希望」の「形成過程」に焦点化する。これにより、「進路希望」が――生活保護制度と「利用世帯の子ども」という構造化された関係性のなかで――形作られる過程を析出できると考える。

なお、一時点での「進路希望」ではなく、その「形成過程」に焦点をあてる理由は以下のとおりである。すなわち、「進路希望」の形成が、その者の置かれている状況（それまでの生活史を含めて）によって影響されると考えられることである。

例えば、困難な状況下（継続的な貧困、差別など）で生活を続けることにより、人びとが自身の選好を「現実的」な水準に切り下げる――「適応的な選好 adaptive preference」を形成する――可能性は十分に考えられるだろう（cf. Nussbaum, 2000=2005）。そうであるとすれば、結果として生じた「進路希望」のみに着目することは、その形成過程における不公正を見落とすことになる。

C 「資源」の有無／活用可能性――養育者とCWの果たす役割

第三に、利用世帯の子どもが、「進路選択」を行うにあたって活用しうる「資源」に焦点化する。ここでいう「資源」とは、「望ましい状態」を達成するために「欠けている何か」のことを指している（武川 2009）。より具体的には、下記の三条件を充たす「モノ、カネ、サービス」といった「客体」のことである[11]。①その「客体

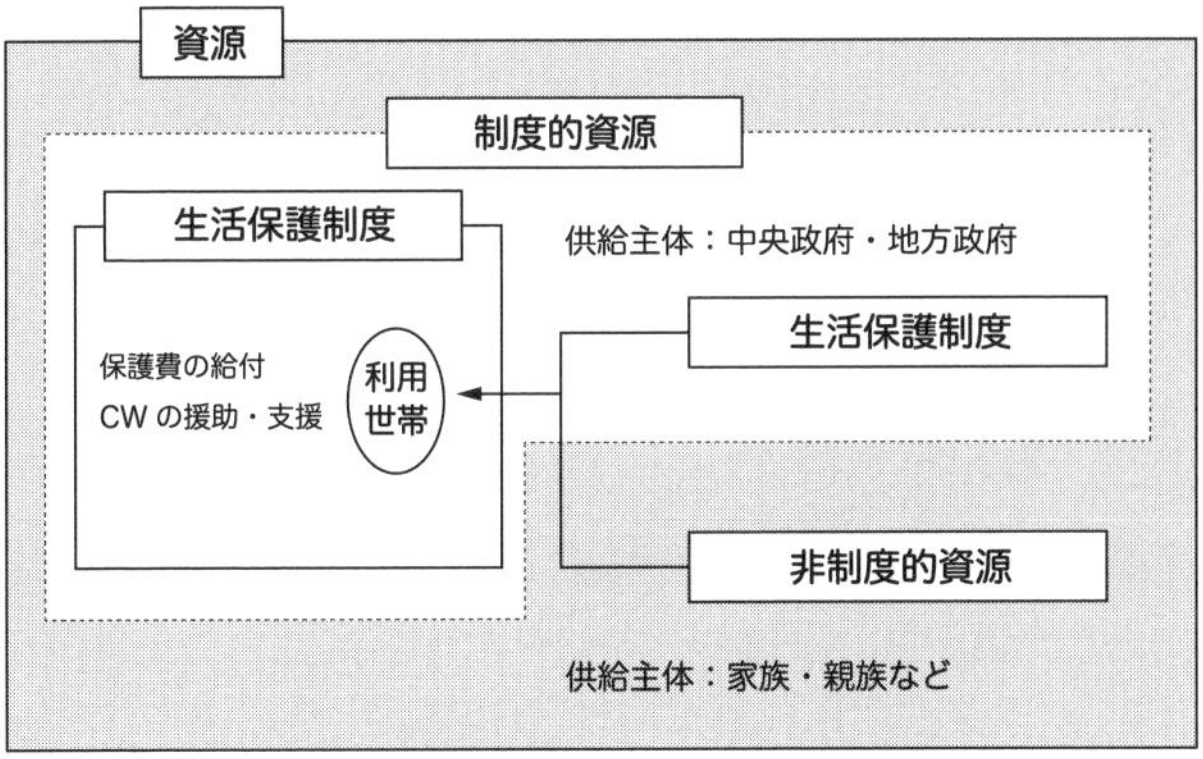

図 2-2 「資源」の分類――「制度的／非制度的」

が現に必要とされている」、②「必要を充たすうえで確かに効果がある」、③「希少性を備えている」(ibid.; pp. 21-22)。

また、これらの「資源」は、「供給主体」によって以下、二通りに大別できると考えられる（図2‐2参照）。①「中央政府・地方政府（公式部門）」が供給する制度化された「資源」＝「制度的資源」、②以上を除く「家族・親族（非公式部門）」、ならびに「民間営利部門／非営利部門」が供給する「非制度的資源」である（武川 2009; 圷 2011; cf. Esping-Andersen, 1990=2001 の「福祉レジーム論」[12]）。

後述するように、利用世帯から大学等に就学する場合には、「就学費用」[13]――大学等就学に必要な「学費等」（入学金、授業料等）、ならびに、「世帯分離後」の「生活費等」（食費、保健衛生費等）――を賄うために「資源」を準備しなければならない（以下、「資源調達」）。

この点を踏まえると、仮に「客観的な選択肢」が存在しており、なおかつ、子ども自身がその「選択肢」を選び取ることを希望していたとしても、それを達成する「資源」が配置されていなければ、または、不十分であれば、その「選択肢」は選びえないと考えられる。

あるいはまた、仮に一定の「資源」が配置されていたとしても、何らかの理由（情報の欠如、誤解、妨害など）でその「資源調達」ができなければ、「資源」が欠如している場合と同様、その「選択肢」を選択することは実質的に難しく、場合によっては不可能になるであろう（cf. Sen, 1985=1988; 1992=1999; 1999=2000; 2009=2011 など）。

ここで留意すべきは、利用世帯の子どもの場合、かれらが大学等就学に向けて活用しうる「資源」が、①養育者と、②生活保護制度の運用を担うケースワーカー（以下、ＣＷ）に少なからず依存していると考えられることである（図２-３）。なお、ここでいう、ＣＷとは、「社会福祉法」（第一五条）に定められている「保護の実施機関」＝「福祉事務所」の「現業を行う所員」を指している。

（Ａ）養育者

まず、①に関して、一般的に、有子世帯における「家計管理」（保護費の受け取り、支出の配分・やりくりなど）を担うのは、主として養育者であると考えられる。そのため、子どもの「就学費用」（「学費等」＋「生活費等」）を賄うための「資源調達」においては、養育者の果たす役割が大きくなると考えられる[14]。また、有子世帯の場合、ＣＷと接触する役割――行政に対する「世帯の窓口」としての役割――は、主として養育者（特に世帯主）が担っていると想定される。そしてまた、利用世帯の子どもが、ＣＷと接触することは必ずしも一般的ではないと想定される。以上を踏まえると利用世帯では、養育者がＣＷと子どもとをつなぐ主たる「媒介」であると考えられる。

（Ｂ）生活保護ＣＷ

次いで、②に関して、生活保護制度の利用者は、主としてＣＷを介して生活保護制度に接近すると考えられ

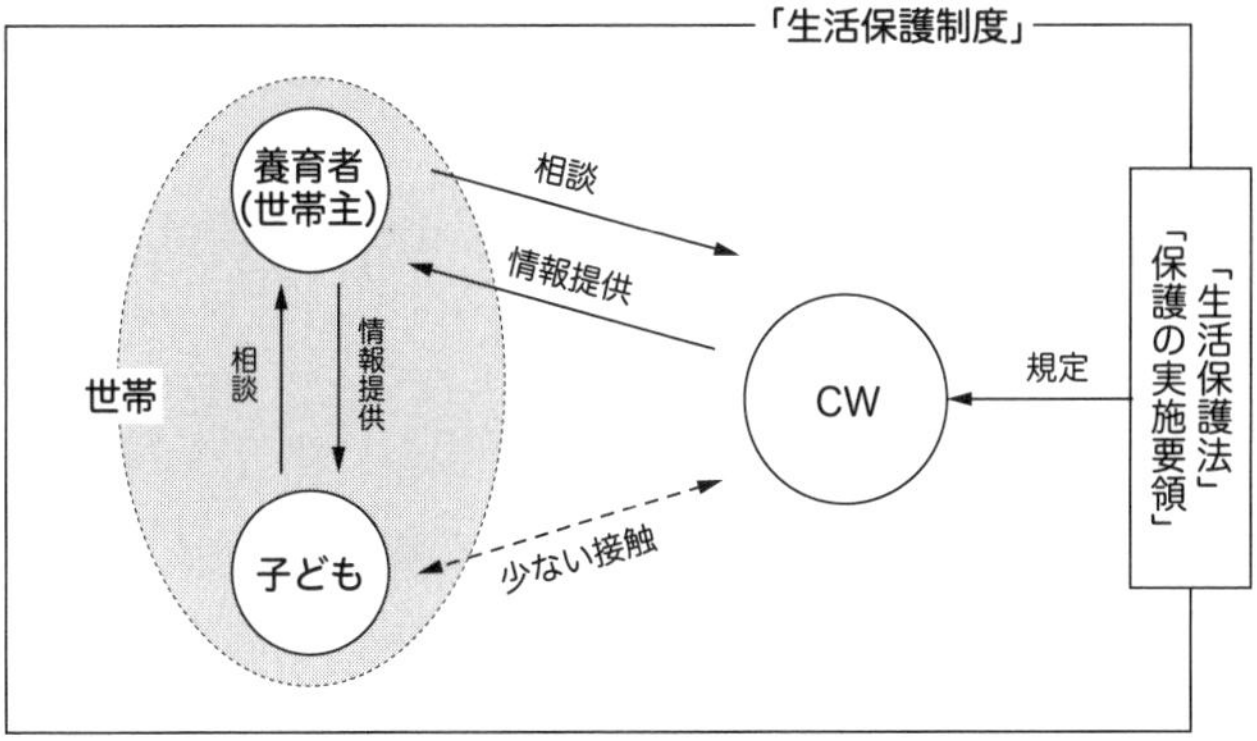

図 2-3 「2 重の媒介」

る。生活保護制度は、生活保護法に根拠をもつ制度である。しかしながら、その実際の運用は、CWを拘束する「保護の実施要領」（厚生労働省発の「通知」）によって規定されている。

そして、CWは、上記の「通知」に準じながら、①「保護の要否判定」（市民からの相談・申請、資力調査に基づく保護の決定）、②「最低生活保障・自立助長」（保護費の計算・給付、援助・支援）を行う[15]。このうち、特に後者（②「最低生活保障・自立助長」）の段階で、「利用者」は、CWから制度運用（制度上「なしうること／なしえないこと」）に関する「教示」[16]（以下、情報提供）を受けると考えられる。

ところで、以上のような役割を果たすCWは、「第一線職員」として位置付けることができる。ここで「第一線職員」とは、「職務の恒常的・日常的要素として、社会的分業によって行政機関が担当することを期待された特定市民（行政客体もしくは顧客層）との何らかの意味での（多くは多面的な）接触を仕事とする人々」（畠山 1989; p. 55）を意味する[17]。

そして、「第一線職員」は、「上昇的かつ下降的情報の結節点にあり、情報を媒介しにして両者（組織と市民）をつなぐゲートキーパー」として、「つまり第一線機関に対しては取り扱う市民がどういうタイプのクライアントかを知らせ、市民に対しては組織が与えるサーヴィス〔現金、現物といった便益、付与される資格・地位――引用者〕がどういうものかを伝える立場にある」（ibid.: p. 92）

以上の意味で、CW＝「第一線職員」は、生活保護制度と利用者（利用世帯）とをつなぐ主たる「媒介」であると考えられる。

(C) その他の可能性

ここまでの議論を踏まえると、利用世帯の子どもは、「生活保護制度－CW－養育者－子ども」というように、「二重の媒介」を経て、生活保護制度の運用（その情報）に接近しうると考えられる。したがって、かれらが、どのような「資源」配置の状況下にいるのか、そしてまた、実際にそれらを活用しうるか否かは、CWと養育者に依るところが大きいと考えられる[18]。

このことは、勿論、子どもが「資源調達」において「いかなる役割も果たしていない」ということは意味しない。子どもが、生活保護制度（その「運用」）の情報を収集すること、あるいは、実際の「資源調達」において積極的な役割を果たすことは十分に考えられる。

また、ここで留意すべきは、上記の図が、あくまでも想定される主たる情報伝達の「経路」を示すものであって、下記のいずれの可能性も否定するものではないということである。例えば、養育者や子どもが、何らかの方法（e.g. 書籍、インターネットなど）で直接に生活保護制度の情報に接近することや、子どもが養育者を介さずにCWと接触する可能性が考えられる。あるいはまた、子どもが、養育者、CW以外の「媒介」（e.g. 学校の教員、近隣住人、NPOスタッフなど）から制度情報に接近する可能性も考えられる。

3　研究課題

上記の分析枠組み（「就学機会」の三つの側面）を踏まえて、本書では。以下三通りの研究課題を設定する。それぞれの研究課題を検討することをとおして、既述の研究目的を追究する。

（1）「研究課題1」

まず、生活保護制度における大学等就学の取扱い——利用世帯の子どもが大学等に就学する場合に、何が「認められており／認められていないのか」（i.e. 制度的な「なしうること（可能性）」、「なしえないこと（制約）」）を行政資料（厚生労働省発の「通知」）から検討する。これによって、「就学機会」に関する「客観的な選択肢」を析出する。

（2）「研究課題2」

次いで、利用世帯の子どもが「どのようにして」特定の「進路」を希望するに至ったのか——「進路希望」の形成過程——を析出することである。ここでは、①子どもの主観に着目し、かれらが、生活保護制度や個々の置かれた状況を「どのように」受け取っているのか、また、②それを踏まえて、どのような経緯から大学等「就学／非就学」を希望するに至ったのか、あるいは、そもそも当人がこの「選択肢」を認識していたのか否かを検討する。これにより、「就学機会」に関する「主観的な選択肢」を析出する。

（3）「研究課題3」

最後に、利用世帯の養育者、CWが、大学等就学を左右する「資源調達」（学費等の準備）の過程において、どのような役割を果たしているのか（果たしていないのか）を検討する。これにより、子どもが大学等就学に向けて活用しえた「資源」を析出する。

■注

1 あわせて、Hirose（2015=2016）の整理を参照。「目的論」とは「正ないし不正は善と悪とによって決定されるとする見解」である（ibid: p. 11）。例えば、「功利主義によれば、ある行為の正ないし不正はその行為が生じさせる善〔快楽、幸福――引用者〕の量によって決定される」（ibid.: p. 11）。これに対して、「義務論」とは「ある行為の正ないし不正は善および悪とは独立に決定されるとする見解」である（ibid: p. 12）。

2 「教育基本法」第一六条を参照。宗像（1975）は、教育の「外的事項とは、教育施設の設置管理、教育財政などに関するることであり、内的事項とは教育内容と教育方法、すなわち教育課程に関すること」（p. 284）だとしたうえで、国家の介入は「外的事項」の条件整備に限られるべきで、「内的事項」への介入は禁じられるべきだと論じている（cf. 山崎 1994）。本研究では、子どもの大学等への「就学機会」に関して、教育の「内的事項」には言及することはせず、「外的事項」との関連で論じるのみとする。

3 「教育福祉」の議論によれば、「福祉と教育の問題」は不離一体として捉える必要がある。そもそも「教育を受ける権利」を充足するためには、「生存権」が保障されていることが前提条件である。反対に、「教育を受ける権利」が保障されていなければ、「生存権」の実質的な保障――「生存権」を行使する主体の形成――は望みえない。

4 「新しい実在論　new realism」を提起するFerraris（2015a=2018; cf. 2013; 2014z; 2015b）によれば、実在的なものは主体の認識によって自由に修正することはできない（認識に「抵抗」する）。ここにこそ、実在の領域があるという

（実在の「修正不可能性　unamendability」）。

また、Ferrarisは、「社会的対象　social object」（結婚、離婚、罰金、負債、金融危機等々）を「自然的対象　natural object」や「観念的対象　ideal object」から区別して、「時間・空間のなかに存在し、自らの発生および存立にかんして主体に依存している」（2015a=2018; p. 188: 傍点ママ）と規定する。

そして、「社会的対象」の構成法則は、少なくとも二人の人間の行為が何かしらの媒体（一枚の紙片、電子ファイル、あるいは、当人たちの記憶）に記録されること＝「対象＝書き込まれた行為　Object Inscribed Act」であるという。Ferrarisは、以上のような「記録」を「ドキュメンタリティ　documentality」と呼ぶ。

つまり、「社会的対象」は、主体により発生する一方で、「ドキュメンタリティ」によって主体の認識に「抵抗」する「修正不可能性」を備えた実在になると考えられる。そして、以上をふまえると、様々な文書（国際人権規約、日本国憲法等）に「記録」された教育に係る「権利」は、Ferrarisのいう「社会的対象」と見なすことができ、つまりはそれ自体として「修正不可能性」を備えた実在であると言えるだろう。

5　この意味で、本書では、保護脱却（あるいは、貧困の世代的再生産／貧困の世代間連鎖の解消）に資するから、利用世帯における「就学機会」の平等を目指すという立場はとらない。教育への投資は貧困対策の「切り札」ではない（松本 2013; cf. 阿部 2013; 戸室 2017; 山野 2017; Esping-Andersen, 2009=2011; Oshio, Sano, Kobayashi, 2010）。

6　ここでは、「最小合理性 Minimal Rationality」を想定して「合理的」という用語を用いている。Cherniak（1986=2009）によれば、人間は「有限性の苦境」（有限の記憶力・時間）に立たされているため、「理想的一般合理性条件」（「もし私が特定の信念・欲求集合を持っているならば、Aは一見して適切な行為のすべてを、かつそれらだけを企てるだろう」p. 10）を充たすことができないという。そこでかれは、「最小一般合理性条件」を提起する。曰く「もしAが特定の信念・欲求集合を持っているならば、Aは、一見して適切な行為の必ずしもすべてではないが、そのいくつかを企てるだろう」（p. 13）というものである。つまり、「弱すぎる合理性」（合理性を一切求めない）でも「強すぎる合理性」（あらゆる可能性を推論して実行する完全な合理性）でもなく、みずからの「信念・欲求集合」の一部を――限られた記憶力や時間の中で――推論して実行するような「合理性」である。

7 本研究では、「移行」を以下の意味で用いる：特定の「位置」（例えば、高校生）から、別の「位置」（例えば、労働者、大学生）へと移ること。

8 ここでいう「擬制 fiction」とは「われわれがものを考えたり、いったりするとき、本当は実在しないのに思考の便宜上実在するかのようにあらわされるもの」を指す（思想の科学研究会『新版　哲学・論理用語辞典』三一書房、「フィクション」pp. 334-335）。

9 大学等就学を希望し選択する者がいる一方で、大学等就学「以外」の進路を希望し選択する者がいること自体が問題なのではない。問題なのは、例えば、高等学校等卒業後（あるいは中学卒業後）に就職した者が、その後の生活で極端な不利を被ること――ひいては生活が保障されなくなること――である（cf. 立岩 2013: 第8章）。

10 ただし、「人びとの行為は、ある特定の構造によって〔一義的に〕決定されることは決してない。人びとは、構造によってただ条件づけられるだけ」なのだということには留意が必要である（Danermark, Ekström, Jakobsen, Karlsson, 2002=2015, p. 89）。

11 武川（2009）は、ここでいう「資源」（「客体」）は、「有機体であっても無体物であっても構わないし、モノであってもサービスであっても構わない。また、モノやサービスを購入するための貨幣であっても構わない」と指摘している（p. 21）。また、岩田（1991）は、「資源」を「ニードを充足するために役立てられるもの」であり、「政策計画とのからみで、計画に動員されうる『モノ、ヒト、カネ』の総体を社会資源と称することが多い」のだと論じている（p. 59）。そのうえで、これら「資源」には「制度そのものや制度の作り出した施設など」や「地域社会の理解度や人間関係などの簡単には把握されないような部分まで含むことさえある」と指摘している（pp. 59-60）。

12 Esping-Andersen（1990=2001）は、「福祉国家レジーム」を論じる際に、われわれの「福祉」が、①「家族」、②「市場」、③「国家」の組み合わせ（「福祉ミックス」）から成り立っていると指摘している。

13 「学費等」と「生活費等」の分類は、日本学生支援機構の「学生生活調査」を参考にした。「学生生活調査」では、「学生生活費」＝「学費」（授業料、その他の学校納付金、修学費、課外活動費、通学費の合計）＋「生活費」（食費、住居・光熱費、保健衛生費、娯楽・し好費、その他の日常費（通信費を含む）の合計）と規定されている。ただし、本

14 研究の焦点は「就学機会」（入口）が問題となっているため、上記の分類と厳密に一致するものではない。

ここで養育者に着目するという発想は、Lareau（2011）による質的調査研究から得た。Lareauによれば、インタビュー調査・参与観察を実施したワーキングクラス及び公的扶助受給層の子どもは、同様に調査を行ったミドルクラスの子どもに比して、「高等教育　Higher Education」にほとんど進学しなかったという。そして、その背後に以下のような階層間相違が見られたと指摘する。①ミドルクラスの養育者は、「高等教育」、「大学受験　College Application」に関する経験、知識（受験手続、奨学金などに関する知識）に富んでおり、積極的に子どもの「大学受験」に関与（情報収集、助言など）をしていた一方で、②ワーキングクラス・公的扶助受給層の養育者は、「高等教育」や「大学受験」に関する経験、知識に乏しく、受験に関しては「学校」（教員、カウンセラーなど）に依存していたという。

15 ここでの議論は、岡部（2014）に依拠している。岡部は、「生活保護制度」においてCWが行う「相談援助活動」の流れを「受付段階」（インテーク）、「申請段階」（アセスメント）、「受給段階」（プランニング、インターベンション、モニタリング、エバリュエーション）、「廃止段階」（ターミネーション）に大別している。本研究では、このうち「生活保護」の要否判定がなされたのち「受給」（利用）開始後の「受給段階」が論点となる。

16 ここでいう「教示」は、①CWが利用者に対して「生活保護制度」に関わる説明をすることだけではなく、②この説明が、当人（利用者）に理解、同意されていることを確認することまでを含意する。

17 また、Lipsky（1980=1986）は、「ストリートレベル官僚」を「仕事を通して市民と直接相互作用し、職務の遂行について実質上の裁量を任されている行政サービス従事者」（p. 17）と規定している。なお、ここでいう「裁量」としては、①多様な対象者に対してどのように規定を適用するかを判断する「法適用の裁量」、②限られた時間とエネルギーを多様な業務にどの程度割り振るかを判断する「エネルギー振り分けの裁量」が考えられる（西尾 2001; p. 208）。

18 子どもの「資源」の活用可能性が、他者（養育者、CW）に依存しているという考えは、「新共和主義　neo-republicanism」による「恣意的な支配からの自由　freedom as non-domination」の議論から着想を得た（Pettit, 2011; 2012; Lovett, 2010; cf. Fitzpatrick, 2011）。

第3章

「保護の実施要領」と「当事者の語り」

研究の方法

前章で提示したとおり、本書では、利用世帯における大学等「就学機会」の三つの側面（「客観的な選択肢」、「主観的な選択肢」、「資源調達」）を分析する。本章では、上記の三側面を分析するにあたって採用する研究方法を説明する。

1 「通知」分析

まず、「研究課題1」を検討するにあたっては、厚生労働省発の「保護の実施要領」（＝「通知」）を分析に用いる。生活保護制度の根拠法は生活保護法である。そして、この生活保護法によって制度の原理、原則などの枠組みが設定されている。しかしながら、上記の枠組みにおける現実の制度運用は、年度毎に改正される「保護の実施要領」に依拠している。したがって、生活保護制度の運用方針を把握するためには、「通知」

を検討する必要がある。

(1) データ

A 「保護の実施要領」

上記のとおり、本論の分析では「保護の実施要領」を分析する。具体的には、『生活保護関連法令通知集 平成二八年度版』(中央法規)に掲載されている。①「次官通知」(「生活保護法による保護の実施要領について」昭和三六年四月一日 厚生省発社第一二三号 各都道府県知事・各指定都市市長宛 厚生事務次官通知)、②「局長通知」(「生活保護法による保護の実施要領について」昭和三八年四月一日 社発第二四六号 各都道府県知事・各指定都市市長宛 厚生省社会局長通知)、③「課長通知」(「生活保護法による保護の実施要領の取り扱いについて」昭和三八年四月一日 社保第三四号 各都道府県・各指定都市民生主管部(局)長宛 厚生省社会局保護課長通知)、以上である。

B 補完資料

以上に加えて、本論では「保護の実施要領」を補完することを目的として、下記の資料を参考にしている(以下、すべて二〇一六年度版)。①『生活保護手帳』(中央法規)、②『生活保護手帳 別冊問答集』(中央法規)、③『生活と福祉』(全国社会福祉協議会)、④『社会保障の手引き』(中央法規)、以上である。

(2) 分析項目

「保護の実施要領」を分析するにあたっては、大学等就学と関連する項目に焦点化する。具体的には、①

「世帯の認定」、②「資産の活用」、③「他法・他施策の活用」、④「最低生活費の認定」、⑤「収入の認定」、以上五項目が挙げられる。

ただし、「先行研究」で指摘されていたとおり、大学等就学に対する「保護費」の給付——義務教育に対する「教育扶助」、高等学校等に対する「生業扶助」に相当——は存在していない。そのため、「最低生活費の認定」は分析対象から除外する。また、「他法・他施策の活用」に関しては、「世帯の認定」、「資産の活用」、「収入認定」上記三点の規定に含みこまれているため独立に検討することはしない。

2 インタビュー調査——「当事者の語り」

次いで、「研究課題2」及び「研究課題3」を検討するにあたっては、首都圏に位置するA県B市C福祉事務所所管の地域で実施したインタビュー調査の結果を用いる。以下では、(1) A県B市で実施したインタビュー調査(以下、「B市調査」)の概要、ならびに、(2)「B市調査」の協力者世帯に属する若者に対して実施したインタビュー調査(以下、「若者調査」)の概要を説明したうえで、(3) 両調査に共通する倫理的配慮、表記上の留意点を説明する。

(1)「B市調査」の概要

A 「B市調査」の目的・実施主体

「B市調査」は、生活保護利用世帯において子どもの進路選択が「どのように」なされているのかを究明するべく「生活保護受給世帯における子どもの進路選択に関する研究」（代表研究者：岡部卓）の一環として実施されている[1]。

研究事業の実施主体は、下記から構成される研究グループである。代表研究者＝岡部卓（首都大学東京）、分担研究者＝小林理（東海大学）、西村貴之（北翔大学）、鈴木忠義（長野大学）、西村貴直（関東学院大学）、松本一郎（大正大学）、研究協力者＝三浦元（首都大学東京講師）、三宅雄大（首都大学東京大学院：調査事務局）、東景子（首都大学東京大学院）――以上すべて調査実施当時の所属。

また、「B市調査」（後述の「若者調査」含む）の実施にあたっては、B市C福祉事務所の全面的な協力を得ている。「B市調査」の実施前には、C福祉事務所所長から調査協力（協力者の抽出、情報提供）への同意書を得ている。

B　「B市調査」の実施期間

調査の実施期間は、①二〇一四年八月～二〇一五年二月（以下、二〇一四年度調査）、②二〇一五年七月～一二月（以下、二〇一五年度調査）である。

C　調査対象と協力者の抽出過程

「B市調査」の対象は、（1）生活保護を利用する有子世帯（〇～一八歳未満、あるいは、高等学校等就学年齢までの子どもと同居）の養育者（親）、ならびに、（2）子ども（中学生、高等学校等就学中の者）である。

実際の協力者は、A県B市C福祉事務所所管地域で生活保護を利用する有子世帯から抽出している。協力者候補の抽出にあたっては、以下の手続きを踏んでいる。①研究グループ（岡部、三宅）から抽出条件を提示、②C福祉事務所（所長、担当職員）と研究グループとで、抽出条件を協議、③担当職員が条件に該当する候補者を抽出。

なお、抽出の前提条件として以下二点を設定している。①インタビュー調査に応じることが可能であること（健康状態、日本語での応答が可能）、②中学生以上の子どもと同居する世帯であること。以上に加えて、可能な限りで、③世帯構造（母子／父子／ふたり親／その他）に偏りが生じないようにすること、④養育者の最終学歴に偏りが生じないようにすること、⑤子どもの性別に偏りが生じないようにすること、以上に配慮している。

また、抽出するにあたっては、①子どもの学年（二年生、三年生＞一年生）、②子どもの人数（複数名＞一人）に関して優先順位を設定している。前者の優先順位を設定した理由は、以下のとおりである。「フォローアップ調査」の性質上、調査期間中（一～二年の間）に学校卒業と移行を経験する可能性が高いと考えられること。

実際の抽出結果、ならびに、調査を実施できた協力者は以下のとおりである。まず、二〇一四年度調査では、C福祉事務所から一四世帯（母子世帯九、父子世帯二、ふたり親世帯二、その他世帯一）の協力者候補に関する情報提供を受けている。しかし、三世帯（母子世帯二、父子世帯一）は、調査日時調整の段階で辞退している。

上記三世帯の辞退理由は以下のとおりである。「障害のある子どもの面倒を見なければならないため」（母子世帯）、「就労開始により時間が取れないため」（母子世帯）、複数回の電話でも連絡がつかなかったため（父子世帯）。

最終的に、「書面での同意」をえたうえで調査を実施できたのは、一一世帯（母子世帯七、父子世帯一、ふたり親世帯二、その他世帯一）である。

次いで、二〇一五年度調査は、二〇一四年度調査の協力者全員を対象とした。しかしながら、このうち四

表 3-1　B 市調査概要

実施主体 (研究グループ)		・代表研究者（JSPS：26285132）・岡部卓（首都大学東京）* ・分担研究者・小林理（東海大学）、西村貴之（北翔大学）、鈴木忠義（長野大学）、西村貴直（関東学院大学）、松本一郎（大正大学） ・研究協力者・三浦元（首都大学東京講師）*、東景子（首都大学東京大学院）*、三宅雄大*
調査時期		・2014 年度調査：2014 年 8 月～ 2015 年 2 月；2015 年度調査：2015 年 7 月～ 12 月
調査協力者		・母子世帯：No. 1、2、3*、4、5、6*、7　・父子世帯：No. 8* ・ふたり親世帯：No. 9*、10（父）、12（父母）**、13（母）**、14（父母）** ・その他世帯（祖母と同居）：No. 11（父）
協力者の抽出過程	調査準備	・B 市 C 福祉事務所に調査協力（協力者の選定、協力者の紹介）を依頼 →書面での同意（福祉事務所所長の署名） ・代表研究者、調査事務局、福祉事務所所長、担当職員で選定条件を協議 ※調査に応じることが可能な状態であること、少なくとも 1 名の中学生あるいは高校生と同居していること、可能な限り 2 年生・3 年生の子どもがいる世帯を優先すること、可能な限り世帯構造に偏りを生じさせないことなど
	2014 年度 調査	・上記の選定条件を踏まえて、担当職員が候補者を選定 →担当ケースワーカー経由で候補者に協力を依頼（口頭） ・養育者から口頭での同意が得られた場合 →「世帯主の氏名・世帯構成・連絡先」の情報を調査事務局に提供 ・調査事務局が、候補者に直接電話連絡を行い調査日時・場所を調整 ※ただし、必要に応じて担当職員が日時・場所の調整まで行うこともあった ・調査当日に、書面にもとづく調査説明、ならびに疑問点・不安な点がないかを確認 →そのうえで、書面での同意を得られた場合に限り調査を実施 ※同時に、翌年度も調査依頼を行うことに対する同意も得ている
	2015 年度 調査	・調査事務局が、2014 年度調査の協力者に対して直接調査協力を依頼 →口頭での同意を得られた場合には、2014 年度と同様の手続きで調査を実施 ※なお、4 名が「辞退」(No. 3、6、8、9) ・C 福祉事務所に新規協力者（父子世帯、ふたり親世帯、その他世帯）の紹介を依頼（2015 年 7 月）→ 2014 年度と同様の手続で 3 世帯（5 名）への調査実施
調査方法		・半構造化インタビュー （あらかじめ準備した調査項目にもとづき、協力者のの自由な語りを重視） 調査項目：世帯構成、世帯構成員の所属・健康状態、養育者と子どもの成育歴、子どもの学校生活、子どもの進路希望、養育者が子どもに期待する進路や学歴、生活保護の利用に至った経緯、福祉事務所（ケースワーカー）との関係性、生活保護制度のイメージ、制度利用を権利と考えるか、悩み、将来展望、制度への要望など
調査時間		・2014 年度調査：120 ～ 180 分を目安；2015 年度調査：約 90 ～ 120 分を目安
調査会場		・公的施設の会議室（個室）、協力者宅 ※例外的に、特別な事情（候補者からの要望など）が生じた場合に限り B 福祉事務所の一室で調査を実施（No. 8、9）
調査倫理綱領		・首都大学東京・研究安全倫理委員会からの承認（H26-33、H27-8）： ①調査実施前に調査説明（書面、口頭）を行うこと ※調査目的・方法、参加は任意であること、個人情報の取扱いなどの説明 ②調査協力への「書面での同意書」（署名）を得ること ③調査協力に対する謝金を支払うこと（全額収入認定除外）

「実施主体」欄の * = B 市調査の調査員　「調査対象」欄の * = 2015 年度調査辞退者、** = 2015 年度調査の新規協力者
「調査方法」欄の下線 = 2015 年度調査から追加

世帯――母子世帯（No.３、６）、父子世帯（No.８）、ふたり親世帯（No.９）――の辞退があった。これらの世帯の辞退理由は、以下のとおりである。複数回の電話でも連絡がつかなかったため（No.３、６）、これ以上の調査は【遠慮したい】ため（No.８）、病気の影響でちゃんと【声が出ない】状態になったため（No.９）。

以上四世帯の辞退により、協力者のうち母子世帯以外の世帯構造が二世帯のみになってしまったため、C福祉事務所に追加での抽出を依頼している。抽出の条件、手続きは二〇一四年度調査と同様であるが、世帯構造に関して「父子世帯」、「ふたり親世帯」、「その他世帯」に限定して抽出するように依頼した。なお、担当職員によれば、前年度に打診をしていない世帯のうち、前提条件①、②に該当する候補として、父子世帯二世帯、ふたり親世帯七世帯があったという。以上のうち、同様の手続きを踏んだうえで、ふたり親世帯三世帯（No.12、13、14）の協力を得られた。

最終的には、二〇一四年度調査の協力者（七世帯七名）と新規協力者（三世帯五名）の計一〇世帯一二名に対してインタビュー調査を実施した。また、二〇一五年度調査では、中学二年生（No.４長男）、高校三年生（No.11長女）にも、養育者同席のもとインタビュー調査を実施している。

D　調査実施までの流れ

候補者の抽出後、調査実施までの流れは以下のとおりである。

第一に、C福祉事務所の職員が――担当CWを介して――抽出された候補者に調査協力を打診している。具体的には、担当CWが、候補者に対して、調査概要の説明、調査協力・情報提供の依頼を行っている（すべて口頭）。この段階で、候補者から「口頭での同意」を得られた場合に、候補者に関する情報（氏名、世帯構成、連絡先）を調査事務局に提供してもらっている。

第二に、調査事務局が、上記の情報提供に基づいて候補者に対して調査協力の依頼を行っている。あらためて調査協力への「口頭での同意」を得られた場合に限り、調査の日時、会場を調整している。なお、候補者の予定と調査会場の調整が難しい場合（調査事務局を介在させる時間がない場合）には、例外的に、C福祉事務所の職員が、日時・会場の設定まで行っている。

第三に、調査当日には、調査開始前に、調査員の自己紹介、調査概要の説明を行っている。そのうえで、①調査協力（含ICレコーダーでの録音）の同意書、②翌年度以降の調査協力の同意書、③謝礼に関係する書類への記入をお願いしている。また、子ども（未成年）が参加する場合には、子ども自身の同意書に加えて、養育者からの同意書も得ている。

E　調査方法

調査方法としては、あらかじめ設定した調査項目に基づきながら協力者の自由な語りを引き出す「半構造化インタビュー」を採用している。

なお、具体的な調査項目は、以下のとおりである。世帯構成、世帯構成員の基本的情報（年齢、所属、障がい・傷病等）、就労状況、子どもの学校生活（登校状況、部活動、行事への参加等）、学業成績（テストの点数、通知表の評価等）、塾・習い事、中学卒業後／高等学校等卒業後の進路希望、実際の進路選択の過程、子どもに望む学歴、養育者・子どもの出身・成育歴、生活保護利用の経緯、福祉事務所・CWとの関係、制度・政策への要望、悩みごと、将来展望など。

二〇一五年度調査では、上記の調査項目に関して前年度調査からの変化したことがないかを中心にインタビューを行っている。また、二〇一五年度調査からは、「生活保護制度」のイメージ、「生活保護制度」の権利性に関する調査項目を追加している。

実際の調査は、一二〇〜一八〇分（二〇一四年度調査）、あるいは、九〇分〜一二〇分（二〇一五年度調査）を目安に実施されている。ただし、協力者の健康状態、あるいは、調査会場と協力者の予定との兼ね合いで、調査時間の長短にはばらつきが生じている。そのため、必ずしもすべての協力者から、上記すべての調査項目に関する語りを得られているわけではない。

F　調査会場

調査の実施会場としては、プライバシー保護の観点から、①「協力者の自宅」、②「公共施設（市営の会議室）」の二か所を設定している。なお、②「公共施設」としては、B市立「Aセンター」と「Bホール」を利用していている。いずれの施設においても、個室の会議室（定員一〇名〜二〇名程度）を予約して借りている（図3-1参照）。

ただし、二〇一四年度調査では、例外的に二つの調査をC福祉事務所の「面接室」にて実施している。No.9調査では、父親が、以下の理由からC福祉事務所内での調査を実施している。①近年の【生活保護バッシングへの不安】があること、②調査の導入（調査員との顔合わせ、調査概要の説明、同意書の記入）段階まで、担当CWに同席してほしいこと。また、No.8調査では、協力者（父親）のスケジュールと調査会場（「公共施設」）との調整がつかなくなったため、急遽、C福祉事務所の「面接室」を利用することとなった。

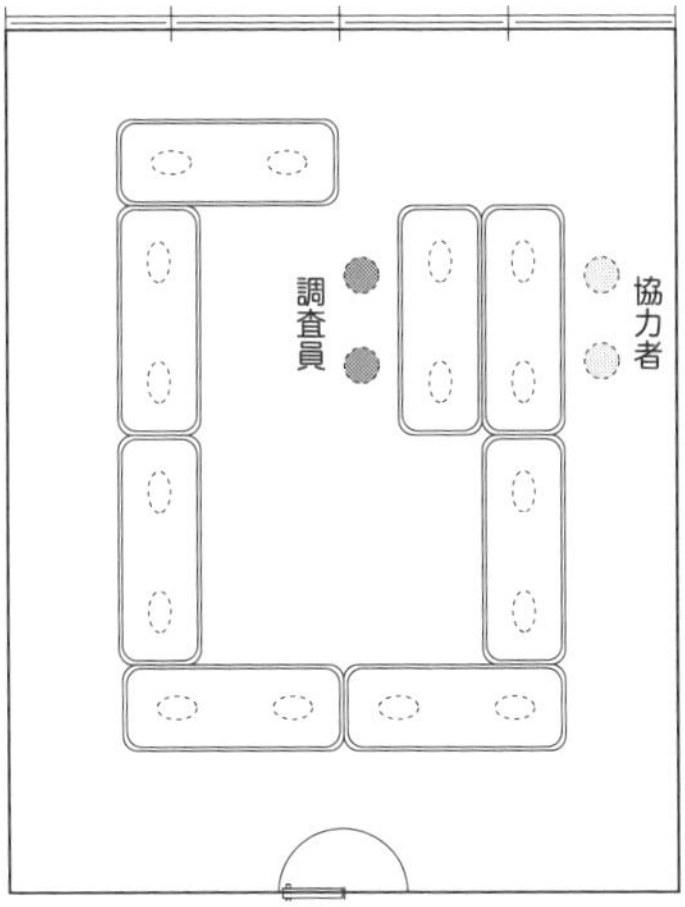

図 3-1　調査会場の例示（左＝俯瞰図；右＝写真、筆者撮影）

以上いずれの調査においても、協力者からは「福祉事務所内で調査すること」に対する了承を得ている。しかし、いずれにせよ、協力者にとっては「施設内に利害関係者（CW）がいる」状況下での調査であったため、かれらの語りが抑制的になっている可能性は否定できない。特に福祉事務所や担当CW、「生活保護制度」に関する語りを解釈するにあたっては留意が必要である。

また、二〇一五年度調査では、一世帯（No.14）のみ「協力者の自宅」で調査を実施した。この他の九世帯に関しては、すべて「公共施設」で調査を実施した。

G 「B市調査」の協力者に関する留意点

本調査の協力者は、総じて、調査依頼に応じて「語ることができる者」――そしてまた「語ろうとしてくれた者」――に限られていると考えられる。そのため、本調査の協力者には、以下に示すような偏りがあると考えられる。

第一に、本調査の協力者は、福祉事務所（担当CW）との関係性が良好である者に限られていると考えられる。そもそも、ＣＷと利用者との間に一定の信頼関係がなければ、利用者が調査依頼に応じるとは考え難い。そのため、本調査の協力者には、ＣＷが接触することが困難であるような世帯は含まれていないものと考えられる。

第二に、本調査の協力者には、調査に応じられる健康状態にない者や日本語でのコミュニケーションが難しい者（外国籍の者など）が含まれていないことである。この点は、あらかじめ抽出の前提条件として設定してあったことである。

第三に、本調査の協力者には、ケア労働、就労（複数のパート就労など）によって調査に応じることができない者が含まれていないと考えられる。実際に、調査のアポイントメントの過程で、「調査には協力したい」が、「障がいのある子どものケア」や「仕事」のため日時の調整が難しいと「辞退」した者がいた。

いずれにせよ、何らかの理由で「語ることができない者」は――あるいは、その世帯に属する子どもは――本調査のデータからは析出できないような困難に直面している可能性がある。この点に関しては、別途、調査を設計して実態究明に努める必要があるだろう。

（２）「若者調査」

Ａ　「若者調査」の目的・実施主体

「若者調査」は、生活保護を利用する有子世帯で育った若者が「どのようにして」高等学校等卒業後の進路希望を形成してきたのかを究明するべく、「生活保護利用世帯における大学等就学に関する研究――進路希望に着目して」（代表研究者：三宅雄大、受け入れ研究者：岡部卓）の一環として実施されている。実施主体は、筆者である。

B　「若者調査」の実施期間

「若者調査」は、二〇一六年八月〜一〇月にかけて実施している。

C　調査対象と協力者の抽出過程

「若者調査」の対象は、「B市調査」（二〇一五年度調査）の協力者世帯に所属する若者である。ここでは、若者を、「高等学校等を卒業した者」として定義している。この定義を採った理由は、以下のとおりである。進路選択の途中にいる「高等学校等就学中の者」よりも、現実に高等学校等から特定の進路（就学／就職など）への移行を――少なくとも一度は――終了している「卒業生」の方が、進路希望の形成過程を把捉するのに適切であると考えたこと。

二〇一五年度調査から得られた情報によれば、上記の条件に該当する若者がいる世帯は一〇世帯のうち四世帯（No.1長女、No.5長男・長女・次男、No.7長男、No.11長女）あった。これらの候補者への調査協力の依頼は、養育者（二〇一五年度調査の協力者）を介して行った。その結果、二世帯四名（No.5長男・長女・次男、No.7長男）からは協力を得られなかったが、残りの二世帯二名（No.1長女、No.11長女）から協力を得ることができた。また、両世帯の養育者（No.1母親、No.11父親）からも短時間ではあるが、語りを得ることができた。

D　調査実施までの流れ

候補者の抽出後、調査実施までの流れは以下のとおりである。

第一に、調査事務局から候補者（養育者）に電話連絡をしている。この際に、養育者、ならびに、養育者経由で若者からの調査協力への「口頭での同意」を得られた場合に限り、調査の日時、場所を調整している。

表 3-2 「若者調査」の全体像

実施主体		・代表研究者 (JSPS：16J01607)：三宅雄大（調査員） ・受け入れ研究者・岡部卓（首都大学東京）
調査時期		・2014 年度調査：2016 年 8 月～ 10 月
調査協力者		・母子世帯：No. 1（長女、母） ・その他世帯 (祖母と同居)：No. 11（長女、父）
協力者の抽出過程	調査候補	・若者調査の候補者：B 市調査（2015 年度調査）の協力者世帯に所属する若者 ※若者＝「高等学校等を卒業した者」 ・上記の条件に該当＝ 4 世帯 6 名（No. 1 長女、5 長男・長女・次男、7 長男、11 長女）
	2016 年度調査	・調査事務局から候補者（養育者）に電話連絡 →養育者、ならびに、養育者経由で若者からの調査協力への「口頭での同意」を得られた場合に限り、調査の日時、場所を調整 ※ 2 世帯 4 名が辞退（No. 5 長男・長女・次男、7 長男） ・調査当日：若者、養育者同席のもとで、調査員の自己紹介、調査説明 →調査協力（含 IC レコーダーでの録音）の同意書；謝礼に関係する書類への記入 ※若者が未成年である場合：自身の同意書＋養育者からの同意書 ・養育者も調査に同席する場合：上記と同様の手続き ※養育者が同席することによって、若者に「語りがたさ」が生じる可能性があるため、養育者には調査開始後 30 ～ 40 分程度で退席してもらってる
調査方法		・半構造化インタビュー （あらかじめ準備した調査項目にもとづき、協力者のの自由な語りを重視） 調査項目：現在の所属、経済状況、移行の経緯、進路を考える際のモデル、就職や大学等に抱いていたイメージ、移行に伴う費用に関する理解・準備方法、生活保護制度の影響、制度・政策への要望、悩みごと、将来展望など
調査時間		・120 ～ 180 分を目安（ただし、調査時間の長短にはばらつきあり）
調査会場		・公的施設の会議室（個室）、協力者宅
調査倫理綱領		・首都大学東京・研究安全倫理委員会からの承認（H28-6）： ①調査実施前に調査説明（書面、口頭）を行うこと ※調査目的・方法、参加は任意であること、個人情報の取扱いなどの説明 ②調査協力への「書面での同意書」（署名）を得ること ③調査協力に対する謝金を支払うこと（全額収入認定除外）

第二に、調査当日には、若者とともに養育者にも調査会場まで来てもらっている。そのうえで、調査開始前に、調査員の自己紹介、調査説明を行っている。そのうえで、①調査協力（含ICレコーダーでの録音）の同意書、②謝礼に関係する書類への記入をお願いしている。また、若者が未成年である場合には、自身の同意書に加えて、養育者からの同意書も得ている。

なお、養育者も調査に同席する場合には、上記と同様の手続きを踏んでいる。ただし、養育者が同席することによって、若者に「語りがたさ」が生じる可能性があるため、養育者には調査開始後三〇～四〇分程度で退席してもらっている。

E　調査方法

調査方法は「B市調査」同様に、「半構造化インタビュー」を採用している。具体的な調査項目は、以下のとおりである。現在の所属、経済状況、移行の経緯、進路を考える際のモデル、就職や大学等に抱いていたイメージ、移行に伴う費用に関する理解・準備方法、「生活保護制度」の影響、制度・政策への要望、悩みごと、将来展望など。

実際の調査は、一二〇～一八〇分を目安に実施されている。ただし、調査時間の長短にはばらつきが生じているため、必ずしも上記すべての調査項目に関する語りを得られているわけではない。

F　調査会場

調査の実施会場は、「B市調査」同様の理由から、①「協力者の自宅」、②「公共施設（市営の会議室）」（B市立「Aセンター」と「Bホール」）を設定している。

G　「若者調査」の協力者に関する留意点

「若者調査」の協力者に関しては、以下の二点に留意が必要である。

第一に、協力者二名ともに「女性」だということである。本調査では、「男性」の協力者を得ることができなかった。そのため、本調査のデータからは、「進路希望」の形成過程において「女性」／「男性」――

それに応じたジェンダー規範――の間に類似／相違があるのか否かを比較検討することはできない。

第二に、議論の先取りになるが、上記の協力者二名が、ともに高等学校等卒業後の就学を「希望していた」ことである。したがって、就学することを「度外視」していた事例は含まれていない。つまり、本調査のデータからは、「なぜ」若者が「就学を希望することがなかったのか」を検討することはできない。

(3)「B市調査」と「若者調査」の共通事項

A　倫理的配慮

上記いずれの調査ともに、プライバシーに踏み込んだ調査項目（生活保護利用までの経緯、養育者・子どもの生育歴等）が含まれている。そのため、調査実施にあたっては、協力者に不利益をもたらさないように最大限の注意を払った。

特に、調査開始前の手続きに関しては、あらかじめ倫理要綱を策定し、首都大学東京の研究安全倫理委員会から承認を得ている（「二〇一四年度調査」、「二〇一五年度調査」、二〇一六年度「若者調査」）。具体的には、調査開始前に以下の説明を徹底して行った。①調査の目的、方法（メモを取ること、同意を得られた場合に限りICレコーダーで録音すること）、②個人情報の取扱い（調査内容を発表する際には匿名化すること、各種データを厳重に保管すること等）、③協力者の権利（無理に答える必要はないこと、協力するか否かは任意であること等）、④調査参加の利益・不利益（謝礼を支払うこと、調査中の発言によって不利益を被ることはないこと等）。

また、本論での分析では、①固有名詞をすべて匿名化しており、②プライバシーに関連する情報には、不整合が生じない範囲で修正を加えてある。

B　表記上の留意点

本論では、協力者の「語り」を引用するにあたって、以下のとおり表記上の工夫をしている。①本文中で「語り」を引用する場合＝【　】、②筆者による加筆＝〔　〕、③参加者の笑い声＝（笑）、④沈黙（三秒以上）＝・・・、⑤会話の割り込み（重なり）＝」、⑥一部省略＝（…）。

C　調査協力者の概要

「B市調査」、ならびに、「若者調査」の調査協力者の概要を整理すると表3‐3のとおりである。なお、第5章、ならびに、第6章では、全一四世帯の一部の事例だけを分析する。①第5章・第6章で分析する対象世帯は、世帯No.を「塗りつぶし」＋「下線」で表記しており、②第6章でのみ分析する世帯は、「塗りつぶし」のみで表記してある。なお、分析対象の抽出に関しては、各章の「研究方法」にて後述する。

3　「当事者の語り」に関する留意点

それでは、ここでいう「語り」とはいかなるものなのか。ここでいう「語り」とは、「調査協力者＝語り手」の「語る」という行為によって「語られたこと」を示している。そして、この「語る」という行為には、「語り手」による「過去の体験」の解釈や再構成が含みこまれている（cf. 野家 2005）[2]。

この意味で、「語り」は、「語り手」の認識や解釈に依存しているといえよう。したがって、「語り」は、

表3-3　調査協力者の概要

	2014年度調査	2015年度調査	2016年度・若者調査
No. 1	**母親Fさん（40代後半）うつ病** 長女Pさん（A高2）** 長男（小2）	母親Fさん（40代後半）　うつ病 長女Pさん（A高3）** 長男（小3）	**母親Fさん（40代後半）　うつ病** **長女Pさん（専門学校1）** ** 長男（小4）
No. 2	**母親（30代後半）** * 長女（中3） 次女（中2）	**母親（30代後半）** * 長女（G高1） 次女（中3）	対象外
No. 3	**母親Aさん（40代前半）** 股関節炎 長男（C工業・定時制4）** 長女Zさん（D工業2）ADDなど 次男（小6）	辞退	
No. 4	**母親（30代前半）うつ病** 長男（中1） 次男（小2）	**母親（30代前半）うつ病** 長男（中2） 次男（小3）	対象外
No. 5	**母親Hさん（40代後半）** * （長男Jさん・専門4）** （長女・21転出就労） 次男Sさん（F商業2）** 次女（中2）	**母親Hさん（40代後半）** * （長男Jさん・23転出就労） （長女・22就労） 次男Sさん（F商業3）** 次女（中3）	母親Hさん（40代後半） （長男Jさん・24就労）辞退 （長女・23結婚・出産）辞退 （次男Sさん・専門1）辞退 次女（定時制1）
No. 6	**母親（40代後半）** （長女・26転出就労→結婚）** 長男（20世帯内パート就労）* 次男（中2）	辞退	
No. 7	**母親（30代後半）** 動悸など * 長男（C工業3）** 次男（中2） 三男（小2）	**母親（30代後半）** 動悸など * （長男・19就労） 次男（中3） 三男（小3）	母親（30代後半）動悸など （長男・20就労）辞退 次男（C工業1） 三男（小4）*
No. 8	**父親（40代後半）** * 長女（中1） 次女（小4） 三女（小3） 四女（小1） 五女（小1）	辞退	
No. 9	**父親（60代前半）** 悪性腫瘍など 母親（40代後半）背部血腫など 長女（18世帯内就労） 次男（中3） 次女（小4）	辞退	
No. 10	**父親Wさん（50代前半）** 動脈系疾患 母親（40代前半）* 長男Gさん（K高1）	**父親Wさん（50代前半）** 動脈系疾患 母親（40代前半）* 長男Gさん（K高2）	対象外
No. 11	**父親Cさん（60代前半）ストーマ** * 母親（40代前半）* 母方の祖母（70代後半） 長女Rさん（A高2）**	**父親Cさん（60代前半）ストーマ** * 母親（40代前半）* 祖母（70代後半） **長女Rさん（A高3）** **	**父親（60代前半）ストーマ** * 母親（40代前半）* 祖母（70代後半） **長女Rさん（19）** * **日々雇用**
No. 12		**父親（40代前半）** * **母親（40代前半）** うつ病 長男（中2）	対象外
No. 13	未実施	**母親（40代前半）** 胃摘出 * 父親（40代後半）糖尿病 長女（中2）支援級 次女（小6）支援級	対象外
No. 14		**父親（60代後半）** 足の痺れ **母親（40代後半）** * 長男（J高1）	対象外

世帯Noの塗りつぶし＝本書の分析対象　世帯Noの下線＝若者の分析対象
太字＝調査回答者　*＝調査時に就労あり　**＝在学中のアルバイトあり
丸括弧（世帯構成員）＝利用世帯から転出、あるいは、世帯分離中
2016年度の情報に関して、No. 5、7は、調査のアポイントメントの過程で得られた情報

「語り手」の認識と解釈を介することによって、少なからぬ誤り（記憶違い、屈折など）を含みこむ可能性がある。それゆえ、「語り」を「完全に正しい」ものとして引き受けることは難しい。

しかしながら他方で、インタビュー調査において「語り手」は、常に「何か」について語るのであり、つまりは、何かしらの指示対象（「語り」の指示対象）の存在（現実になされた行為、生じた出来事等）を前提としている（北田 2018）。つまり、「当事者の語り」は、「語り手」の認識や解釈を介しながらも、そこで語られた「何か」につながる回路である[3]。

また、以上に加えて、私たちは、「語り手」（コミュニケーションの相手）が、現実に起きた出来事やなされた行為を「大体において正しく」語ることを前提にしている（岸 2018: pp. 63-114; cf. 岸 2015）。そうでなければ、特定の社会問題（e.g. 利用世帯における大学等就学等）に関して、特定の当事者（e.g. 生活保護制度の利用者等）のもとに赴き、インタビュー調査を実施する合理性はない。

以上のとおり、本書では、あくまでも「語り手」が現実になされた行為や生じた出来事について「大体において正しく」語っていることを前提として、「語り」を分析資料として引き受ける[4]。ただし、以上の議論は、「語り」の整合性を他の「語り」や行政資料等を用いて検証することを排除するものではない。

4　B市の概要

以下では、調査地であるA県B市の特徴を素描する。B市の特徴を描出するにあたっては、B市が独自に集計している統計資料、ならびに、総務省「国勢調査」（二〇一五年版、二〇一〇年版）を参照している。なお、本研究で用いるインタビュー調査の実施時期が「二〇一四年度、二〇一五年度、二〇一六年度」であることを踏まえて、B市の統計資料については「B市の統計（二〇一六年、二〇一七年）」を用いることとした。最後に、以下に示すB市の具体的な統計数値は、当該地域の特定を避けるために、不整合が生じない程度に修正を加えてある。

（1）地理条件

調査地であるB市は、首都圏A県の中でも北部に位置しており、その一部が隣県と接している。また、B市は、おおまかにではあるが、①「北部」、②「南部」に分けることができる。このうち、B市「北部」には工場が多くある一方で、「南部」には商業施設や住宅街が広がっている。

本研究でインタビュー調査を実施したのは、C福祉事務所が所管する地域（B市「南部」の一部）である。そのため、調査の協力者には、C福祉事務所所管外――B市「北部」、所管外の「南部」――で生活保護を利用する世帯は含まれていない。

また、B市では、公共交通機関（電車、バス）が整備されており、市内での移動、ならびに、市外への移動は容易である。そのため、居所がB市「南部」にあるとしても、住民の就職先や就学先が、市内「南部」に限定されるわけではない。この点と関連して、B市内には、複数の駅があり、その周辺には商店街がある。

筆者は、「南部」にある二か所の商店街を訪れたことがあるが、いずれも買い物客が多く行き交っており活気があった。また、B市から中心街（大型百貨店や歓楽街のある市街地）までは、公共交通機関を利用して行くことが可能である。

（２）人口・世帯（二〇一七年一月一日現在）

Ｂ市の人口は、五〇万人を超えており全国的に見ても多い（政令指定都市・中核市の規模）。Ｂ市の人口の八〇％弱が「〇歳〜六四歳」――このうち七〇％弱が「稼働年齢層（一五歳〜六四歳）」――で、二〇％強が「六五歳以上」である。上記の割合は、全国規模の統計と同様の傾向にあり、Ｂ市でも高齢化が進んでいると考えられる。

Ｂ市の総世帯数（約二三〇万世帯）に占める「核家族世帯」の割合は、約四五％である。また、「夫婦のみ世帯」約一五％、「夫婦と子どもから成る世帯」（ふたり親世帯）約二〇％、「男親と子どもから成る世帯」（父子世帯）約一％、「女親と子世帯」（母子世帯）約六％、「その他の親族世帯」約三％である。また、また、「核家族世帯」以外に関しては、「非親族世帯」約一％、「単独世帯」（世帯人員一人）約五〇％である。

なお、Ｂ市においては、日本全国の数値（二〇一五年版「国勢調査」）に比して、①「ふたり親世帯」（夫婦と子どもから成る世帯）の占める割合が低く、②他方で、「単独世帯」の占める割合が際立って高いという特徴がある。ひるがえって、Ｂ市では、ひとり親世帯（とりわけ、母子世帯）の割合が高く、また、世帯規模の縮小・単身化が進んでいると考えられる。

（３）就業状況（二〇一〇年一〇月一日現在）

Ｂ市の「一五歳以上人口」に占める「労働力人口」（就業者＋完全失業者）は、約五五％である。「労働力人口」のうち約九四％が「就業者」であり、約六％が「完全失業者」である。他方で「非労働力人口」は、約三〇%である[5]。なお、B市の「完全失業率」約六%という数値は、日本全国の「完全失業率」五・一%（二〇一〇年平均）[6]に比して高い水準にある。

B市では、就業者のうち、約七割が「第三次産業」に就業しており、約三割が「第二次産業」に就業している。就業者数の割合が最も高いのは「卸売業・小売業」で、次に「製造業」、各種「サービス業」が続いている。なお、日本全体の「有効求人倍率（新規学卒者除く）」は一・二〇（二〇一五年平均）[7]であり、A県B市の「有効求人倍率」はこの数値と近接している。

（4）生活保護（二〇一六年度平均）

上記と関連して、B市は、A県内でも生活保護を利用する世帯の割合が高い地域である。B市の保護率（被保護人員）[8]は三%を超えており、日本全国の保護率の数値（人口千対一・七%）を大幅に上回っている。なお、この点に関しては、調査協力者からも「周囲に利用世帯が多い」、「経済的に裕福ではない世帯が多い」といった「語り」が得られている。

（5）学校教育——義務教育

教育に関しては、B市「南部」だけでも複数の公立小学校、公立中学校が点在している。そのため、調査中に耳にした学校名にもばらつきがあった。

また、B市の公立中学校の卒業者は、ほとんどすべてが高等学校等に進学しており（約九八%）、中学卒業後に就職する者はわずかである（二〇一六年度）。

（6）学校教育――高等学校等

B市内には、公立・私立合わせて一〇校以上の高校がある（二〇一六年度現在）。また、以上の市内の高校に加えて、隣接する市にも複数の高校がある。公共交通機関が整備されていることを踏まえると、当該地域の子どもたちには、形式上は市内外の複数の進学先（選択肢）があると考えられる。

B市内の高校は、入試難易度の観点からして、大別して三つに分類可能である。①入試難易度が「易しい」高校、②入試難易度が「普通」の高校、③入試難易度が「難しい」高校。市内の私立高校のほとんどが、上記③に分類される。なお、公立高校で③に該当する高校は一校だけである。他方で、市内の公立高校のほとんどが、上記①（あるいは、①寄りの②）に位置している。総じてB市では、私立高校＝入試難易度の「難しい」進学校、公立高校＝入試難易度の「易しい」高校という傾向がある（表3‐4参照）。

なお、調査協力世帯の子ども・若者（高等学校等就学中の者、または、卒業した者）の「就学している／就学していた」高校は、一部の例外を除き、ほぼすべてが「B市内／外」の「公立」で、なおかつ、「入試難易度」の「易しい」（①、あるいは、①寄りの②）高校であった。

B市における高校卒業後の大学等（大学・短大・専修学校専門課程）進学率は八割弱である一方で、就職率は一割を切っている（以上、二〇一五年度、二〇一六年度）。したがって、B市における大学等進学率は――厳密な比較ではないことに留意が必要だが――日本全国に比して高い水準になっている。なお、男性の就職率が女性の就職率よりも高く、反対に、女性の進学率が男性の進学率よりも高い傾向にある。

表 3-4　調査協力世帯の子どもの就学先高校／卒業高校

高校	所在地	入試難易度	該当数	該当事例
公立 A 高校（普通）	市内	①	4	No. 1　6-1　6-2　11
公立 C 工業高校	市内	①	3	No. 3-1　5-1　7-1
公立 G 高校（普通）	市内	①	1	No. 2
公立 J 高校（普通）	市内	①	1	No. 14
公立 D 工業高校	市外	①	1	No. 3-2
公立 F 商業高校	市外	①	2	No. 5-2　5-3
私立 I 高校（普通）	市外	①	1	No. 9
公立 K 高校（普通）*	市外	③	1	No. 10
合計			14	

*= 入試難易度の「難しい」進学校
同一世帯に高校生が複数名いる場合の表記＝ No. n-n

（7）大学等

B市内や近隣地域（他市、他県）には、公立・私立の四年制大学、短大、専修・各種学校が複数ある。そのため、高等学校等と同様、当該地域の子どもたちには、量的・形式的には（学校の有無という水準では）複数の進学先があると考えられる。

＊＊＊

以上に見てきたとおり、インタビュー調査を実施した「B市」は、いわゆる「大都市部」である。また、B市では、公共交通機関が整備されており（i.e. 市外への移動が容易であること）、なおかつ、「有効求人倍率」が高かった。他方で、B市内、あるいは、近隣の地域には、大学等が複数設置されており、なおかつ、B市内での大学等進学率は高かった。

以上を踏まえると、「B市調査」の対象である利用世帯の子どもは、高等学校等卒業後に「就職」／「進学」という「選択肢」のいずれを採ることも――少なくとも形式的には――可能であると考えられる。

なお、ここで留意すべきは、B市では有効求人倍率が高いにもかかわらず「完全失業率」が相対的に高く、なおかつ、保護率が際立って高水準であった。したがって、B市において、失業や生活保護制度は、あくまでも相対的にではあるが地域住民にとって身近なものだと考えられる。

本書の分析では、上記のような地域＝状況において、利用世帯の子ども・養育者が、「どのようにして」、「大学等就学／非就学」に至るのかを検討することになる。

■注

1　「B市調査」と並行して、X県郡部（町村部）においても同様の調査を実施している。ただし、本研究では、筆者が調査事務局、調査員として全面的に参加した「B市調査」のみをとりあげることとする。

2　野家（2005）は、「語られたこと」＝「名詞的・静態的な実体概念」を「物語」と呼び、「語る行為」＝「動詞的・能動的な機能概念」を「物語り」、あるいは「物語り行為」と呼んで整理している（p. 300）。そのうえで、「経験を語る」ことを、過去の「知覚的体験」をありのままに描写、記述することではなく、過去の「知覚的体験」を想起しながら――つまり、「今現在」思い出しながら――「解釈学的変形」ないしは「解釈学的再構成」の操作を加えることである（ibid. p. 18; p. 115）と規定している。

3　この点と関連して、「語り」には「語り手とインタビュアーとの相互行為を通して構築される」側面があるため、語り手が「何を語ったのか」ではなく「いかに語ったのか」に注意を払うべきだとする議論もある（桜井 2002; Holstein, Gubrium. 1995=2004）。

以上の指摘に対して、岸（2015）は、以上のように「語られ方」に照準する方法論を「語りを『現実と関係しているもの』ではなく『語られたもの』としてだけ」、つまり「つねに『引用文』としてだけ取り扱うべき」だとする主張として批判している（p. 277）。そのうえで、「語り」を「引用文」（相互作用によって構築された「語り」）としてのみ取扱うのではなく、「鍵括弧」を外すことで「現実と関連するもの」として取扱うべきことを論じている（2015:

2016a; 2016b; cf. 2018)。

4 Ferraris（2015a=2018; cf. 2013; 2014; 2015b）の議論に依拠するならば、「語り」もまた、「記録」（「ドキュメンタリティ」）として主体の認識による修正に「抵抗」すると考えられる。それゆえ、「語り」を「修正不可能性unamendability」を備えた実在とみなすことも可能であろう（第2章・文末注参照）。

5 「就業者」とは「調査週間中、賃金、給料、諸手当、営業収益、手数料、内職収入など収入（現物収入を含む。）を伴う仕事を少しでもした人」と「休業者」を意味する。「完全失業者」とは「調査週間中、収入を伴う仕事を少しもしなかった人のうち、仕事に就くことが可能であって、かつ，ハローワーク（公共職業安定所）に申し込むなどして積極的に仕事を探していた人」を意味する。「非労働力人口」は「調査週間中、収入を伴う仕事を少しもしなかった人のうち、休業者及び完全失業者以外の人」を意味する。

6 総務省「二〇一六年度　労働力調査」を参照。（http://www.stat.go.jp/data/roudou/report/2010/pdf/summary1.pdf）

7 総務省「e-Stat」の「一般職業紹介状況」を参照。（http://www.e-stat.go.jp/SG1/estat/List.do?lid=000001192383）

8 日本全国の保護率のデータは、国立社会保障・人口問題研究所の「『生活保護』に関する公的統計データ一覧」による。なお、「保護率の算出は、被保護世帯数（一か月平均）を「国民生活基礎調査」の総世帯数（世帯千対）で除したもの」、ならびに、「一か月平均の被保護実人員を総務省統計局発表による各年一〇月一日現在の推計人口で除したものである。」

第4章

生活保護制度における大学等就学の「条件」[1]

1　はじめに

既に言及したように、生活保護制度における「学校教育」就学の取扱いは以下のとおりである。①「義務教育」就学に対しては、「教育扶助」による保護費の給付があり、②「高等学校等」就学に対しては、「生業扶助（高等学校等就学費）」による給付がある。また、上記いずれの場合も、就学者は利用世帯内からの就学（＝世帯内就学）が認められている。

これに対して、③「大学等」就学は、夜間大学等を除き、就学者の保護廃止（世帯分離）が必須であり、就学に伴う費用（学費等、世帯分離後の生活費等）に対する保護費の給付もない。

以上に示したとおり、生活保護制度における就学の取扱いは、就学先——義務教育、高等学校等、大学等——によって相違している。以上の相違のうち、特に「義務教育」（「教育扶助」）と「高等学校等」（「生業扶助」）の相違は、生活保護制度の目的である「最低生活保障」と「自立助長」（生活保護法第一条）のいずれに力点を置いているかによる。

現に「教育扶助」を規定する生活保護法第一三条では「自立助長」に対する言及が見られない一方で、「生業扶助」を規定する同法第一七条では「これによって、その者の収入を増加させ、又はその自立を助長することのできる見込みのある場合に限る」という給付条件が設定されている。

また、二〇〇五年度に高等学校等就学費が創設される契機のひとつとなった「生活保護制度の在り方に関する専門委員会」の報告書では、高等学校等就学が、①「子どもの自立・就労」、②「有子世帯の自立」にとって「有効な手段」として位置付けられて議論されている。

同様に、二〇〇五年度の改正により加えられた「保護の実施要領」の規定によれば、「高等学校等」へ「就学し卒業することが世帯の自立助長に効果的と認められる」場合に限り「世帯内就学」は認められる。この点に関して、先行研究は、学習権の権利主体であるべき子どもが、「世帯の自立」＝「経済的自立（保護の廃止）」を達成するための「手段」として位置づけられていると指摘している（横山 2001; 阿部 2012）。

それでは、利用世帯の子どもが大学等に就学する場合――「世帯内就学」が認められておらず、なおかつ、保護費による給付もない場合――に、かれらは「生活保護制度」下で「何」を「なしうるのか／なしえないのか」。そしてまた、かれらが「なしうること／なしえないこと」は、制度上「どのように」「条件」づけられているのか。

2　研究目的

以上の「問い」を踏まえて、本章では、以下二点の研究目的を設定する。第一に、「生活保護制度」が、利用世帯の子どもが大学等就学にあたって「なしうること（可能性）／なしえないこと（制約）」を「どのように」規定しているのかを析出することである。第二に、「生活保護制度」が、上記の「なしうること／なしえないこと」を「どのように」「条件」づけているのかを析出することである。

以上の目的を究明することにより、「生活保護制度」＝「構造」が定める大学等就学に関する「客観的な選択肢」――利用世帯の子どもが大学等に就学する際に「なしうること」と「なしえないこと」――の析出を試みる。

3　分析枠組み

以上の研究目的を追究するにあたり、本章では、生活保護制度の運用方針を定める厚生労働省発の「保護の実施要領」（以下、「通知」）を分析資料として用いる。

また、本章では、「通知」を分析するにあたり、以下の分析枠組みを設定することで分析焦点を限定する。第一に、「通知」に規定されている「条件」において「自立助長」が言及されているのか否かに焦点化する。第二に、「条件」において「自立助長」が言及されている場合に、それが「どのような」「自立」なのかに焦点化する。「どのような」「自立」なのかを解釈するにあたって、本章では、以下に説明する三つの対立軸を設定する。

（1）「自立の意味」――「狭義／広義」

まず、「条件」で言及されている「自立」が「どのような自立」なのかを析出すべく「自立の意味」に関する対立軸を設定する。すなわち、①「経済的自立（＝保護の廃止）」、「保護の廃止」に至る場合もある「就労自立」[2]をもって「自立」と捉える視点（＝「狭義の自立」）、②「狭義の自立」とは無関係に――「内容的可能性の発見・助長・育成」や「日常生活・社会生活自立」によって――多様な視点から「自立」を捉える視点（＝「広義の自立」）である。

従来、「自立助長」や「自立」をいかに解釈するかは議論の分かれてきたところである。先行研究（仲村2002; cf. 笹沼 2008）に依拠するならば、従来の「自立助長」の解釈は大きく分けて以下二通りに整理できる。第一に、「惰民養成の排除」を目的とする「消極的自立」である（e.g. 木村 1958）。第二に、小山（1975）の解釈論に依拠する「積極的自立」である。小山は「最低生活保障」に加えて「自立助長」を生活保護制度の目的に含めた理由を以下の通り説明している。

> 凡そ人はすべてその中に何等かの自主独立の意味において可能性を包蔵している．この内容的可能性を発見し、これを助長育成し、而して、その人をしてその能力に相応しい状態において社会生活に適応させることこそ、真実の意味において生存権を保障する所以である。(p. 92)

以上のように、小山の論じる「自立助長」では、「惰民養成の排除」とは無関係に、各人の「内容的可能性の発見・助長育成」することに主眼が置かれている。

以上、二通りの「自立」に加えて、仲村は「新しい自立論」の展開を指摘している。具体的には、①「生活保護を利用して自立する」という考えと、②障がい者運動の中から展開した「自己実現に向けて主体的に生活することをもって自立とする」考えである。

また、これら「新しい自立論」の流れを受けて、「在り方委員会」の報告書では「自立」概念の捉え直しが行われている。具体的には、「自立」概念には、「就労自立（経済的自立）」のみならず、より広く「日常生活自立（健康・生活管理等）」や「社会生活自立（社会とのつながりを回復・維持）」が含まれるものだとしている（岡部 2009）[3]。

以上に概観してきた先行する議論を踏まえて、本章では、「自立の意味」を「狭義の自立」と「広義の自立」とに分類することとした。

(2)「自立の単位」――「個人／世帯」

次いで、「条件」で言及されている「自立」が「誰の自立」なのかを析出すべく「自立の単位」に関する対立軸を設定する。すなわち、①「自立の単位」を「個人（子ども）」とする視点、②「自立の単位」を「世帯」とする視点である[4]。

ここで「自立の単位」を「個人／世帯」と設定した理由は以下の通りである。現行の生活保護制度において「保護の要否・程度」の判定は、原則的に「世帯単位」で行われている（法第一〇条）。これに対して、

「自立助長」の単位に関する特別な法規定はない。そのため、「自立助長」の単位は、「世帯単位の原則」に対応して「世帯」とすることも、あるいはまた、保護請求権を有する「個人」とすることも可能であると考えられる。

なお、ここで留意すべきは、「自立の単位」が「個人」であるか「世帯」であるかによって、そこで問われている「自立の意味」――「狭義の自立」か「広義の自立」か――にも変化が生じるということである。それというのも、「個人」単位の「自立」には「狭義の自立」(e.g.「子どもの就労自立」)と「広義の自立」(e.g.「子どもの内容的可能性の発見・助長育成」、「子どもの日常生活・社会生活自立」)いずれをも含みうるが、「世帯」単位には「広義の自立」は含みえないからである。

仮に「世帯」を有機的な「一個の行為主体」として捉えるならば、「世帯の日常生活・社会生活自立」や「世帯の有する『内容的可能性の発見・助長育成』」という表現は意味をなすであろうが、「世帯」とは「消費生活上の一単位」に過ぎない。以上を踏まえると、「世帯」が「自立」しうるのは「世帯の経済的自立」という「狭義の自立」のみだと考えられる。

(2)「教育」の位置づけ――「目的/手段」

以上に示した二つの対立軸は、「条件」において言及されている「自立の単位」と「自立の意味」を析出することを目的としていた。本章ではさらに、第三の対立軸を設定することで、「通知」において「大学等に就学すること」(以下、「教育」[5])がどのように位置づけられているのかを析出する。

なお、ここで導入する第三の対立軸は、本書の研究視点(「義務論」/「目的論」)と対応している。そこで、以下では、「教育」の位置づけを巡る対立軸を——詳細は第2章での議論に譲り——本章の文脈に沿って簡潔に説明する。第一に、「教育」を「別の目的」——人格の形成、教養の修得、労働力の形成等——を達成するための「手段」とみなす「目的論」的な視点（以下、「教育＝手段」）である。例えば「教育基本法」の第一条では、「教育の目的」として「人格の完成」や「平和で民主的な国家及び社会の形成者として必要な資質を備えた心身ともに健康な国民の育成」が言及されている。また、社会政策領域における「ワークフェア」（宮本 2013; 仁平 2009; 2015; 田中 2011; 2016; 埋橋 2007 など）の議論では、「教育」（職業訓練含む）が「福祉」（所得保障）の「条件」＝「手段」として位置づけられている。

他方で第二に、「教育を受ける権利」の保障自体を「目的」とみなす「義務論」的な視点（以下、「教育＝目的」）である。例えば、日本国憲法の「教育を受ける権利」（二六条）では、「すべて国民は、法律の定めるところにより、その能力に応じて、ひとしく教育を受ける権利を有する」と規定されている。ここでは、国民が「教育を受けること」、あるいは、「学習すること」[6]そのものを保障することが目的とされている。

確かに、以上に示した「教育＝目的」の視点を採る場合でも、「教育」は「何らか」の「外在的目的」——人格の形成、教養の修得、労働力の形成等——のために権利として保障されていると考えられるであろう。この意味で、「教育＝目的」と「教育＝手段」は循環する関係にあると考えられる。

しかしながら、ここで重要なのは以下に示す相違である。すなわち、①「教育＝目的」の視点では、「外在的目的」（a）とは無関係に、「教育を受けること」の保障自体が主たる「目的」（A）である一方で、②「教育＝手段」の視点では、「外在的目的」（e.g. 人格の形成、教養の修得、労働力の形成など）が主たる「目的」（A）で「教育」（E）は、それを達成する「手段」として位置付けられているという相違である（図4‐1参照）。

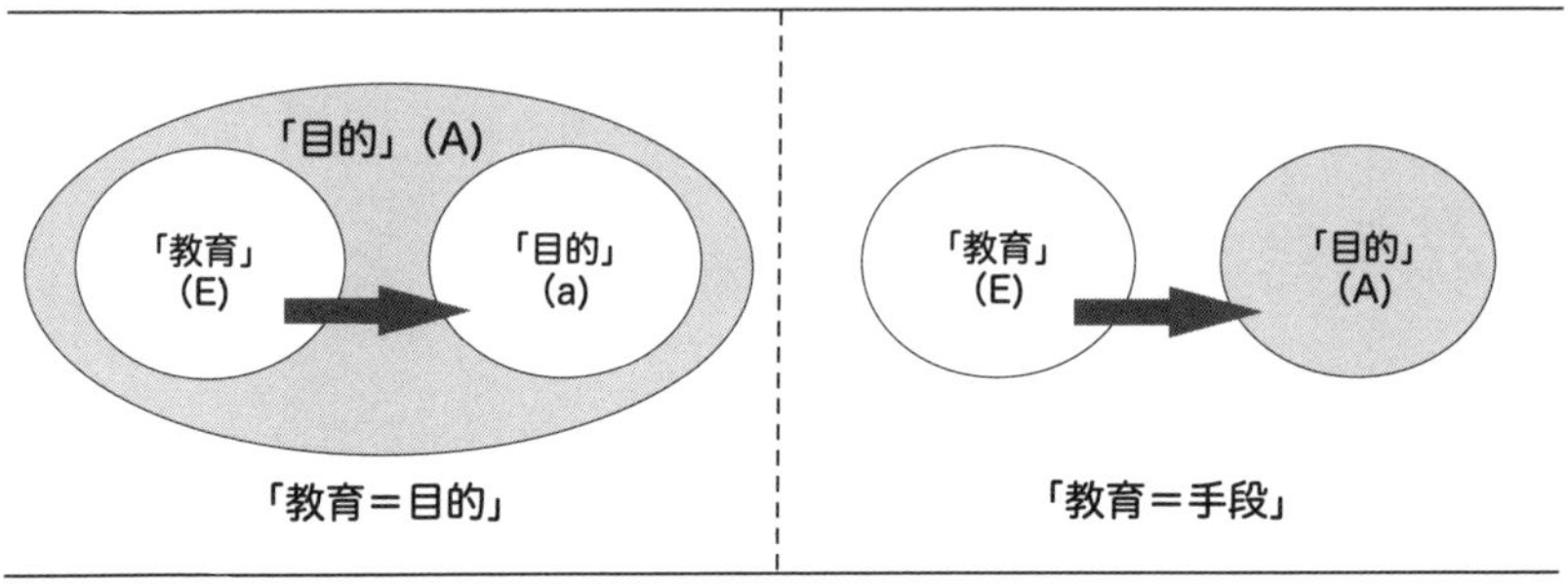

＊グレースケール＝主たる「目的」を示す
矢印（E）が（a/A）のために行われていることを示す

図 4-1　「教育＝目的」と「教育＝手段」の相違点

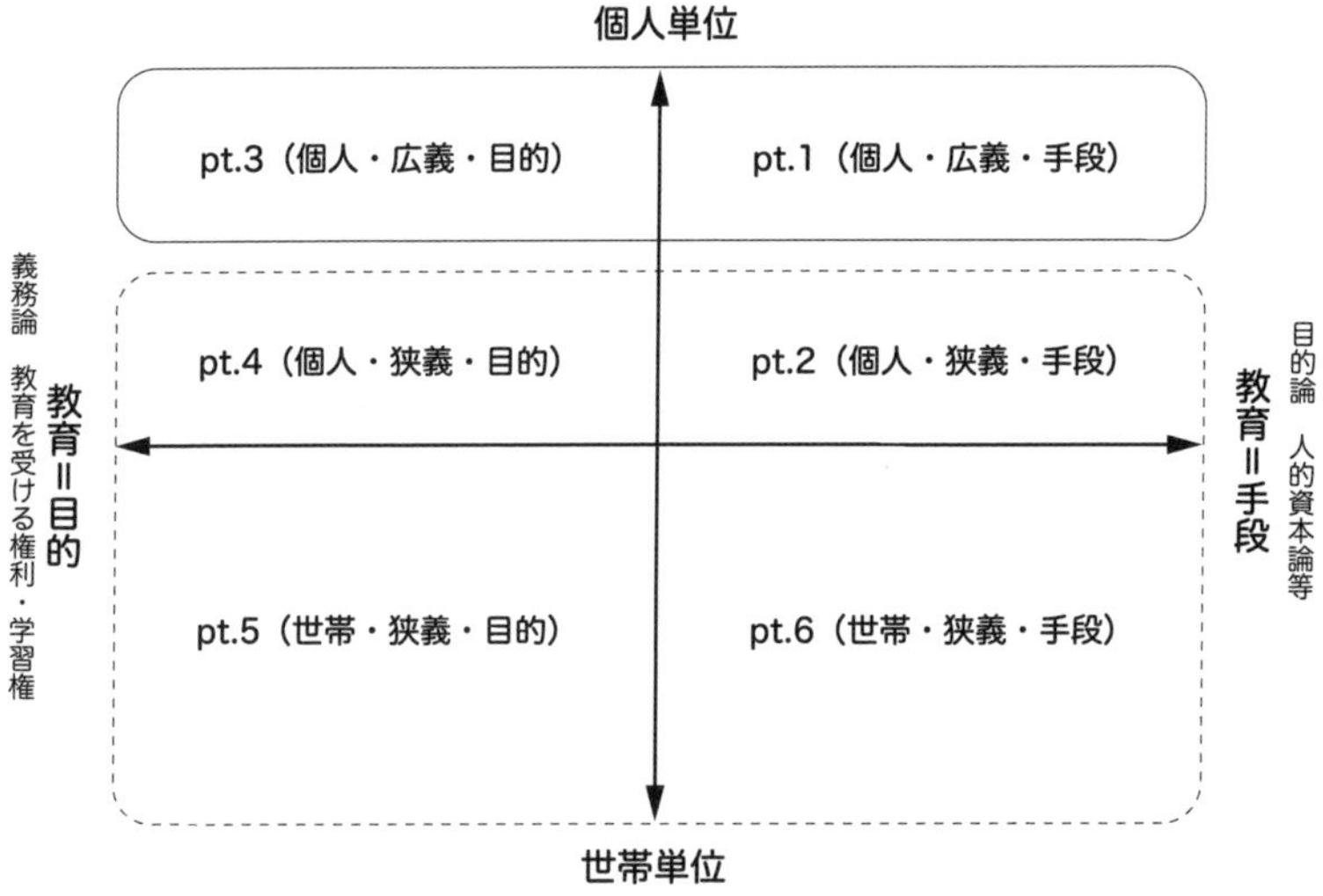

図 4-2　分析枠組みの全体像

以上の議論を踏まえ、本章の分析では、先に言及した「自立の単位」や「自立の意味」と関連付けながら、「通知」において「教育＝目的」の視点が採られているのか、あるいは「教育＝手段」の視点が採られているのかを析出する（図4‐2参照）。

4　研究方法

以下では、本章の分析で用いる資料、ならびに、分析手順を概説する。

まず、本章では、既述の研究目的を追究するにあたって、厚生労働省発の「通知」（二〇一六年度版の「保護の実施要領」）を分析対象としてとりあげる。次いで、分析対象としては、以下の三項目をとりあげる。①「世帯認定」、②「収入認定」、③「資産活用」。また、分析の手順としては、上記の各項目における規定から、①利用世帯の子どもが大学等就学にあたって「何」を「なしうるのか／なしえないのか」を析出する。そのうえで、②上記の「なしうること／なしえないこと」の「条件」を析出する。

5　分析結果――「なしうること／なしえないこと」と「条件」

(1)「世帯認定」

(A) 夜間大学等[7]

第一に、夜間大学等に就学する者の「世帯認定」は以下のとおりである。夜間大学等に就学する場合は、

「余暇活用」としての「世帯内就学」が認められており、高等学校等就学の場合と同様、各種保護費の給付（「生活扶助」、「医療扶助」等）を受けながら就学することが可能である。

夜間大学等への「世帯内就学」が認められる「条件」は以下のとおりである。

> 次の各要件のいずれにも該当するものについては、夜間大学等で就学しながら、保護を受けることができるものとして差し支えないこと。（1）その者の能力、経歴、健康状態、世帯の事情等を総合的に勘案の上、稼働能力を有する場合には十分それを活用していると認められること。（2）就学が世帯の自立助長に効果的であること。
>
> （局1-4、以下、引用中の傍線はすべて筆者）

以上の引用から、夜間大学等への「世帯内就学」の「条件」として以下二点が指摘できる。すなわち、①各種事情を勘案したうえで就学する者が「稼働能力」を十分に活用していること、ならびに、②「世帯の自立助長に効果的であること」、以上である。

(B) 大学等（夜間大学等除く）

第二に、大学等（夜間大学等除く）に就学する者の「世帯認定」は以下のとおりである。大学等[8]への「世帯内就学」は認められておらず、夜間大学等就学の場合とは異なって、就学者は世帯分離されて各種保護費の給付対象から除外されなければならない。

次のいずれかに該当する場合は、世帯分離して差し支えないこと。

（中略）

（2）次の貸与金を受けて大学で就学する場合。

ア　独立行政法人日本学生支援機構による貸与金。

イ　国の補助を受けて行われる就学資金貸与事業による貸与金であってアに準ずるもの。

ウ　地方公共団体が実施する就学資金貸与金事業による貸与金（イに該当するものを除く。）であってアに準ずるもの。

（3）生業扶助の対象とならない専修学校又は各種学校で就学する場合であってその就学が特に世帯の自立助長に効果的であると認められる場合。

（局1-5）[9]

なお、上記引用中の「アに準ずるもの」としては、「財団法人交通遺児育英会の奨学金、文部科学省の高等学校等進学奨励費補助を受けて行われる事業による奨学金、生活福祉資金の教育支援資金のうち特に必要と認められる場合に支給されるもの、母子福祉資金または寡婦福祉資金の修学資金のうち特別貸付けによるもの等」が挙げられている（課1-問6）。

以上のうち、（3）生業扶助対象外の「専修学校又は各種学校」に就学する場合には、「世帯の自立助長に効果的」であることが就学の「条件」として設定されている。これに対して、（2）の「条件」は、「自立助長」とは無関係に、各種「貸与金を受けて大学で就学する」という「形式的」な「条件」が設定されているのみである。

（2）「収入認定」

（A）「他法・他施策」による「各種貸与金」・「恵与金」

第一に、高等学校等就学中の者の収入のうち、「他法・他施策」による「各種貸与金」、ならびに、「恵与金」は「収入認定除外」の対象となる。

次に掲げるものは、収入として認定しないこと。

（中略）

ウ　他法、他施策等により貸し付けられる資金のうち当該被保護世帯の自立更生のために当てられる額。

エ　自立更生を目的として恵与される金銭のうち当該被保護世帯の自立更生のためにあてられる額。

（次8－3－1－（3））

以上の引用にあるとおり、「各種貸与金」や「恵与金」が「収入認定除外」となる「条件」としては、これらの資金が「世帯の自立更生のために当てられる」ことが規定されている。

なお、夜間大学等に関しては、別の通知にて「当該経費が高等学校等、夜間大学又は技能修得費（高等学校等就学費を除く）の対象となる専修学校若しくは各種学校での就学にあてられる場合は、入学の支度及び就学のために必要と認められる最小限度の額」（課8－問40）[10]を「収入認定除外」すると規定されている。

（B）高等学校等就学中の者の「就労収入（アルバイト収入）」

第二に、高等学校等就学中の者の「就労収入（アルバイト収入）」に関しては、下記のとおり「収入認定除外」の対象となる。

次に掲げるものは、収入として認定しないこと。

（中略）

ク　高等学校等で就学しながら保護を受けることができるものとされた者の収入のうち、次に掲げるもの（ウからキまでに該当するものを除く）[11]。

（中略）

（イ）当該保護者の就労や早期の保護脱却に資する経費に充てられることを保護の実施機関が認めた場合において、これに要する必要最小限度の額。

（次8－3－1－（3））

以上のとおり、ここでは、「当該保護者の就労」（「就労自立」）、あるいは、「早期の保護脱却」に資することが「条件」とされている。

また、上記にいう「当該保護者の就労や早期の保護脱却に資する経費」としては、大学等への就学費用（事前に必要となる入学料等）、ならびに、就学に伴う「転居」費用が挙げられている。

（前略）次のいずれにも該当する場合には、次官通知第8の3の（3）のクの（イ）に該当するものとして、当該被保護者の就労や早期の生活保護からの脱却に資する経費を収入として認定しないこととし、また、経費の内容及び金額によって、一定期間同様の取扱いを必要とするときは、その取扱いを認めて差しつかえない。

（中略）12

1　高等学校等卒業後の具体的な就労や早期の保護脱却に関する本人の希望や意思が明らかであり、また、生活態度等から学業に支障がないなど、特に自立助長に効果的であると認められること。

2　次のいずれかに該当し、かつ、当該経費の内容や金額が、具体的かつ明確になっていること。

（中略）

（2）就労に資する資格を取得することが可能な専修学校、各種学校又は大学に就学するために必要な経費（事前に必要な入学料等に限る。）

（3）就労や就学に伴って、直ちに転居の必要が見込まれる場合の転居に要する費用

（中略）

3　当該被保護者から提出のあった具体的な自立更生計画を、保護の実施機関が事前に承認しているとともに、本取扱いにより生じた金銭について別に管理すること及び定期的な報告を行うことが可能と認められる者であること。

（課8－問58－2）

以上の引用を踏まえると、高等学校等就学中の者の「就労収入」が「収入認定除外」となる「条件」として、以下四点が析出される。①「自立助長」――特に「就労自立」や「保護脱却」（経済的自立）――に資すること、②上記の「自立」に関する「本人の意思」が明らかであること、なおかつ、③「自立助長」に効果的であると認められる「生活態度等」にあること、④当人に「金銭管理能力」があり、なおかつ、「保護の

実施機関」＝「福祉事務所」と連携可能であること。

(3)「資産活用」

(A)「学資保険」の保有・活用

第一に、下記の要件を充たす限りで、生活保護利用申請時に保有していた「学資保険」を継続保有・活用することが認められている。

当該学資保険が、次の条件を満たす場合には、保護適用後、満期保険金（一時金等を含む）又は解約返戻金を受領した時点で、開始時の解約返戻金相当額について法第六三条を適用することを前提として、解約させないで保護を適用して差しつかえない。

1　同一世帯の構成員である子が一五歳又は一八歳時に、同一世帯員が満期保険金（一時金等を含む）を受け取るものであること[13]

2　満期保険金（一時金等を含む）又は満期前に解約した場合の返戻金の使途が世帯内の子の就学に要する費用にあてることを目的としたものであること

3　開始時点の一世帯当たりの解約返戻金の額が五〇万円以下であること

（課3－問19）

以上のとおり、「学資保険」に関しては、「自立助長」への言及はなされていない。いずれも、「形式的」な制約――「満期保険金（一時金等を含む）」の受け取り時期、使途目的の限定、解約返戻金額の上限――

が規定されているのみである。

（B）「保護費のやりくりによる預貯金」

第二に、現行の生活保護制度下では、利用者が「保護費のやり繰り」によって「預貯金」を保有することは、一定の「条件」――主として、手続きに関する「形式的」な「条件」――を充たす限りで認められている。すなわち、①「当該預貯金が保護開始時に保有していたものではないこと」、②「不正な手段（収入の未申告等）により蓄えられたものではないこと」、③当該「預貯金」の使用目的が「生活保護の趣旨目的に反しないと認められる場合」であること、④そして、「当該預貯金等があてられる経費については、保護費の支給又は就労に伴う必要経費控除のないものであること」である（課3－問18）。[14]

なお、上記の「生活保護の趣旨目的に反しないと認められる場合」としては、大学等就学に際して「事前に」必要となる「入学金等」を賄うためことを目的とした「預貯金」が挙げられている。

次のいずれにも該当する場合、保護費のやり繰りによって生じた預貯金等は、その使用目的が生活保護の趣旨目的に反しないと認められるものとして、保有を容認して差しつかえない。

なお、保護の実施機関は、当該預貯金等の使用前に預貯金等の額を確認するとともに、使用後は下記3の目的のために使用されたことを証する書類等により、使用内容を確認すること。

1　具体的な就労自立に関する本人の希望や意思が明らかであり、また、生活態度等から卒業時の資格取得が見込めるなど特に自立助長に効果的であると認められること。

2　就労に資する資格を取得することが可能な専修学校、各種学校又は大学に就学すること。

3　当該預貯金等の使用目的が、高等学校等卒業後、専修学校、各種学校又は大学に就学するために必要な経費（事前に必要な入学料等に限る。）に充てるものであること。

4　やり繰りで生じる預貯金等で対応する経費の内容や金額が、具体的かつ明確になっているものであって、原則として、やり繰りを行う前に保護の実施機関の承認を得ていること[15]　（課3－問18－2）

以上のとおり、大学等就学に向けて行う「保護費のやり繰りによる預貯金」が認められる「条件」としては、①就学することが「就労自立」に資すること、②上記の「自立」に関する「本人の意思」が明らかであること、③「預貯金」の「内容や金額」が具体的であり、なおかつ、「保護の実施機関」＝「福祉事務所」と連携すること、以上三点が析出される。

6　考察

以上、本章では、「通知」の規定を分析することを通じて、利用世帯の子どもが大学等就学にあたって「なしうること／なしえないこと」、ならびに、その「条件」を検討してきた。以下では、本章の分析結果の整理・考察を行う。

表 4-1 「なしうること／なしえないこと」の概要

	夜間大学等	大学（昼間部）（短期大学含む）	専修・各種学校（高等学校等卒業後）
世帯認定	・余暇活用による世帯内就学【局 1-4】〔問 1-54〕	・世帯分離就学【局 1-5-（1）、（2）】〔問 1-53〕	・世帯分離就学【局 1-5-(3)】〔問 1-51〕
収入認定	・他法・他施策による各種貸与金、恵与金の収入認定除外【次 8-3- 1 -(3) - ウ、イ】【課 8- 問 40】 ・高等学校等就学中の者の就労収入の収入認定除外【次 8-3- 1 -(3) - ク -(イ)】【課 8- 問 58-2】		
資産活用	・保護費のやり繰りによる預貯金【課 3- 問 18-1、2】〔問 3-25-2、3〕 ・学資保険の保有・活用　【課 3- 問 19、20】〔問 3-26 ～ 33〕		
他法・他施策	・各種貸与金（独立行政法人日本学生支援機構による貸与金、財団法人交通遺児育英会の奨学金、文部科学省の高等学校等進学奨励費補助を受けて行われる事業による奨学金、生活福祉資金の教育支援資金、母子福祉資金または寡婦福祉資金の修学資金、地方公共団体が実施する就学資金貸与金事業による貸与金など）【局 1-5-(2)】【課 1- 問 6】		

（1）大学等就学にあたって「なしうること／なしえないこと」

まず、利用世帯の子どもが大学等に就学する場合に、生活保護制度において認められている「なしうること／なしえないこと」を整理すると表４－１のとおりである。

表４－１にあるとおり、現行の生活保護制度下において、大学等（夜間大学除く）への就学は、「世帯分離」する限りでのみ認められている。そして、就学に伴う学費等（入学料など）は、①「就労収入」の「収入認定除外」、ならびに、②「保護費のやり繰りによる預貯金」や「学資保険の保有・活用」によって、あるいは、③「他法・他施策」による「各種貸与金」の借り入れ、「恵与金」の活用によって、調達することが認められている。

ここで留意すべきは、以下二点である。第一に、「通知」で規定されていた「他法・他政策」――制度化された「資源」――が、「各種貸与金」（日本学生支援機構の奨学金、生活福祉資金など）に限られていたことである。この点には、日本の「高等教育」に対する「公的支出」が乏しいこと、ならびに、「奨学金」制度が「貸与型」へ偏っていることが表出していると考えられる。

第二に、「各種貸与金」以外の「資源調達」の方法が、「状況依存的」なものに限られていたことである。例えば、「就労収入」の「収入認定除外」、「保護費のやり繰りによる預貯金」の実行可能性は、各世帯・個人の状態・能力、置かれている状況（世帯構成、世帯構成員の健康状態、家計管理能力、就労可能性など）によって左右されると考えられる。また、「恵与金」、「地方政府」や「民間部門」（民間企業、学校）独自の「奨学金」などの活用可能性は、当人のコントロールの及ばない「偶発的」な要因に左右される。

（2）「なしうること／なしえないこと」の「条件」（1）――「狭義の自立」助長

次いで、上記の「なしうること／なしえないこと」の「条件」を整理すると以下のとおりである（表4-2参照）。まず、「条件」において「自立助長」が言及されているか否かに関しては、大学等就学の「世帯認定」（表中のa-y）、ならびに、「学資保険」の規定（表中のd）を除くすべてにおいて「自立助長」が明確に言及されていた。

それでは、ここで言及されていた「自立助長」は、「どのような」「自立」を含意しているのか。第一に、「自立の単位」に関しては、①「世帯認定」（夜間大学等、専修・各種学校）、「各種貸与金」・「恵与金」の「収入認定除外」の「条件」（表中のa-x、a-z、b）では、「世帯」が「自立助長」の単位とされていた一方で、②「就労収入」の「収入認定除外」及び「預貯金」に関する「条件」（c、e）では、「個人（子ども）」が「自立助長」の単位とされていたことが指摘できる。

他方で、第二に、「自立の意味」としては、①「世帯の自立」＝「経済的自立」（表中のa-x、a-z、b）、あるいは、②「子どもの就労自立」（c、e）という、いずれにせよ「狭義の自立」に限られていたことが指摘

表 4-2 「条件」の概要

	(x) 夜間大学等	(y) 大学（昼間部）（短期大学含む）	(z) 専修・各種学校（高等学校等卒業後）
(a) 世帯認定	〈稼働能力の活用〉 「稼働能力を有する場合には十分それを活用していると認められること」 〈世帯単位＝狭義の自立〉 「就学が世帯の自立助長に効果的である」	〈各種貸与金の活用〉 →自立助長への言及無し	〈世帯単位＝狭義の自立〉 「就学が特に世帯の自立助長に効果的である」
収入認定	(b) 各種貸与金・恵与金の収入認定除外⇒〈世帯単位＝狭義の自立〉 「当該被保護世帯の自立更生のため」		
	(c) 就労収入の収入認定除外⇒〈個人単位・狭義の自立〉 「当該保護者の就労や早期の保護脱却に資する」 「高等学校等卒業後の具体的な就労や早期の保護脱却に関する本人の希望や意思が明らかであり、また、生活態度等から学業に支障がないなど、特に自立助長に効果的である」* 「就労に資する資格を取得することが可能な」学校に就学 「具体的な自立更生計画を、保護の実施機関が事前に承認しているとともに、本取扱いにより生じた金銭について別に管理すること及び定期的な報告を行うことが可能と認められる者である」*		
資産活用	(d) 学資保険⇒自立助長への言及無し		
	(e) 預貯金⇒〈個人単位・狭義の自立〉 「具体的な就労自立に関する本人の希望や意思が明らかであり、また、生活態度等から卒業時の資格取得が見込めるなど特に自立助長に効果的である」* 「就労に資する資格を取得することが可能な」学校に就学 「経費の内容や金額が、具体的かつ明確になっているものであって、原則として、やり繰りを行う前に保護の実施機関の承認を得ている」*		

注：* ＝特定の「主体像」が言及されている

できる。

また、ここで留意すべきは、「条件」において言及されていた「自立」が、子どもが「大学等就学」によって得られる「将来的に」（＝「未来」において）見込まれる「狭義の自立」（「世帯の自立」＝「経済的自立」、「就労自立」、「保護脱却」）に限られており、子どもが「現在」時点において自分の「進路」を自ら設定、管理するという「広義の自立」（「自律」、「自己決定」[16]）が度外視されていることである。このことは、「条件」において、子どもの「大学等就学」、ひいては、子ども自身が「手段化」されていることの証左と言えよう。

以上を整理すると図4-3のとおりである。本章で分析した「条件」は、

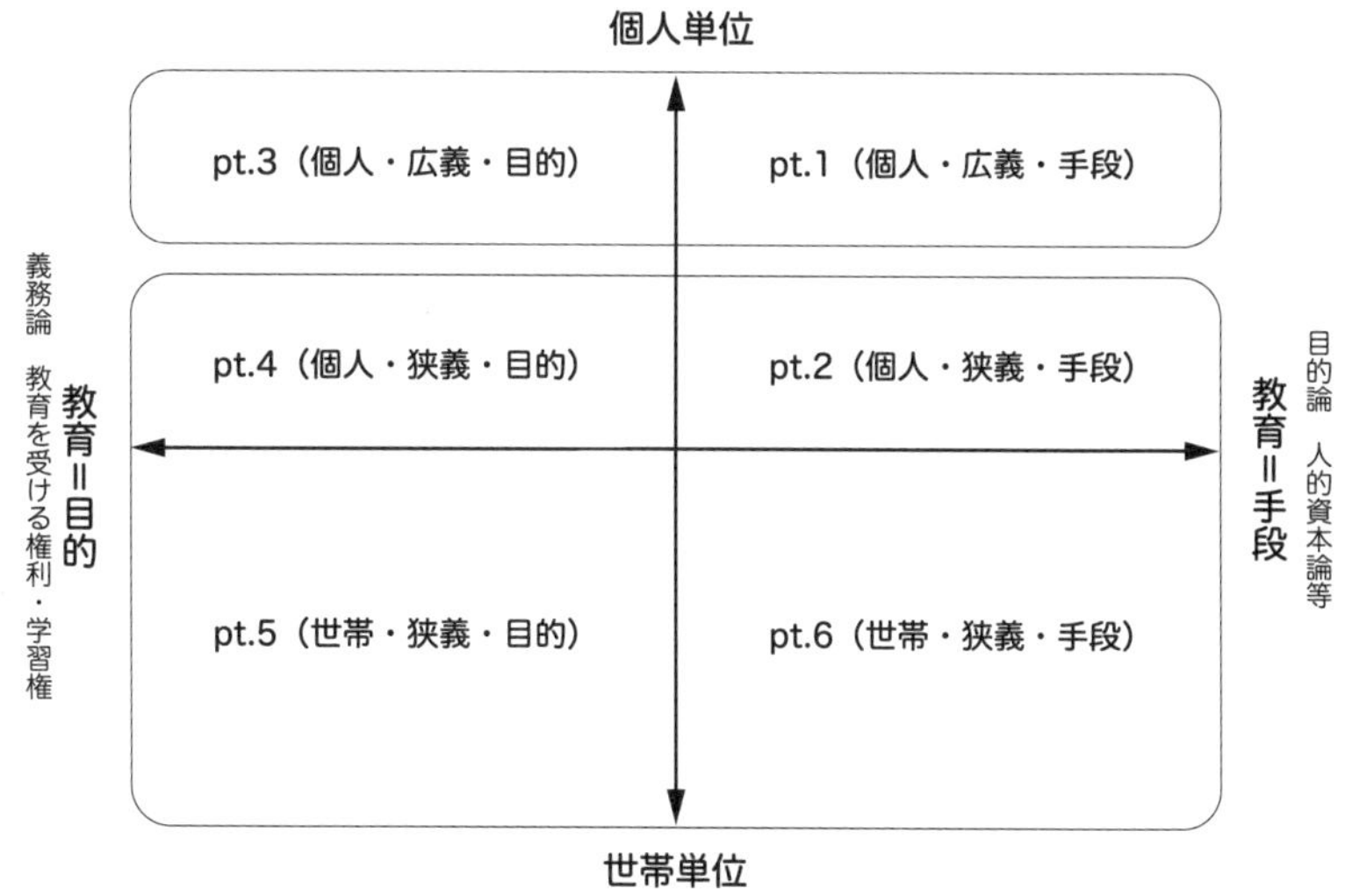

図 4-3 「条件」の全体像

以下に示す二つの類型に分類される。すなわち、第一に、「教育」を「個人（子ども）」の「狭義の自立」（＝「就労自立」、「保護脱却」）の「手段」として位置づけている「pt.2」（個人・狭義・手段）である。第二に、「教育」を「世帯の自立」＝「狭義の自立」（＝「世帯の経済的自立」）の「手段」として位置づけている「pt.6」（世帯・狭義・手段）である。

ここまでの議論を踏まえると、子どもの大学等就学、あるいは、それに向けての「収入認定除外」や「保護費のやり繰りによる預貯金」などは、あくまでもそれらの行為が「狭義の自立」に資すると考えられる限りで認められているのである。

つまり、現在の生活保護制度においては、①子どもの大学等就学（＝「教育」）が「狭義の自立」の「手段」として位置付けられており、②反対に、「教育」を「目的」として位置づける「義務論」的な視点、ならびに、「自立」を「広義の自立」として捉える視点は不在であったと言えよう。

（3）「なしうること／なしえないこと」の「条件」（2）――求められる「主体像」

なお、以上の「自立助長」要件に加えて、本章の分析からは以下の知見が得られている。すなわち、子ども（就学希望者）が特定の「主体像」に合致する場合に限り、「就労収入」の「収入認定除外」や「保護費のやり繰りによる預貯金」が認められていたことである。

具体的には、子どもが、①「狭義の自立」に対する「強い意思」、「計画性」、「金銭管理能力」を有しており、②「保護の実施機関」（「福祉事務所」）と連携可能である限りで、上記の取扱いが認められていた（表4－2参照）。

以上を踏まえると、「通知」の規定には、特定の「主体像」に「該当する者」を「選別」する――つまり、「非該当者」を「排除」する――契機が含まれていると言えよう。

＊＊＊

ここまでの議論を踏まえると、「構造」としての「生活保護制度」は、大学等就学を試みる利用世帯の子どもに対して、限定的かつ制約的な「客観的な選択肢」（「なしうること／なしえないこと」）しか提供していないと考えられる。

利用世帯の子どもは、重層的に設定された制約的な「条件」――大学等に就学することが「狭義の自立」に資すること、ならびに、子どもが特定の「主体像」に該当すること――を充たす限りで、特定の「資源調達」を実行すること、あるいは、大学等に就学することが認められる。

しかしながら、上記の「条件」を充たすことができた場合であっても、制度上認められている「資源調達」の方法は、「各種貸与金」と「状況依存的」な方法に限られている。別言するならば、利用世帯の子どもは、限定的な「資源」配置のなかで大学等就学に向けた「資源調達」を行わなければならないのだと考えられる。

■注

1 本章は、三宅（2015）を大幅に加筆・修正したものである。

2 ここで留意すべきは、必ずしも「就労自立」＝「保護の廃止」を意味しないことである。それというのも、「就労自立」が「保護の廃止」に直結する場合もある一方で、「保護の廃止」を伴わない「就労自立」も考えられるからである。

3 ただし、この後に展開された「自立支援プログラム」は、「就労自立」を志向していることが指摘されている（堅田・山森 2006; 岩永 2009）。

4 ここでは「世帯」を「収入及び支出、即ち、家計を一にする消費生活上の一単位」（小山 1975: p. 220）と定義する。ここで留意すべき点として、小山が「世帯」は「一人でもよい」と論じていることを指摘できる。しかし、本研究では「世帯」が「子ども一人」の場合は例外として考慮せず、「世帯＝子ども自身＋n人」と限定する。

5 そもそも「教育」の含意は多岐にわたり、広辞苑（第六版）では「教え育てること。望ましい知識・技能・規範などの学習を促進する意図的な働きかけの諸活動」と定義づけられている。ただし、以下では、「教育」を「大学等の学校教育」に限定する。そのため「学校教育」以外の教育（e.g. 家庭教育、家庭教師・通塾等）は分析対象から除外する。

6 「学習権」の議論を参照。ここでいう「学習権」は「国民各自が、一個の人間として、一市民として、成長、発達し、自己の人格を完成、実現するために必要な学習をする固有の権利」を意味する（「旭川学力テスト事件」最高裁判所 大法廷判決・昭和五一年五月二一日・刑集第三〇巻第五号六一五項）。

7 ここでいう「夜間大学等」の「等」には、「通信教育専修学校及び各種学校のほか、さらに私塾のようなものも考えられる」（別冊問答集 問1-54）。

8　なお、短期大学に関する直接的な規定はないが、四年制大学（昼間部）に準ずる扱いがされている。具体的には、「別冊問答集　問1-53」において「短期大学に進学しようとする者は、高等学校の就学課程を修了し、卒業時において、すでに、一応有利な条件による職業選択の機会があるのであるから、世帯内就学は認められない。ただし、世帯分離により大学における就学が認められる場合もある」とされている。

9　二〇一七年度の実施要領改正により、「給付型奨学金を受けている場合及び大学等による奨学金を受けている場合」に世帯分離就学を認めることが加筆されている（『生活と福祉』No. 734, 全国社会福祉協議会：p. 3）。この変更点は、日本学生支援機構による「給付型奨学金」の先行実施に合わせたものである。

10　なお、「局8-2-（3）及び（4）」においても、「当該被保護世帯の自立更生」に充てられる場合に限り「収入認定除外」にする旨が規定されている。

11　ここでは、「就労収入」とは明記されていない。しかしながら、当該通知（次8-3-1-（3））に関する問い合わせに応じている「課8-問58-2」では、「高等学校等で就学しながら保護を受けることができるものとされた者が就労することは、学業に支障のない範囲での就労にとどめるよう留意する必要があるが（後略）」と書かれている。それゆえ、「高等学校等で就学しながら保護を受けることができるものとされた者の収入」が、主として「就労収入」を想定したものだと考えられる。

　また、同通知の（ア）では「生活保護法による保護の基準（昭和三八年厚生省告示第一五八号）別表第七「生業扶助基準」に規定する高等学校等就学費の支給対象とならない経費（学習塾費等を含む）及び高等学校等就学費の基準額で賄いきれない経費であって、その者の就学のために必要な最小限度の額」も「収入認定除外」の対象として規定されている。なお、「学習塾費等を含む」という注記は二〇一五年度に加筆されている。

12　なお、ここでは、「収入として認定しない取扱いを行なうにあたっては、保護の実施機関は、当該被保護者や当該世帯の世帯主に対して、本取扱いにより生じた金銭について別に管理することにより、明らかにしておくよう指導するとともに、定期的に報告を求め、当該金銭が他の目的に使用されていないことを確認すること」、ならびに、「当該金銭を使用した場合は、保護の実施機関が承認した下記2の目的のために使用されたことを証する書類等により、使用内容を確認すること。保護の実施機関が承認した目的以外に使用していたときは、収入として認定しないこととした額に相当する額について費用返還を求めること。ただし、当初承認した目的以外であっても、その使用内容が下記2の目的の範囲であることが認められる場合にあっては、この限りではない」といったというCWに向けた規定がなされている。

13 なお、二〇一七年度の実施要領の改正により「学資保険の満期年齢が一八歳未満であっても、就学費用に充てられる場合があり、学資に充てられることも想定されることから、実態に即してその保有を認めること」となっている（『生活と福祉』No. 734. 全国社会福祉協議会：p. 3）。

14 生活保護制度の「趣旨目的」とは、生活保護法第一条に掲げられている「その最低限度の生活を保障するとともに、その自立を助長すること」だと考えられる。

15 「預貯金」に関する「保護の実施期間」による事前承認が必要だとされているが、これはあくまでも「原則として」である。「別冊問答集　問3-25-2」によれば、「事前の承認がなく、預貯金等が、高等学校等卒業後、専修学校、各種学校又は大学に就学するために必要な経費充てられたことがわかった場合」には、「被保護者に対して本来事前の承認が必要であったこと等について説明したうえ、当該預貯金等が保護開始時に保有していたものでないこと、不正な手段（収入の未申告）により蓄えられたものでないことが確認され、また、その使用目的が『高等学校等卒業後、専修学校、各種学校又は大学に就学するために必要な経費（事前に必要な入学料に限る。）に充てられたもの』であることが客観的に証明される場合は、生活保護の趣旨目的に反しないと認められるものとして、その経費を収入認定する必要はない」と柔軟な対応を認めている。

16 ここでは「自律」と「自己決定」を同義としたうえで、簡潔に「自分のことを自分で決める」ことを意味するものとする（立岩 2013: p. 27）。また、ここでいう「自己決定」は、自分のことが他者によって「決定」されることへの「抵抗」を、そしてまた、自分で「決定すること」を含めて生きることを可能にする「条件」を求めることを含意している（立岩 2013 を参照）。

第5章

利用世帯における若者の「進路希望」の形成過程

1 はじめに

前章で見てきたとおり、利用世帯からの大学等就学は一定の「条件」を充たす限りで認められている。そしてまた、一定の「条件」を充たす場合に限り、大学等就学に向けた「資源調達」(「収入認定除外」、「保護費のやり繰りによる預貯金」など)を行うことができる。

ここで問題となるのが、利用世帯の子どもが「大学等就学」という「選択肢」をいかに捉えているのか、つまり、かれらの「主観」である。仮に、利用世帯から大学等へ就学することが認められていたとしても、「進路選択」を行う当人(子ども)が、それを認識していなければ、制度上認められている「選択肢」は(「主体」にとって)存在していないに等しい。

また、仮に利用世帯の子どもが、大学等就学に向けて「なしうること/なしえないこと」(「世帯分離」、

「収入認定除外」、「保護費のやり繰りによる預貯金」など）を認識していなければ、「大学等就学」が実現可能な「選択肢」とみなされない可能性もある。

以上を踏まえると、次に取組むべき課題は、利用世帯の子ども＝「主体」が高等学校等卒業後の「進路」、「生活保護制度」の定める「客観的な選択肢」（＝「なしうること／なしえないこと」）をいかに認識、解釈しているのか——つまり、かれらにとっての「主観的な選択肢」——にあると言えよう。

2　研究目的

そこで、本章では、以下のとおり研究目的を設定する。第一に、利用世帯の子どもが、「なぜ」、「どのようにして」、「大学等就学／非就学」を希望するに至ったのかを検討することである。以上に加えて第二に、上記の「形成過程」において、子ども自身が、「生活保護制度」が規定する「客観的な選択肢」をいかに認識、解釈していたのかを検討することである。

上記を追究することで、利用世帯の子どもが、生活保護制度によって「客観的な選択肢」が規定されているという状況下で、いかにして「主観的な選択肢」形成しているのかを析出する。

3　分析枠組み

上記の目的を追究するにあたり、本研究では、利用世帯の子ども自身の「進路希望」に焦点をあてる。以下では、この「進路希望」という鍵概念の意味するところを説明する。

（1）「過程」としての「進路希望」

まず、本章では、「進路希望」を「子ども自身が、特定の『進路』を実現することに対して抱く願望」として定義する[1]。子どもが特定の「進路を希望する」ということは、時間的な継続性を備えている。例えば、何かしらの理由から「進路希望」（「進学したい」、「就職したい」など）が生じた場合、その「進路希望」は、それが高校卒業時に実現されるか、あるいは、「望まれなくなる」――変更、断念される――まで継続すると考えられる。

勿論、上記の「進路希望」は、ひとつである必要はない。「進学したい」と「就職したい」という二つの「進路希望」が併存する可能性、あるいは、ひとつの「進路希望」が別の「進路希望」にとって代わられる可能性が考えられる。

以上の議論を踏まえて、本章では、「進路希望」が形作られ、継続／変更、実現／断念されていく「過程」を便宜的に「進路希望」の「形成過程」と呼ぶことにする。なお、以下では、議論を簡潔にするために、高等学校等卒業後に採りうる「進路」を「進学（大学等就学）」／「就職」／「その他」（病気療養など）[2]に大別する。

（2）生活保護制度の影響

以上に加えて、本章では、「進路希望」の「形成過程」において、「生活保護制度」が果たす役割に着目する。より具体的には、①制度上認められている「客観的な選択肢」の存在、あるいは、②それらに対する子どもの認識、解釈（誤認を含む）が、かれらの「進路希望」に及ぼす影響を検討する。

4　研究方法

（1）分析に用いる資料

上記の研究目的を追究するにあたり、本章では、利用世帯出身の若者（高等学校等卒業以上）に対するインタビュー調査（＝「若者調査」）の結果（逐語起こし文書）を分析に用いる。また、以上に加えて、本章では、①「若者調査」実施時に得られた養育者の「語り」、②「二〇一四年度調査」及び「二〇一五年度調査」から得られた養育者、子どもによる「語り」を援用する。以上、各調査の詳細に関しては、第3章を参照。

（2）調査協力世帯・協力者概要

「若者調査」で調査協力を得られたのは、二世帯二名の若者、ならびに、二世帯二名の養育者である。協力世帯・協力者の概要は、「二〇一四年度調査」、「二〇一五年度調査」の協力者情報と併せて、表5‐1に整理している。なお、各事例の養育者・子ども（若者）の成育歴は、巻末資料を参照。

表5-1　調査協力世帯・協力者の概要

	B市調査		B市　若者調査 2016年度
	2014年度調査	2015年度調査	
No. 1	**母親Fさん（40代後半）うつ病**	**母親Fさん（40代後半）うつ病**	**母親Fさん（40代後半）うつ病**
	長女Pさん（A高2）**	長女Pさん（A高3）**	**長女Pさん（専門学校1）** **
	長男（小2）	長男（小3）	長男（小4）
No. 11	**父親Cさん（60代前半）** ストーマ*	**父親Cさん（60代前半）** ストーマ*	**父親Cさん（60代前半）** ストーマ*
	母親（40代前半）*	母親（40代前半）*	母親（40代前半）*
	母方の祖母（70代後半）	祖母（70代後半）	祖母（70代後半）
	長女Rさん（A高2）**	**長女Rさん（A高3）** **	**長女Rさん（19）** *日々雇用

注：太字＝調査協力者（語り手）　*＝就労中　**＝在学中のアルバイト就労

（3）B市とA高校における卒業生の進路概要

以下、調査結果の分析を行う際の補助線を引くために、①B市が公表する「高等学校等卒業後の進路」に関する統計、ならびに、②A高校が公表している「卒業生の進路」に関する統計を対比しながら、二名の若者が卒業したA高校における「進路」の特徴を抽出する[3]。

まず、B市内における高等学校等卒業後の進路は以下のとおりである（二〇一四年度～一五年度）。大学・短期大学進学率＝七割弱で推移、専門学校（専修学校・専門課程、一般課程等）＝約二割で推移、就職率（アルバイトなどの臨時的な就労を含む）が一割未満で推移。

これに対して、A高校の卒業生の進路は以下のとおりである（二〇一四年度～一五年度）。大学・短期大学進学率＝三割前後で推移、専門学校（各種学校含む）進学率＝五割前後で推移、就職率＝約二割で推移。

以上を踏まえると、A高校における卒業後の進路傾向としては、①大学・短期大学への進学率が相対的に低く、②これに対して、就職する者の割合が高く、③とりわけ、専門学校進学率の高さが際立っていることが指摘できる（図5-1を参照）。

なお、A高校における大学・短期大学進学率が低い理由としては、A高校がB市内において入試難易度が易しい学校群に属することが考えら

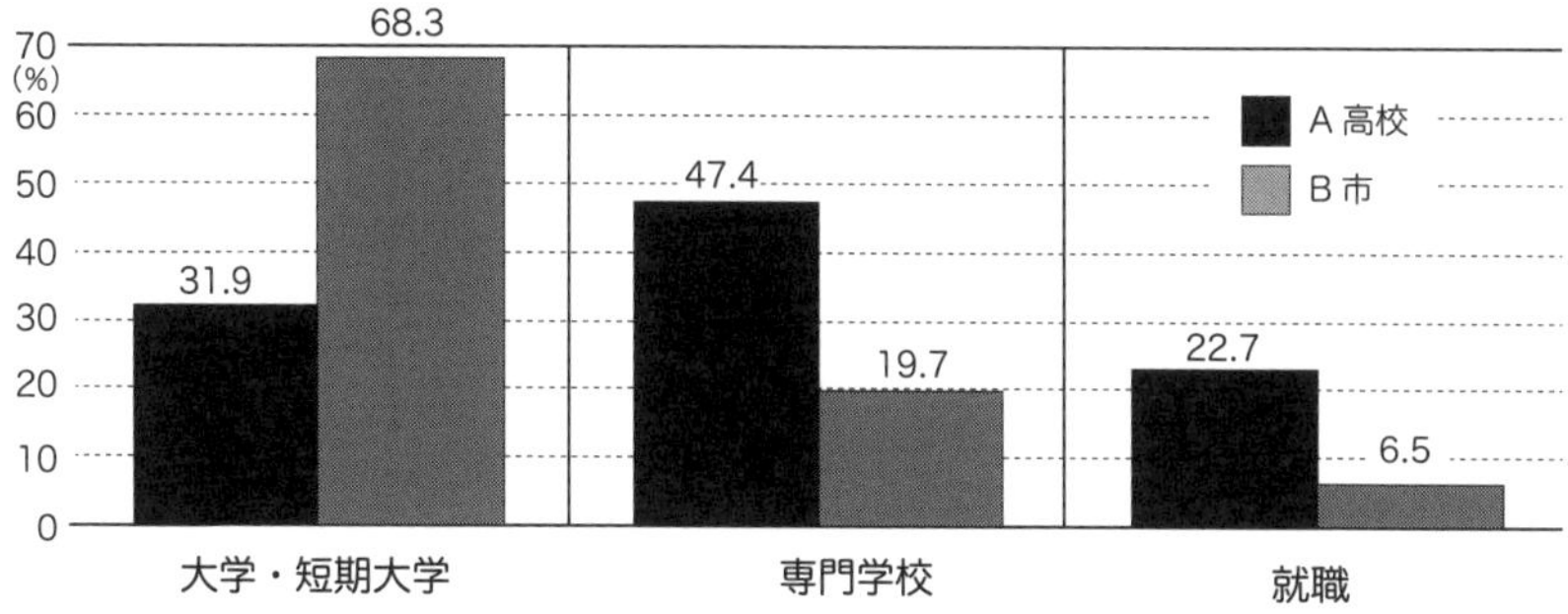

図5-1　A高校／B市における進路の概要
資料：A高校ホームページ、ならびに、B市統計に基づき筆者作成

れる。この点に関しては、若者による「語り」においても指摘されている。例えば、Pさんは、A高校では「専門学校進学者」が多い一方で、「大学進学者」が【圧倒的に】少ないと語っていた。

(4) 分析方法

本章では、インタビュー調査から得られた「語り」を用いて事例分析を行う。具体的には、それぞれの若者が語る「進路希望」の形成過程を時系列に沿って再構成、記述する。そのうえで、それぞれの「進路希望」が「なぜ」、「どのようにして」形成されてきたのかを養育者の「語り」にも参照しながら分析する。分析段階では、生活保護制度がどのような影響を及ぼしていたのか（あるいは、及ぼしていなかったのか）を検討する。

5　分析結果――「語り」の記述、分析

以下、事例No.1、ならびに、事例No.11における「進路希望」の形成過程を順に記述、分析していく。

（1）事例No.1

Pさんは、【高一の秋冬ぐらい】に「靴」に関して学べる「A専門学校」（私立）の存在を知り、それ以降、一貫してA専門学校への「進学」を希望するに至る。これに対して、高校卒業後すぐの「就職」という「選択肢」は【あんまり考えてなかった】という。

A 「進路希望」の「形成過程」——記述

（A）中学時代〜高校入試

Pさんは、【中学校ぐらいから】「靴」が好きになり、中学三年生の頃には【とりあえず、靴関係の仕事に就きたい】と考えるようになっていた。この【靴関係の仕事に就きたい】という願望が、高校卒業後の「進路希望」を方向づける端緒となる。

しかしながら、Pさんは【靴関係の仕事に就きたい】と考えていた一方で、中学卒業後すぐに「就職」することは望んでおらず、高校進学を当然とみなしていた。なお、Pさんは、その理由を【まだ子どもだし、そんな深くは考えてなかった】と語っている。

その後、Pさんは、「靴」と関連する「デザイン」を学べるという理由から、公立B高校を受験している。しかしながら、B高校には不合格であったため、入試難易度の易しい公立A高校（普通科）を二次募集で受験、合格している[4]。

（B）A高校在学〜卒業

A高校入学後もPさんの「靴」に対する関心の強さは、一貫して継続している。先に言及したとおり、【高一の秋冬ぐらい】には、「靴」関係のA専門学校があることを知り、それ以降、A専門学校への「進学」を希望するようになる。なお、A専門学校以外にも、類似のB専門学校の「パンフレット」を取り寄せていたが、学校説明会（オープンキャンパス）に参加することはなかったという。

それでは、Pさんは、自身の「進路」に関して誰かに相談したのか。Pさんによれば、「進路」に関して相談したのは【お母さんぐらい】だという。これに対して、高校の友人に関しては、【結構、高三のギリギリになってから、「やばい、どうしよう」って、焦り始める】者が多かったので相談相手にはならなかったという。また、高校の教員は、Pさんが【そんなに手がかかるような成績とかじゃなかった】ため、Pさんの「進路」に関与してくることはなかったという。

以上のA専門学校「進学」という「進路希望」は、Pさんが現実の「進路選択」（A専門学校「進学」）を行うまで一貫して維持される。また、反対にPさんが、高校卒業後の「就職」を現実的な「選択肢」として検討することはなかった。

最終的に、Pさんは、A専門学校のAO入試を受験して合格している。「若者調査」（二〇一六年度）を実施したときには、専門学校の授業とアルバイトで多忙な日々を送っていた。

B 「進路希望」の「形成過程」――分析

以上のとおり、Pさんの「進路希望」は、【靴関係の仕事】に対する関心に沿って形成されていた。しかし、そうであるとすれば、「なぜ」、Pさんは、高校卒業後の「就職」ではなく「進学」を希望するに至ったのか。

（A）「なぜ」、専門学校「進学」なのか

以上の理由としては、Pさん自身が、大学等に「進学」すること――そのうえで「就職」すること――を「普通の流れ」[5]と見なしていたことが挙げられる。

Pさんによれば、A専門学校の存在を知るより以前から、高校卒業後は【専門学校とか行くかな】と考えていたという。同様に、Pさんから以下のような「語り」が得られている。

P：まあ、大体、大学とか、専門学校とか行って、もうちょっと勉強してから、こう、そういう仕事とかに就くのかなと、なんとなく。

つまり、Pさんにとっては、【なんとなく】「大学等就学」を介してから「就職」することが「普通の流れ」だったのだと考えられる。

それでは、「なぜ」、Pさんは、「進学」＝「普通の流れ」と考えるに至ったのか。その理由としては、以下二点が指摘できる。第一に、Pさんが、「大学等卒業後に就職すること」を「高校卒業後に就職すること」に比して相対的に有利であるとみなしていたことである。

P：〔ニュースなどを見ていると〕今、結構働くのも大変だから、やっぱそう。別にそういう専門的なこと身につけてても、大変なのは大変ですけど。でも、やっぱり高校卒業して働くのって、大学とか、そういうとこ出て働くのとじゃ、やっぱり違うかなと思う。

換言するならば、Pさんは、「大学等就学」――そして、そこで習得できる【専門的なこと】――に対して、「手段的」な有用性を認めていたと考えられる。

以上に加えて第二に、母親のFさんが、大学等への「進学」に対して「肯定的」であったことが指摘できる。既述のとおり、Pさんが「進路」に関する相談をした相手は、唯一【お母さんぐらい】であり、そのFさんは、「進学」に対して「肯定的」だったという。

※お母さんから、〔進路に関して〕どんな助言をされたとかって、覚えてますか？

P：うーん。いや、でも、別にあんま特になんか否定とか、「駄目」みたいな、そういうのとかも全然なくて。全然、「いいんじゃない」みたいな感じだったので。だから、もうあとは、もうお金のこと〔が問題だった〕。

この点に関して、母親のFさん自身は、①Pさんの進路は、あくまでも【本人の意思】に基づくべきだと語っており、それゆえ、②Pさん本人が「就職」への【強い意思】をもっているのであれば、それはそれで構わないと語っていた（二〇一六年度）。

しかしながら同時に、Fさんは、自身の専門学校就学の経験[6]に依拠しながら、大学等就学で得られる「時間」や「経験」の大切さを語っている。

F：「絶対、〔高卒後に〕学校行きなさい」とも言わないし、「私がお金出してあげるから」っていうあれでもないので、別にそれは本人の意思とは思うんですけど。ただ、いろんなこと勉強したりとか、友だち関係にしても、本当バカやったりとか（笑）いろいろ含めて、できる時期なので、その時間はやっぱり大切にしたほうが（…）。

（二〇一六年度）

そして、Fさんは、以上のような「進学」することの「望ましさ」を【なんとなくは】Pさんに話して聞かせていたという。以上の分析結果は、母親の身体化した「文化資本」（Bourdieu, 1979=1986）——大学等就学で得られた経験、その「望ましさ」——が、【なんとなく】のうちに、子どもに受け継がれていたと解釈できよう。

（B）なぜ、「就職」ではなかったのか

次に、以下では、視点を反転させて、「なぜ」、Pさんが別の「選択肢」＝「就職」を希望しなかったのかを検討する。

その理由としては、以下二点が指摘できる。第一に、Pさんが、高校卒業後すぐの「就職」に【実感】をもてなかったことである。先に見たとおり、Pさんの関心は、【靴関係の仕事】に絞られていた。しかしながら、Pさんによれば、身近に知ることのできる【靴関係の仕事】は限られていたという[7]。

P：販売職とかだったら、こう、身近にじゃないですけど、あったけど。でも、結局、結構、デザインする人がいてとか、つくる人がいてとか、そう考えると、身近なのは販売しかなかったから、あんまり実感というか〔は、なかった〕。

また、Pさんの「就職」することへの【実感】のなさは、母親のFさんからも語られている。Fさんから見て、Pさんは高校卒業後の「就職」も【考えてもいたみたいなんですけど。でも、（…）すぐになんか就職っていうのも、まだ、ピンとこないみたい】（二〇一四年度）であったという。

第二に、Pさん自身が、早期の「就職」（就労自立）を強く意識していなかったことである。Pさんは、以下に示すとおり、自身を【親がいないと、なんもできない】【子ども】として規定している。

※生活保護に限らず、結構、「子どもが、親の面倒を見なさい」みたいな風潮があると思うんですよ。そういうのって、自分で思ったり。あるいは周囲から言われたことって、ありますか？

P：うーん。なんかあんまり・・・・。うーん。あんまりそういうふうのは・・・。結局、親がいないと、なんもできないんで、子どもは。

この点に関して、母親のFさんは、Pさんは【別に切羽詰まって「自分が働いてなんとかしなきゃいけないんだ」っていう感覚】になっていないと語っている（二〇一六年度）。このように考えられる理由をFさんは、以下のように説明している。

F：「家、うち厳しいから、働いて」って、たぶん親が〔子どもが〕小っちゃいときから言ったり、すごいお金の面とか、大変な部分、親が、もう、夜まで、ねえ、ずっと働いてるっていう姿〔子どもが〕見て育ってたら、「じゃあ自分は働かなきゃ」ってたぶん思うと思うんですよ。（二〇一六年度）

しかしながら、Fさんによれば、自分（＝Fさん）は療養中であるため家におり、なおかつ、生活保護制度によって最低限度ではあるが生活はできているという。だからこそ、Pさんは【別に切羽詰まって「自分が働いてなんとかしなきゃいけないんだ」っていう感覚】にはなっていないのだという。

ただし、以上の点に関連して、Fさん自身が、生活保護制度を利用していることに対して【肩身が狭い気持ち】や【罪悪感】を感じており、無条件的に現状を受け入れているわけではないことに留意が必要である（二〇一五年度調査：cf. 三宅 2017）。また、【余裕があるような雰囲気】の生活をするために母親が工夫、苦心していることにも留意が必要である。

ここまでの分析を踏まえると、Pさんは、①「進学」することの「望ましさ」――おそらくは、母親から受けとった「望ましさ」――を認めていた一方で、②高校卒業後すぐに「就職」することに対する「動機」はもっていなかった。だからこそ、高校卒業後に「進学」して、それから働き始めることが「普通の流れ」と見なされていたのだと考えられる。

C　生活保護制度と「進路希望」

以上、ここまでは、Pさんの「進路希望」の「形成過程」を記述、分析してきた。それでは、以上のような「進路希望」の「形成過程」において、生活保護制度は「どのような」影響を及ぼしていたのだろうか。この点に関しては、以下二点が指摘できる。

第一に、Pさんが、「利用世帯から進学すること」には「経済的困難」が伴うと認識していたことが指摘できる。

※生活保護制度を使ってるから、この進路は、ちょっと大変かもなとかって、考えたりしたことはあります？

P：うーん、でも、やっぱ専門〔学校〕とかお金かかるから。それは大変だなとは思ったりはしてました。

ただし、別の文脈で【母子家庭なんで、あんまりお金はそんな。家から出るようなものじゃない】と語られていたことを踏まえると、ここでは「生活保護制度」そのものではなく、「お金がない」ことが問題だったのだと考えられる。

また、Pさんが、必ずしも生活保護制度をスティグマの伴うものとして語っていなかったことが指摘できる。Pさんによれば、幼いころ【他のおうちは、ちゃんと稼いで、〔生活〕してるから。そういう意味では〔自分の家は〕違うなとは思ったり】していたという。しかしながら、上記の【他のおうち】とは【違う】という感覚は、高校進学後に薄らいでいく。Pさんによれば、学校の環境――ひとり親世帯の多さ――もあって、自身が「利用世帯である」こと（＝他とは【違う】）を気にしなくなっていったという。

高校生のときは、逆に、〔仲のいい友人に〕母子家庭、父子家庭、結構多くて。（…）だから、生活保護なしにしても、同じような環境っていうか、そういう子たちが多かったんで。結構、高校とかに入ると、あんまり、気にしないじゃないですけど。

以上を踏まえると、Pさんは、生活保護制度を「お金がない」ことの象徴として語っていたと言えよう。以上と関連して、第二に、Pさんが、制度の定める「客観的な選択肢」＝「なしうること／なしえないこと」を踏まえたうえで、自身の「進路希望」（「進学したい」）を形成していたわけではなかったことである。Pさんの「語り」によれば、「進路希望」（「進学したい」）が形成されてから後に生活保護制度が前景化していた。具体的には、以下に示す二つの「契機」において、Pさんは「生活保護制度」――そして、制度の定める「なしうること／なしえないこと」――と関わりをもつに至っていた。

まず、「アルバイト収入」の「収入認定（除外）」という「契機」である。Pさんは、【学費を自分で貯めよう】と考えて、高校二年生になってから「食料品店」でアルバイトを始めている。ここに至ってはじめて、生活保護制度の定める「なしうること／なしえないこと」に直面する。

※：（生活保護制度を）利用してることで、大変だったこととかってあります？

P：（…）自分もバイトして、その、なんていうんですか。（収入認定によって）お金の、もらっている額、減らされてみたいな、そういう意味では、なんか・・・こう、大変というか。

次いで、「C福祉事務所」を訪問するという「契機」である。Pさんは、「進学」（それに向けた「資源調達」）に関してCWに相談するために、母親と一緒に「C福祉事務所」を訪問している。この経験について、Pさんは以下のとおり語っている。

P：〔福祉事務所に行くことは〕小っちゃい〔幼かった〕ときは、まだ、あれだったんですけど。やっぱ、大きくなっちゃうと、結構、なんか、すごい嫌な感じというか。（…）

※：その「嫌な感じ」って、どんな感じ？

P：まあ、悪いのはこっちかもしれないけど[8]。やっぱ、〔職員の〕言い方がきついというか、なんか、そういうのは、ちょっと思ったり。（…）雰囲気もあんまりよくないし。

以上のとおり、Pさんにとって「福祉事務所」訪問は、「望ましくない」（【嫌な感じ】の）経験だったようである。しかしながら、この「訪問」を介してはじめて、Pさんの「アルバイト収入」（六〜七万）の一部（四万円）の「収入認定除外」と、「預貯金」（進学に向けた積み立て）が認められることになる[9]。

また、以上に加えて、Pさんによれば、「C福祉事務所」を訪問して「A専門学校への進学希望」を伝えた際に、担当職員からは【「専門行って、ちゃんと、働くんならいいけど」みたいな感じ】の態度をとられたという。この点に関しては、Fさんの「語り」でも言及されている。

F：「一応、専門学校へ行きたいって本人希望なんですけど」っていう話はして。「そういうのっていうのは可能なのか」っていう。お話ししたときとかも。〔担当職員は〕「うーん」って感じで。「うーん、大丈夫は大丈夫だけど。で、どういった、専門学校に行くかとか、そういうので許可できない場合もあるし」っていう。就職とか、そういった。将来的な、自立にあんまり関係ないような、あれですかね、専門学校とかだと。「上のほうと相談して、あの、許可できないとは思うんだけど」っていう話で。

（二〇一五年度）

この点は、第4章の分析結果（「狭義の自立」に資する場合に限り「進学」や「収入認定除外」、「保護費のやり繰りによる預貯金」を認める）と符合している。なお、Pさんの「靴」関係のA専門学校への「進学」は、「就労自立」に資すると判断され「収入認定除外」による「預貯金」が認められている。

以上のように、Pさんは、いくつかの「契機」――それは、「嫌な」経験として語られていた――において、「生活保護制度」の定める「なしうること／なしえないこと」と関わりをもつに至っていた。ただし、Pさんの場合、これらの「契機」によって「進路希望」が変更されることはなかった。

D　事例No.1のまとめ

以上、No.1世帯・Pさんの「進路希望」の「形成過程」を記述、分析してきた。ここまでに見てきたとおり、Pさんは、【靴関係の仕事】への関心を軸として「進学」希望を形成し、なおかつ、一貫して維持していた。

以上のような「進路希望」の形成・維持は、Pさんが、「就職」に対する「動機」を有しておらず、それと同時に「進学」を「普通の流れ」と考えていたことによって成立していた。また、Pさんが「進学」を「普通の流れ」とみなしていたことの背後には、母親のFさんの「肯定的」な態度――ある種の「文化資本」

の作動——がみられた。

ここで留意すべきは、Pさんの「進路希望」の形成が、生活保護制度の定める「なしうること／なしえないこと」の認識に先行していたことである。別言すると、Pさんは、生活保護制度の定める「なしうること／なしえないこと」を認識することなく、「進学したい」と希望するに至っていたのである。

それゆえ、Pさんは、「進学」に向けた「資源調達」を開始してから、はじめて「なしうること／なしえないこと」、あるいはまた、「進学」の「条件」（「狭義の自立」に資すること）に直面することになる。幸いにして、Pさんの事例では、いくつかの「契機」を経ても一貫して「進学」希望が維持されており（＝「強い意思」の「主体像」に合致しており）、なおかつ、「進学」先（＝A専門学校）が「就労自立」に資すると判断されたため、「進路希望」に変更がもたらされることはなかった。

しかし、仮に「進学」先が「狭義の自立」に資するという基準——その基準は、必ずしも明確ではないが——に合致しないと判断された場合、あるいは、いくつかの「契機」に際して「進路希望」に迷いが生じた場合（＝「強い意思」が崩れた場合）、「進路希望」は変更を強いられる可能性がある。

（2）事例No. 11

次に、Rさんの「進路希望」の「形成過程」を検討する。Rさんは、A高校一年生の頃にE専門学校（私立）への「進学」に関心をもつようになる。他方で、四年生大学にも関心をもった時期があったという。しかしながら、高校三年生になってから「就職」を考えるようになっている。

Ａ「進路希望」の「形成過程」——記述

（Ａ）中学時代〜高校入試

Ｒさんは、中学生の頃に【高校には行きたい】と考えていたという。ただし、この時点では、将来の「就職」や「進学」を意識していなかったようである（「二〇一五年度調査」）。高校入試の際には、公立校に限定していたため（i.e. 私立の併願ができなかったため）、当時の担任の教員から【本当に余裕のあるＡ高校にしときな】と言われて、Ａ高校を受験、合格している。なお、Ｒさんと父親のＣさんは、もう少し難易度の難しい高校にも行けたはずだと認識していた（以上、「二〇一五年度調査」より）。

（Ｂ）Ａ高校在学〜卒業

Ｒさんは、高校一年生の頃から、美容師系のＥ専門学校（私立）への「進学」に関心をもっていた。そのきっかけとしては、「オープンキャンパス」での経験が挙げられていた。

※：オープンキャンパスで、きっかけ。

Ｒ：そうですね。友だち〔に〕誘われて、行ってみて、結構興味あるし、楽しいって感じて、結構オープンキャンパス行ってて、〔専門学校に〕行きたくなったっていうのがありますね。

なお、Ｒさんは、高校二年生の頃に関して【逆に何も考えてなかったかもしれない】と語っており、「進路希望」に関する「情報」は得られていない。

また、一時期、【やりたいこと見つかるかなって思って】「大学」への「進学」も考えていたという。加えて、高校一年生の中頃から薬局でアルバイトをしていたこともあり、【薬剤師】に関心を持った時期もあったという。しかし、いずれにせよ、大学のオープンキャンパスに行くなどはしておらず、専門学校に比して「大学」は現実的な「選択肢」として考えられていなかったようである。

ところが、Rさんは、高校三年生になってから【専門か就職で】悩むようになる。この点と関連して、Rさんが「進路」に関して相談した相手は、主として両親だったようである。なお、この他にも【友だち】や高校の教員が挙げられていた。しかしながら、いずれの場合も、具体的な助言を得られたわけではなかったようである。

最終的にRさんは、就職活動を始めて「クリーニング店」の正社員として内定している。しかし、「若者調査」（二〇一六年度）時点では、転職を経験した後、日々雇用をしながら求職活動をしていた。

B 「進路希望」の「形成過程」――分析

以上のように、Rさんは、高校卒業後の「進学」希望を抱いていたが、最終的には「就職」に至っている。それでは、このような変更は「なぜ」生じたのか。

(A) なぜ、「進学」から「就職」に変更したのか

Rさんは、「進路」を「進学」から「就職」に変更した理由を以下のとおり説明している。

R：最初、〔E専門学校で美容を〕やりたかったんですよ、やっぱり。で、〔学費等に充てる〕お金が、やっぱ足りない。足りないっていうか、その、奨学金とかめんどくさいなと思っちゃって。そんで、「あとで合わない」ってなって、〔専門学校を〕辞めるとかなっちゃうとお金の無駄だしって言って。なんかそんな自信がなかったから、結局就職して、稼いで、〔学費等を〕貯めようかなって思って、就職にしたんですけど。

以上の引用からは、以下、三つの理由付けが析出される。第一に、Rさんが、「奨学金」を「リスク」と見なして忌避していたことである。上記の引用でいう【奨学金とかめんどくさい】とは、「手続き上」の煩雑さではなく、「奨学金」の返済への不安を意味している。

R：あとから、また、お金稼いで、奨学金返していくっていうのも大変かなって思って。だったら、最初から貯めたほうがいいかなと思って、就職にいったんですけど。

なお、ここで留意すべきは、両親——少なくとも父親のCさん[10]——もまた「奨学金」借り入れに消極的だったことである。「二〇一五年度調査」の際に、Cさんは、以下のとおりRさんに助言をしたと語っていた。

C：だから、「奨学金をもらって行くかな」とか言ってるけど。まあ、今時点で借金ないけど、それはのしかかってくるから、「働きながらやれよ」とは言ったんだけどもね。いきなりに二〇〇万の借金背負っちゃったら、食えなくなるからね、本当に。だから、「やれる範囲でやればいいよ」っつったの。

（二〇一五年度）

第二に、Rさんが、「奨学金」の借り入れのみならず、中途退学してしまった場合に借り入れた「奨学金」が【無駄】になる可能性に不安を抱いていたことである。引用中にあるとおり、Rさんは、専門学校を卒業する（中途退学しない）【自信がなかった】という。

また、以上の理由付けは、他の文脈でも語られていた。

やっぱ勉強は絶対しないといけないから、ちょっ、不安だなって思って（笑）。（…）〔勉強は〕嫌いではなかったです。そんなに。（…）だけど、いや、その、薬剤師、大学行っちゃうと、なんか6年ぐらいって聞いたから。それやっていけるかなって思ったら、ちょっと、わかんないってなって（笑）。

以上の「自信のなさ」に関しては、父親のCさんの影響があったと考えられる。Cさんは、自身の経験を引き合いに出しつつ「美容系の専門学校への進学」に反対していた。

C：なるまでは給料安くて、こき使われてさ。で、今のバイト代より少ないかもしんない。いろいろ持ち出しが多いから。ま、職人ってみんなそうだけど。うーん、「それ〔美容系の進学〕は駄目だ」って。俺は苦労したから[11]（笑）「駄目だ」っつって。

（二〇一五年度）

以上に加えてCさんは、美容師が営業終了後にも練習をしている姿を見せるためにRさんを連れだしたことがあるという[12]。なお、Cさんは、「美容師」に反対していた一方で、【薬剤師】や【通訳】関係での「進学」には肯定的であったという。ただし、Cさんの希望は、Rさんの「進路希望」と部分的に一致した――Rさん自身【薬剤師】に関心を持っていた時期があった――だけのようである。

いずれにせよ、Rさんの「進学」への「動機」づけは、Cさんの反対を押し切れるほどには強くなかったと考えられる。

第三に、Rさんが、一度「就職」して「貯金」をしてから専門学校に通うことを視野に含めていたことである。この点は、二〇一六年度時点（求職活動中の時点）でも変わりなく語られていた。つまり、Rさんの「進学」希望は、一時的に保留されただけだと考えられる。

なお、両親は、以上の方法（Rさんが一度「就職」してから「大学等」に進むこと）に関して「肯定的」だったようである。

※：その辺、お父さんも、お母さんも、どんな反応でした？（…）

R：「そのほうがいいんじゃない？」っていう。

※：就職して」から？

R：」助かるしみたいな。こっちもって言われて。

ここまでの分析を踏まえると、Rさんの「進路希望」(「進学したい」)は、「奨学金」の借り入れという「リスク」の回避を軸に変更されてきたのだと考えられる。そしてまた、「進学したい」という「進路希望」は、断念されたのでなく一時的に保留された(括弧に入れられた)だけだと考えられる。

(B)「こだわり」の希薄な「進路希望」

ここまでの分析を踏まえると、Rさんは、仮に「奨学金」借り入れの「リスク」が解消されたならば、専門学校への「進学」希望を維持していたと想定される。しかしながら、以下に引用するRさんの「語り」は、以上の想定を否定するものであった。

※:奨学金とかじゃなく行けたなら、本当は進学したかった?(長女:うーん。)そうでもないですか?

R:そうでもないですね。(…)就職でもいいかなと思って。

※:あっ、それは、どっちも本当に同じぐらい」ありの選択肢だった?

R:」うん、同じぐらいあり、うん。(※:ああ。そうなんだ。)そんなに進学したいっていうわけでもなかったので。

また、Rさんは、「就職」という「選択肢」を、「妥協策」としてではなく、それ自体として「望ましさ」を備えたものとして語っていた。

※就職に魅力を感じてた理由って、なんですかね？（…）高卒後に。

R：うーん・・・お金〔を稼げること〕もそうだし。大学行って働く人よりも、その、経験が多いから、有利かなって思ったしっていうのです。

以上に示した二つの引用を踏まえると、Rさんにとって「進学」という「選択肢」は、「就職」という「選択肢」を圧倒するほどに「望ましい」ものではなかったと言えよう。この意味で、Rさんの「進路希望」（「進学したい」）は、「こだわり」を欠くものであったと考えられる。この点と関連して、Rさんは、「アルバイト収入」を「貯金」してまで「進学」したかったわけではないと語っていた。

（C）なぜ、「こだわり」は希薄だったのか

それでは、Rさんの「進路希望」は、「なぜ」、「こだわり」を欠くものとなったのだろうか。その理由としては、以下、二点が指摘できる。

第一に、Rさんに、「進路」に関する具体的な「情報」が欠けていたことである。例えば、高校時代のRさんには、身近に「大学等就学」を「経験している／経験した」者はいなかった。それゆえ、Rさんの語る大学等の印象は、専門学校＝【忙しそう】、大学＝【結構遊べそう】という漠然としたものであった。なお、以上のような漠とした大学等の印象は、市街地で見かける学生（らしき若者）から得たものだという。

R：普通に○○○駅あたり歩いてたりも、そうだけど。そのサークルの帰りとか見てると、なんか楽しそう

だなみたいな。（…）ああ、めっちゃ大学楽しそうじゃんみたいな（笑）。だから、そういうの見てなんか、大学が楽しいイメージあるみたいな。

以上のような一面的な情報しか得られていないこともあり、Rさんからは、大学等における「学び」や将来的な「就職」との連関が語られることはなかった。

他方で第二に、Rさんが、「自発的な意思」を周囲から求められていたことが指摘できる。Rさんによれば、担任の教員は、Rさんに対して「就職」も「進学」（四年制大学含む）も成績上は【どっちでも行けるから】と伝えている一方で、最終的には、Rさんの「進路希望」が【「決まったら、教えて」】という姿勢だったという。

なお、この【「決まったら、教えて」】という姿勢は、両親も同じであったという。この点に関して、父親のCさんは、【〈Rさんは〉困ったら来るから。だから、それまで突き放す。それは、小っちゃい頃からそう】してきたと語っている（「二〇一五年度調査」）。また、Cさんは、Rさんが高校卒業後すぐに「奨学金」を借りて「進学」するか「就職」するかは当人が決めることだと語っていた。

〈Rさんの将来に関して〉こっちからお金出すわけじゃないから、自分で、ねえ、出すお金に関しては、俺はなんも言えないし、本人が納得すればいいだけの話で。あとでぎゃあぎゃあ騒いだって、お前、お前が悪いだろってなっちゃうから。（二〇一五年度）

勿論、既に見てきたとおりCさんは、Rさんへの「助言」を行っており、不介入を徹底していたわけではない。実際に、Cさんは、Rさんが「就職」先を選定する際にも多くの助言（職場の社会保険、福利厚生の有無に関する助言）をしていた。しかしながら、それらは、あくまでもRさんの「意思決定」後の介入だったようである。

R：「自分で」って。で、あとで、〔Rさんが〕決めたやつで討論みたいな。「これ、決めたんだけど」って言って、「ああ。じゃあ、こうしたほうがいいんじゃない？」って、そこからなります。とりあえず、決めてみてから」みたいな。
※：」決めたあとには、でも。
R：相談はしてます、絶対。

Rさんは、以上のような状況を【逆に、困るな】と語る一方で、自分から大人たちに助言を求めることはしていなかった。

※：そういうことは言ったことないんですか。先生とか親に、「もうちょっとなんかアドバイスくれない？」みたいな。
R：は、言ってないです。たぶん。
※：あっ、ああ、言わないですか。

R：うん、「好きなふうにやれ」って言ってるんだったら、まあ、別に決めるしかないか、自分でみたいな感じなんで。

以上を踏まえると、Rさんは、限られた情報のなかで、そしてまた、確たる指針のないなかで「自発的な意思」を求められていたと考えられる。だからこそ、Rさんは、直面する状況に適応するように「進路希望」を形成／再形成してきた――せざるをえなかった――のだと考えられる。いわば、自己決定をする「主体性」を強いられていたのである。

（D）生活保護制度と「進路希望」

それでは、生活保護制度は、以上に検討してきた「進路希望」の形成過程に対して「どのような」影響を及ぼしていたのだろうか。「語り」からは、以下、二点が析出される。

第一に、Rさんが、出身世帯が「利用世帯」であることを理解したうえで「進路希望」を形成していたと考えられることである。そもそも、Rさんが、生活保護制度の利用を知ったのは、中学生から高校一年生にかけての頃だったという。

R：中学ぎりぎり知ってたかな。なんか言われてはいました、たぶん生活保護っていうのは。そんな詳しく、その、別に聞いてないけど、生活保護をしてるっていうのは聞いてました。あ、病院行ったりするときに聞いた気がするから、中学は知ってましたね。

ただし、Rさんとって生活保護制度は【なんかよくわかんない】制度であって、「よいイメージ」も「悪いイメージ」もないという。それゆえ、Rさんは、「生活保護制度を利用している」という事実だけを認識していたと考えられる。

しかしながら他方で、Cさんは異なる解釈を語っている。

C：〔Rさんは〕周りの目が気になるっちゅうの。

※：はい、はい、周りの目。

C：うん。普通、あの、働いていればさ、保護なんかはいいわけじゃない。で、「なんでうちは保護なの」っていうクエッションが来たんだけどさ、要は生活できないからだよって。まあ、それに甘えちゃう私も悪かったんだけど。うーん、で、それで言えば、それじゃあ、子どもがそう言うんだったら、そろそろ、気にしてんだったらやめたほうがいいなと。それか、ばあさん一人にしてもらおう〔祖母だけを保護してもらう〕かなと思って。

※：あ、それは最近の話なんですか、（男性：うん。）娘さんから。

C：なんか嫌みたいだよ（笑）。

（二〇一五年度）

以上のとおり、父親のCさんは、Rさんが生活保護を【嫌】に感じていると解釈している。先に引用したRさんの「語り」をそのままに捉えるならば、Rさんは「生活保護制度」が【なんかよくわかんない】ものだったからこそ、父親に上記の【クエッション】を投げかけたのかもしれない。あるいは反対に、Rさんは、

「若者調査」実施時に生活保護制度が【嫌】であることを伏せて語っていたのかもしれない。

いずれにせよ、本調査のデータからは、いずれが「真」なのかは判然としない。ここでは、あくまでもRさん自身の「語り」に依拠して分析を進める。

以上に加えて第二に、Rさんは、生活保護制度下で「進学」に向けて「なしうること／なしえないこと」を認識、理解することなく「進路希望」を形成していたことである。Rさんは、「アルバイト収入」の取扱い（「収入認定（除外）」）や「保護費のやり繰りによる預貯金」の取扱いに関してよく理解していなかった。

※：親からとか、アルバイトの収入がどう取り扱われますとか、貯金をする場合どうなりますみたいな説明とかっていうのは、あんまり聞いてない？

R：いや、聞いてないです。はい。詳しくは。

この点に関して、父親のCさん自身は、「アルバイト収入」の一部を「収入認定除外」として積み立てることができることを知っていたようである。しかし、Cさんは、Rさんには「貯金」は【できないと思ってたから】、このことをRさんに伝えてなかったという。

そのため、Rさんは、大学等就学に伴う費用を「保護費のやり繰りによる預貯金」によって部分的に賄えること――学費等の全額を「奨学金」のみで賄うわけではないこと――を理解しないままに「進学」を諦めていた。

なお、No. 11世帯では、世帯主のCさんが、生活保護制度に関わる手続きを担っていた。そのため、Rさんは、「福祉事務所」を訪問したことがなく、前任の担当CWと一度会ったことがある——CWが家庭訪問に来た際に挨拶した——だけだという。それゆえ、RさんとCWが、「進路」に関する直接的な情報共有をすることはなかった。

以上を踏まえると、Rさんの「進路希望」（さらには、現実の「進路選択」）は、「生活保護制度」の定める「客観的な選択肢」を認識することのないまま展開していたと言えよう。

C　事例No. 11のまとめ

以上、No. 11世帯・Rさんの「進路希望」の「形成過程」を記述、分析してきた。以上に見てきたとおり、Rさんは、専門学校への「進学」希望を形成していたが、「奨学金」借り入れという「リスク」を理由に「就職」という「選択肢」を採るに至っていた。ただし、当人は、「就職」後にあらためて「進学」することを望んでいた。したがって、Rさんの「進路希望」は変更されたというよりも、一時的な留保がつけられただけのようにみえる。

しかしながら、Rさんは、「就職」自体にも「望ましさ」を認めていた。それゆえ、Rさんにとっては、「就職」も「進学」も、それぞれに「望ましい」「選択肢」であったと言えよう。この点を踏まえると、Rさんには、特定の「進路」に対する強い「こだわり」が希薄であったようである。

以上の「こだわり」の希薄さの背後には、Rさんが「大学等」に関する具体的な情報を欠いていたこと、そのような状況下で、周囲の大人から「自発的な意思」——自分で考えて、決定すること——を求められていたことが指摘された。

勿論、繰り返し指摘してきたとおり、父親のCさんは必要に応じてRさんに介入、助言をしていた。しかし、それらは、Rさんの意向が定まってから後になされることが原則であり、なおかつ、父親自身の経験に基づく「就職」と関連する助言が中心であった。

最後に、Rさんの「進路希望」の形成・変更が、生活保護制度の定める「なしうること／なしえないこと」とは無関係に展開していたことが指摘できる。Rさんは、「福祉事務所」、担当CWと関わることがなかった。加えて、父親も担当CWも、Rさんに対して「なしうること／なしえないこと」の情報をすべて伝えていなかったようである。そのため、Rさんは、「アルバイト収入」の「収入認定除外」や「保護費のやり繰りによる預貯金」が認められていることを知らぬままに、進学」希望を形成し、また、変更していた。

6　考察

本章では、利用世帯出身の若者二名の「進路希望」の形成過程を検討してきた。以下では、個々の事例分析の結果を対比させせながら、分析結果の整理、考察を行う。

(1)「進路希望」は「どのように」形成されていたのか

はじめに、「進路希望」を「形成過程」——「なぜ」、「どのようにして」、特定の「進路」実現に対する願望が生じたのか——に関しては、以下、四点の知見が得られている。

第一に、本章でとりあげた二事例ともに、自身の興味関心を起点として「進学」希望が形成されていたことである。したがって、少なくともその起点においては、高校卒業後の「進学」という「選択肢」は排除されていなかったと言えよう。ただし、ここで留意すべきは、「進学」先として挙げられていたのが、「専門学校」に限られていたこと（i.e. 大学・短期大学が、「選択肢」に含まれていなかったこと）である。この点は、A高校における「進路」が「専門学校進学」に偏っていたことと合致する。

第二に、いずれの事例においても、若者が「就職」や「就労自立」を強く意識していなかったことである。いずれの若者からも、自身が早く「就職」、「就労自立」しなければならないという「語り」は得られていない。この点は、生活保護制度、そしてまた、養育者の工夫によって、かれらが一定の安定した生活を得られていたためだと考えられる。

しかしながら、それにもかかわらず二名の若者の「進路希望」は、最終的に「進学」と「就職」とに分岐していた。このような分岐が生じた理由の一つとして、第三に、事例間で「進学」と「就職」に対する「望ましさ」の重みづけの相違がみられたことである。事例No. 1のPさんは、高校卒業後の「進学」は「普通の流れ」であり、他方で「就職」は「実感」のない「選択肢」としてみなしていた。そして、以上の「進学」＝「普通の流れ」が生じた背後には、専門学校への就学経験のある母親が、大学等就学で得られる「望ましさ」を子どもに話して聞かせていたことが析出された。

これに対して、事例No. 11のPさんは、特定の「進路」に対する「こだわり」が希薄であり、「進学」も「就職」も同等に「望ましい」「選択肢」と見なしていた。このような状況下でRさんが「就職」希望に至ったことは、一見すると自身の合理的な「選択」であるかのように見える。しかしながら、その背後には、①「進路」に関する情報を欠いたまま、周囲の大人から「自発的な意思」を求められていたこと、ならびに、

②父親が、自身の職業上の経験を踏まえて、子どもの「美容系」専門学校の「進学」に反対していたことが析出された。

以上と関連して、第四に、「奨学金」の借り入れを「リスク」として忌避するか否かの相違が指摘できる。事例No. 11では、養育者・子どもともに「奨学金」の借り入れを忌避すべき「リスク」と見なしていた。これに対して、事例No. 1では、「奨学金」への忌避感は語られていなかった。

三点目の指摘を踏まえると、事例No. 11では「就職」が現実的な「選択肢」であったため「奨学金」は忌避可能な「リスク」たりえたのに対して、事例No. 1では「進学」が「普通の流れ」であったため「奨学金」が所与の前提となっていたものと考えられる。それゆえに、「奨学金」に対する「リスク」感覚――その「語り」――に違いが生じたと考えられる。

(2) 生活保護制度の定める「客観的な選択肢」と「主観的な選択肢」

次に、以上の「進路希望」形成の過程における生活保護制度の果たす役割に関しては、以下の知見が析出された。すなわち、利用世帯の若者が、生活保護制度の定める「なしうること／なしえないこと」を認識するより先に／認識することなく「進路希望」を形成していたことである。したがって、少なくとも「進路希望」形成の端緒においては、生活保護制度を利用していることが前景化することはなかった。

この知見は、一見すると、若者が生活保護制度の規定から自由に「進路希望」を形成できているような印象を与える。実際、かれらは、生活保護制度の「限定」と「制約」、「早期の就労自立」を意識することなく「進路希望」を形成したと語っていた。

しかしながら、以上のように、「なしうること／なしえないこと」を認識しないままに「進路希望」（「進学したい」）が形成されてしまう場合、①制度上「なしうること（可能性）」が「主観的な選択肢」に含まれない（除外されてしまう）可能性、あるいは、②「なしえないこと（制約）」が「主観的な選択肢」に含まれてしまう可能性が考えられる。

上記の可能性が含意する問題点を以下に説明する。第一に、生活保護制度の定める「なしうること／なしえないこと」を認識していないがために、本来は「なしうること（可能性）」を知らぬままに「進路希望」を形成、変更してしまう可能性が考えられることである。事例分析で見たとおり、事例No. 11のRさんは、「アルバイト収入」の「収入認定除外」による「預貯金」が可能であることを知らぬままに「進学」を保留して「就職」に至っていた。

勿論、仮にRさんが上記の情報を理解していたとしても、「進学」希望が維持された確証はない。しかしながら、本来、若者自身が知っていて然るべき情報——「進学」にむけて「なしうること／なしえないこと」の情報——が提供されぬままに、「進路希望」が形成・変更されていることは問題であろう。

第二に、先行して形成された「進路希望」が、後になって「選別」される可能性である。本章でとりあげた事例No. 1のPさんは、①「福祉事務所」や担当CWとの関わりのなかで「なしうること／なしえないこと」を認識しており、なおかつ、②「福祉事務所」やCWとの連携の過程を経ても「進路希望」を変更することはなく維持していた。また、③Pさんの望むA専門学校への「進学」は、「就労自立」に資するものとして「福祉事務所」によって判断されていた。

しかしながら、以上のPさんの事例は、見方を変えると以下の可能性を示している。すなわち、①仮に

「福祉事務所」やCWとの連携が機能しなかった場合、②上記の関わりのなかで「進路希望」が持続不可能になった場合、③あるいは、希望する「進学」先が「狭義の自立」に資すると判断されなかった場合、かれらの「進路希望」が変更を強いられる可能性である。

以上のように、「なしうること／なしえないこと」を認識しないままに「進路希望」（「進学したい」）が形成された場合、一度形成された「進路希望」を「生活保護制度」の定める「なしうること／なしえないこと」＝「客観的な選択肢」に適合するよう「調整」する必要が生じるかもしれない。

＊＊＊

ここまでの議論を踏まえると、利用世帯における子どもの「進路希望」の「形成過程」では、①従来の研究で指摘されてきた要因（「就学費用」、「奨学金」、「文化資本」、「ロールモデル」の欠如など）に加えて、②「生活保護制度」が「利用者」に課す「客観的な選択肢」、ならびに、その「運用」が、直接的／間接的に当人の「主観的な選択肢」に影響を及ぼしている可能性が指摘できる。

一見すると、本章でとりあげた二つの事例の若者は、生活保護制度を強く意識することなく、自身の興味関心に基づきながら「進路希望」を形成しており、また、現実に「進路」を「選択」し「移行」を果たしているようであった。

しかしながら、本章の分析結果からは、かれらの「進路希望」が、「経済的要因」（「就学費用」の準備、「奨学金」借り入れの「リスク」）、「文化的要因」（養育者の「文化資本」、「進路」に関する情報）によって、一定の方向付けをされたなかで形成されていたことが析出されている。

また、上記に加えて、かれらの「進路希望」が、生活保護制度の定める「客観的な選択肢」を「認識するより先に／認識することなく」形成されていたことが析出されている。この点を踏まえると、利用世帯の若者の「進路希望」が誤解を含みながら形成される可能性、あるいは、後になって「変更」を強いられる可能性が考えられる。

つまり、本章でとりあげた利用世帯の若者は――表面的には「自由」に「進路希望」を形成しているようであるものの――①「経済的要因」、②「文化的要因」、さらには、③「構造」としての生活保護制度の定める「客観的な選択肢」、ならびに、その「運用」によって、「主観的な選択肢」を枠づけられていたと考えられるのである。

■注

1　『広辞苑　第七版』において「希望」は、「①ある事を成就させようとねがい望むこと。また、その事柄。のぞみ。②将来によいことを期待する気持。」と定義されている。本章では、上記①に倣っている。

2　以下では、分析を単純化するために、①「学校種」（大学、短期大学、専修・各種学校）、「設置者」（国公私）、「専攻」、「入試難易度」等による「選択肢」の分岐、あるいは、②「正規雇用／非正規雇用」、「産業」、「企業」等による「選択肢」の分岐は捨象する。

3　B市の統計からは、①大学等（大学・短期大学）、②専修学校（専門課程）、③専修学校（一般課程等）、④公共職業能力開発施設等、⑤就職者、⑥一時的な仕事に就いた者（パート就労、アルバイト就労など）に関する数値が得られる一方で、A高校に関しては、①大学、②短期大学、③専門学校（各種学校含む）、④就職者という大まかな情報しか得られない。以下では、B市の統計②＋③＋④を、A高校統計の③専門学校（各種学校含む）に対応させる。また、B市の統計⑤＋⑥を、A高校統計の④就職者に対応させる。以上のとおり、以下に行う比較検討は、厳密な比較ではないことに留意されたい。

4 なお、Pさんは、滑り止めとして私立高校を受験していない。この点に関して、母親のFさんは、「奨学金」（貸付金）を借りて高校に進学した場合【そうすると高校から先の進学っていうのは、本当に諦めなきゃいけなくなっちゃうのかなっていう気持ちもあって】、公立高校のみ受験させたのだという（二〇一五年度）。以上に示されているように、Fさんは、Pさんの大学等「進学」をひとつの可能性として想定していたと考えられる（詳細は、後述）。

5 この言葉は、Pさん自身からではなく、母親のFさんの「語り」から借用している。【（長女は、中学・高校時代に）大学行くのか専門行くのかはわからないけど。まぁ、もう最悪は、靴の販売でも何でもいいとは言ってたんですけど。でも、たぶん進学の方の意識、意思の方が、普通の流れだったんだと思います。】（二〇一六年度）

6 少し長くなるが、引用する。【自分は、どうなんでしょうね。まあ、うち、私は、兄も姉も大学、まあ（三宅：ああ。）、結局中退はしてるんですけど、二人とも、大学出てるんですよ。でも、私はちょっと、いろいろあったんで、専門学校のほうでっていう形になっちゃったんですけど。ただ、専門学校に行ったりとか、そういう時期に、やっぱりすっごい遊んだりとか、いろんな、いろんなこと、勉強できるっていうか、バカもできるし。楽しい、すごい一番楽しい時期でもあるし。いろんな、つらいところも二〇歳の頃、本当、鬱になったりとかも、もちろんあるんですけど。でも、友だち付き合いとか、やっぱり大事なところを養う時間だったなっていう気持ちは、すごくするんですよ。その、社会人としての友だちの付き合い方と、学生のときの、また、違うじゃないですか。で、また、高校生のときとか、中学校の、小学校って、また友だちの付き合い方って違ってきて。その中でやっぱり、専門学校行ったときの友だちとかは、割と影響を受けたっていうか。（…）】（二〇一六年度）

7 Pさんは、「靴」以外の職業としては【学校の先生とか、保育園の先生とか】は自分が【お世話になってるから】【結構身近】に感じていたと語っていた。

8 Pさんは【悪いのはこっちかもしれないけど】と表現しており、生活保護制度の利用を「悪いこと」（少なくともCW

側から見て「悪いこと」と見なしているようであった。

9 Fさんは、次のように説明していた。【それは福祉事務所のほうで。ちょうど、専門学校の進路のこととかを相談しに行って、で、バイトの、これ、一番初めに、「まあ、ちょっと、バイトのお金で、これだけバイトしたんですけど」ったら、あって。そうしたら一万七〇〇〇円ぐらいは、手元にあれだけど〔残るけど〕、その以降はあれだからって。一回目のときは、そういうふうに言われて。で、そのあとに、ちょうど同じぐらいの時期に、その進路の話もしてたので、そうしたらもう次回のときに、〔担当CWが〕そのときから、引かないで〔収入認定しないで〕、じゃあ、これは積み立てにしましょうっていう話にしてくれたので。】（二〇一五年度）

10 パートナー（母親のEさん）が、Rさんの「進路」をどのように考えているのかを問うた際に、Cさんは【わからないでしょ（…）あの人は学校いってねぇから、わかんないでしょ】と答えている。したがって、Rさんの「進路選択」（とりわけ「進学」）に関しては、Cさんの役割が大きいようであった。なお、Cさんによれば、Eさんは、祖母（Eさんの母親）の影響で【きょうだい三人で暮らしてたみたい】で【経済的にも】【学校も行けねえような状態】だったという（「二〇一四年度調査」による）。

11 Cさんは、美容師として働いた経験はないが、過去に「調理関係」で就労していた期間がある。おそらく、このときの経験と重ねて「職人」的な仕事への不安を語っていたものと考えられる。

12 以下、該当するCさんの「語り」である【〔美容師で成功した一握りの人たちではなく〕下見りゃわかるから。だから、実際、あの、車乗せて、夜遅くやってる美容師を見せたときに、「〔Rさんが〕何やってるの、あれ」とか言うから、「練習してんだよ」と。「あれだってちゃんと、次の日ちゃんと出てこなきゃいけないんだよ」って。「休みじゃないよ」っつって。（…）それで、違和感があったみたいなのね。（…）自分、自分のイメージと、現実を見せると、やっぱりギャップがあるじゃない。】（二〇一五年度）

第6章

大学等就学に向けた「資源調達」の過程[1]

1 はじめに

既にみたとおり、利用世帯の子どもが大学等に就学する場合、就学者（＝子ども）は「世帯分離」（保護廃止）しなければならなかった（但し、夜間大学等除く）。また、生活保護制度においては大学等就学に対する保護費による給付はない。

この点に関連して、現行の生活保護制度＝「構造」では、大学等就学に向けて「なしうること／なしえないこと」――限定的であり、かなおつ、一定の「条件」が課されるものの――を規定している。例えば、第4章で析出したように、他法・他施策による「各種貸与金」の活用、「就労収入（アルバイト収入）」の「収入認定除外」、それにもとづく「預貯金」などの方法によって「資源調達」を行うことが認められていた。

以上に論じてきた事実は、利用世帯からの大学等就学を実現するためには、制度上認められた何らかの方法で「就学費用」――①大学等就学に必要な「学費等」（入学金、授業料等）、ならびに、②「世帯分離後」の「生活費等」（食費、保健衛生費等）――を準備する必要があることを示している。

しかしながら、上記の制度上「なしうること／なしえないこと」は、特定の条件が充たされた場合に「自動的」に発動するものではない。例えば、「各種貸与金」（「日本学生支援機構」の「奨学金」、「生活福祉資金」など）は、利用者側からの「申請」が必要である。また、「アルバイト収入」の「収入認定除外」の取扱いも「実施機関」（福祉事務所）による承認が不可避である。

以上を踏まえると、仮に一定の「資源」が制度によって配置されていたとしても、別言するならば、生活保護制度によって「なしうること／なしえないこと」が定められていたとしても、当人たちが現実に活用できなければ、それらの「資源」は大学等就学の実現に資することはないと考えられる。

2　研究目的

以上の議論を踏まえると、大学等就学に伴う「就学費用」を賄うための「資源調達」をいかに「行うのか／行いうるのか」が、子どもの「就学機会」にとって重要な位置を占めていると考えられる。

そこで本章では、以下、三点を明らかにすることを試みる。①利用世帯の子ども・養育者が、大学等就学に向けて「どのような」「資源」を「活用しているのか／していないのか」、ならびに、②かれらが「どのような経緯」から特定の「資源」を「活用したのか（できたのか）／しなかったのか（できなかったのか）」を明らかにすること、さらに、③その際に養育者、ＣＷが「どのような」役割を果たしていたのかを明らかにすること。

以上の三点を明らかにすることで、利用世帯における「資源調達」の過程が、子どもの大学等「就学機会」に及ぼす影響を析出できると考える。

3　分析枠組み

以上の研究目的を達成するにあたり、本稿ではSen（1992=1999など）の「実質的な自由（substantive freedom）」[2]に関する議論を援用することで分析の焦点を限定する。以下、「実質的な自由」の概要と、その援用方法を説明する。

（1）「実質的な自由」

Senによれば，「実質的な自由」とは、諸個人が達成しうる「機能」（「～である・～する」）集合のことであり、換言するならば諸個人が実質的に選択しうる「選択の幅」を意味している。例えば、「大学等」に「就学する／就学しない」という「選択肢」のいずれをも自由に達成できる場合に、子どもの「実質的な自由」は保障されていると言える。

また、Senは「実質的な自由」の議論を展開するにあたって以下に提示する二つの問題を批判的に吟味している。第一に、「適応的選好」の問題である。「適応的選好」とは、固定化された困難な状況（e.g. 隷従的な地位、継続的な困窮等）に適応することによって、選好が切り下げられてしまうことを意味する。例えば、「大学等就学」という「進路希望」さえも形成しえない状況（e.g. ロールモデルの欠如等）にある場合、子どもの「実質的な自由」は保障されていないと言える。

第二に、「変換能力」[3]の相違という問題である。ここでいう「変換能力」とは、特定の資源（e.g. 所得）を特定の「機能」（e.g. 就学）に変換する能力を意味する。この「変換能力」には「人間の多様性」（e.g. 個人の基本属性、社会保障制度、慣習等）によって個人差があり、この差により個人が達成しうる「実質的な自由」にも差が生じる。例えば「大学等」への就学に必要な「資源」を「就学する」という「機能」に変換できなければ、子どもの「実質的な自由」は保障されていないと言える。

（2）「資源」の「変換能力」への着目

以上の「実質的な自由」、「適応的選好」や「変換能力」に関する議論を援用することで、本章では以下、二つの分析枠組みを設定する。第一に、子どもの「大学等」への就学機会を「実質的な自由」という観点から分析していく。これにより、子どもが、「大学等に就学する」という「選択肢」を実質的に選択可能であったのか否かを明らかにする。

第二に、本章では、以上の「実質的な自由」の構成要素として、①「就学費用」を賄うための「資源」、②子どもの「選好」（「進路希望」）、③「資源」の「変換能力」の三点に着目する。そのうえで、「選好」（②）の影響を可能な限り統制して、「構造」によって定められている「資源」（①）を現実に活用する「変換」（③）に分析の焦点を限定する（限定の手順は「研究方法」で後述）。

ここでいう「選好」とは、子どもが「大学等就学」を他の「選択肢」よりも望ましいものとしており、その実現を望んでいることを意味する。また、「変換能力」とは、活用可能な「資源」（所得など）を「機能」

（「状態、行為」）の実現に変換することを意味する。

ここで留意すべきは、本章では以上に示した「変換能力」が個人に所有されているとは想定していないことである。第2章で説明したとおり、本書では、生活保護制度＝「構造」の下で、複数の行為主体――特に養育者、CW――が「大学等就学」に向けての「資源調達」に関わっていると想定している。それゆえ、「大学等就学」に向けた「資源調達」、ひいては、「資源」の「大学等就学」への「変換」は、以上のような複数の行為主体の「協働のなか」（関係性のなか）でなされると考えられる。ただし、この「変換」の結果――「大学等就学／非就学」という帰結――を直接的に引き受けるのは「子ども」以外の誰でもないことには留意が必要である。

以上の分析枠組みを設定することで、生活保護制度＝「構造」の下で、なおかつ、「選好」条件が充足されている状況下で、利用世帯における「資源調達」が「どのように」行われているのかを明らかにできると考える。

4　研究方法

本章では、B市調査（「二〇一四年度調査」及び「二〇一五年度調査」）から得られた養育者の「語り」を分析に用いる。以下では、本章で分析に用いるデータの概要、分析方法、データの留意点を順に説明する。

（1）分析対象・分析方法

既に言及したとおり、「大学等就学」に向けての「資源調達」が本章の焦点である。したがって、分析対

表6-1　分析対象の抽出過程

	ひとり親世帯		ふたり親世帯	その他世帯	計
	母子世帯	父子世帯			
2014年度調査	7 (1-7)	1 (8)	2 (9, 10)	1 (11)	11世帯
2015年度調査	5 (1, 2, 4, 5, 7)	0	4 (10, 12-14)	1 (11)	10世帯
若者調査	1 (1)	0	0	1 (11)	2世帯
選定条件					
条件① 高等学校等卒業以上	7 (1, 3-1, 5-1・2, 6-1・2, 7-1)	0	1 (9-1)	1 (11)	9事例
条件② 高校等2学年以上に在籍	2 (3-2, 5-3)	0	1 (10)	1 (11)	4事例
(① or ②) and　条件③ 「進学」希望への言及	4 (1, 3-2, 5-1・3)	0	1 (10)	1(11)	**6事例**

条件はすべて「至近の調査時」の情報に基づく
括弧内＝（世帯No.）　括弧内（n-n）＝世帯No.-第n子（e.g. 3-1＝世帯No. 3の第1子）

象とする事例には、「大学等就学」と関わりのある子どもが含まれている必要がある。

そこで、本章の分析では、以下に示す選定条件を設定することで、B市調査の協力世帯（一四世帯）のうち六事例（五世帯六名の子ども・若者）を分析対象として抽出している。

第一に、子どもの「年齢」に関する条件である。具体的には、以下、二通りの選定条件を設定した。すなわち、①一般的に「大学等」へ就学する年齢と考えられる「高等学校等卒業（相当の年齢）以上の若者を含む事例」、または、②至近の調査時点で「高等学校等の第二学年以上に在籍している子どもを含む事例」であること。

第二に、「選好」（「進路希望」）に関する条件である。そもそも、子どもが「大学等就学」を希望したことがなければ、就学費用を賄うための「資源調達」が問題になることはないだろう。そこで、③調査で得られた「語り」において「大学等就学への希望が言及されていた事例」という抽出条件を設定した（表6-1及び表6-2参照）。

本章では、以上の手順で抽出された分析対象に基づき、第

表 6-2　候補事例／分析対象事例の概要

	B 市調査		B 市 若者調査 2016 年度
	2014 年度調査	2015 年度調査	
1	**母親 F さん（40 代後半）うつ病**	**母親 F さん（40 代後半）　うつ病**	**母親 F さん（40 代後半）　うつ病**
	長女 P さん（A 高 2）	長女 P さん（A 高 3）	***（長女 P さん　専門 1）***
	長男（小 2）	長男（小 3）	長男（小 4）
3	**母親 A さん（40 代前半）股関節炎**	辞退	
	*長男（C 工業・定時制 4）***		
	長女 Z さん（D 工業 2） ADD など		
	次男（小 6）		
5	**母親 H さん（40 代後半）***	**母親 H さん（40 代後半）***	母親 H さん（40 代後半）*
	（長男 J さん・専門 4）	*（長男 J さん・23 転出就労）**	*（長男 J さん・24 就労）* 辞退*
	（長女・21 転出就労）*	*（長女・22 就労）**	*（長女・23 結婚・出産）辞退*
	次男 S さん（F 商業 2）**	***次男 S さん（F 商業 3）*****	*（次男 S さん・専門 1）辞退*
	次女（中 2）	次女（中 3）	次女（定時制 1）
6	**母親（40 代後半）**	辞退	
	*（長女・26 転出就労→結婚）**		
	*長男（20 世帯内パート就労）**		
	次男（中 2）		
7	**母親（30 代後半）動悸など***	**母親（30 代後半）動悸など***	**母親（30 代後半）動悸など***
	*長男（C 工業 3）***	*（長男・19 就労）**	*（長男・20 就労）* 辞退*
	次男（中 2）	次男（中 3）	次男（C 工業 1）
	三男（小 2）	三男（小 3）	三男（小 4）*
9	**父親（60 代前半）悪性腫瘍など**	辞退	
	母親（40 代後半）背部血腫など		
	*長女（18 世帯内就労）**		
	次男（中 3）		
	次女（小 4）		
10	**父親 W さん（50 代前半）動脈系の疾患**	**父親 W さん（50 代前半）動脈系の疾患**	対象外
	母親（40 代前半）*	母親（40 代前半）*	
	長男 G さん（K 高 1）	*長男 G さん（K 高 2）*	
11	**父親 C さん（60 代前半）ストーマ***	**父親 C さん（60 代前半）ストーマ***	**父親 C さん（60 代前半）ストーマ***
	母親（40 代前半）*	母親（40 代前半）*	母親（40 代前半）*
	母方の祖母（70 代後半）	祖母（70 代後半）	祖母（70 代後半）
	長女 R さん（A 高 2）**	**長女 R さん（A 高 3）****	***長女 R さん（19 就労）日々雇用****

ゴシック＝調査回答者　イタリック＝条件①あるいは②に該当　アンダーライン＝条件③に該当
丸括弧（世帯構成員）＝利用世帯から転出、あるいは、世帯分離中　太線囲み＝分析対象
* ＝調査時に就労あり　** ＝在学中のアルバイト就労

5章同様に事例分析を行う。具体的には、各事例の養育者の「語り」に依拠しながら大学等就学に向けての「資源調達」過程を時系列に沿って再構成、記述、分析する。

(2) 事例の概要

本章の分析でとりあげる六事例の概要は、表6-3のとおりである。ここで留意すべきは、本章でとりあげる六事例には、他に比して際立った特徴のある事例――以下、「特異な事例」――が含まれていることである。第一に、事例No.3のZさんである。Zさんは、唯一、「ADD（注意欠陥障がい）」などの診断を受けており、それに伴って「学業成績」に関してもクラスで下の方であった。

勿論、高校ごとの「入試難易度」の相違があるため、各事例の「学業成績」の厳密な比較はできない。しかしながら、Zさんの通うD工業高校は、入試難易度に関してみれば、A高校（No.1、11）、C工業高校（No.5-1）、F商業高校（No.5-3）と極端に異なっているわけではない――例外的なのは、K高校のみ。したがって、事例No.3は、他の事例に比して「学業成績」に関する課題が大きな事例だと考えられる。

第二に、事例No. 10のGさんである。上記のとおり、本章でとりあげる事例の就学先は、概して「入試難易度」の易しい高校に偏っている。これに対して、Gさんが通うK高校は、いわゆる「進学校」（入試難易度が難しく大学進学を前提とした高校）である。

これに加えて、Gさん自身は、「国立四年制大学」への就学を希望していたことにも留意が必要である。また、以上と関連して、唯一、No. 10において両親ともに最終学歴が「大学等」（四年制大学／短期大学）であったことも留意が必要である。以上を踏まえると、事例No. 10は、他の事例に比して、「大学等就学」への

表6-3　分析対象事例の概要

	No. 1 Pさん	No. 3 Zさん	No. 5-1 Jさん	No. 5-3 Sさん	No. 10 Gさん	No. 11 Rさん
性別	女性	女性	男性	男性	男性	女性
年齢	19	17	23	18	17	19
傷病・障がい	—	**ADDなど**	—	—	—	—
在籍／卒業校	A高校	D工業	C工業	F商業	K高校	A高校
部活動	ダンス	バスケット ※マネジャー	—	バスケット	サッカー	バレーボール ※退部
学業成績	クラスで5番目前後くらい	**クラスで下から2番目**	学年で10番内	クラスで10番目〜真ん中ぐらい	学年で10番内	クラスで10番内
アルバイト	食料品	—	—	コンビニ ドラッグストア	—	ドラッグストア
養育者学歴	高校専門学校中退	専門学校	私立高校		**大学／短大**	高校／中学
養育者傷病・障がい	うつ病	股関節炎	— ※過去にバセドウ氏病		母：なし 父：動脈系疾患	母：なし 父：ストーマ
養育者就労	なし	なし	あり		母：あり 父：なし	母：あり 父：あり
進学志望	専門（3年制）	短大・専門	専門（4年制）	専門（2年制）	**国立大学**	専門
高校卒業後	進学	N/A	進学	進学**	合格**	就職

塗りつぶし＝「特異な事例」　部活動、学業成績、アルバイト、進学志望＝すべて、高校在学時代の情報
表内のゴシック（太字）＝際立った差異が見られる情報
* ＝調査実施時点での予定（未確定）　**=2015年度以降の調査依頼などで電話連絡（口頭）した際に得られた情報に基づく

傾きが強い事例だと考えられる。

第三に、事例No.5-1のJさんである。Jさんは、二〇一〇年度末に高等学校等を卒業、翌年度から専門学校に就学している。これに対して、No.5-1以外の事例では、二〇一三年度以降に高等学校等に入学しており、二〇一五年度〜二〇一六年度に当該高等学校等を卒業している（予定含む）。したがって、No.5-1とその他の事例とでは、高等学校等を卒業した時期に相違がある（図6-1参照）。

この相違点に留意すべき理由は、「大学等就学」に関する「通知」の改正が、二〇一三年度以降に続いていたことにある。具体的には、以下、二通りの改正が行われている。第一に、大学等就学に伴う費用（事前に必要な入学金等）を賄うための「保護費のやり繰りによる預貯金」に関する規

図 6-1　高等学校等の在学期間と「通知」の改正

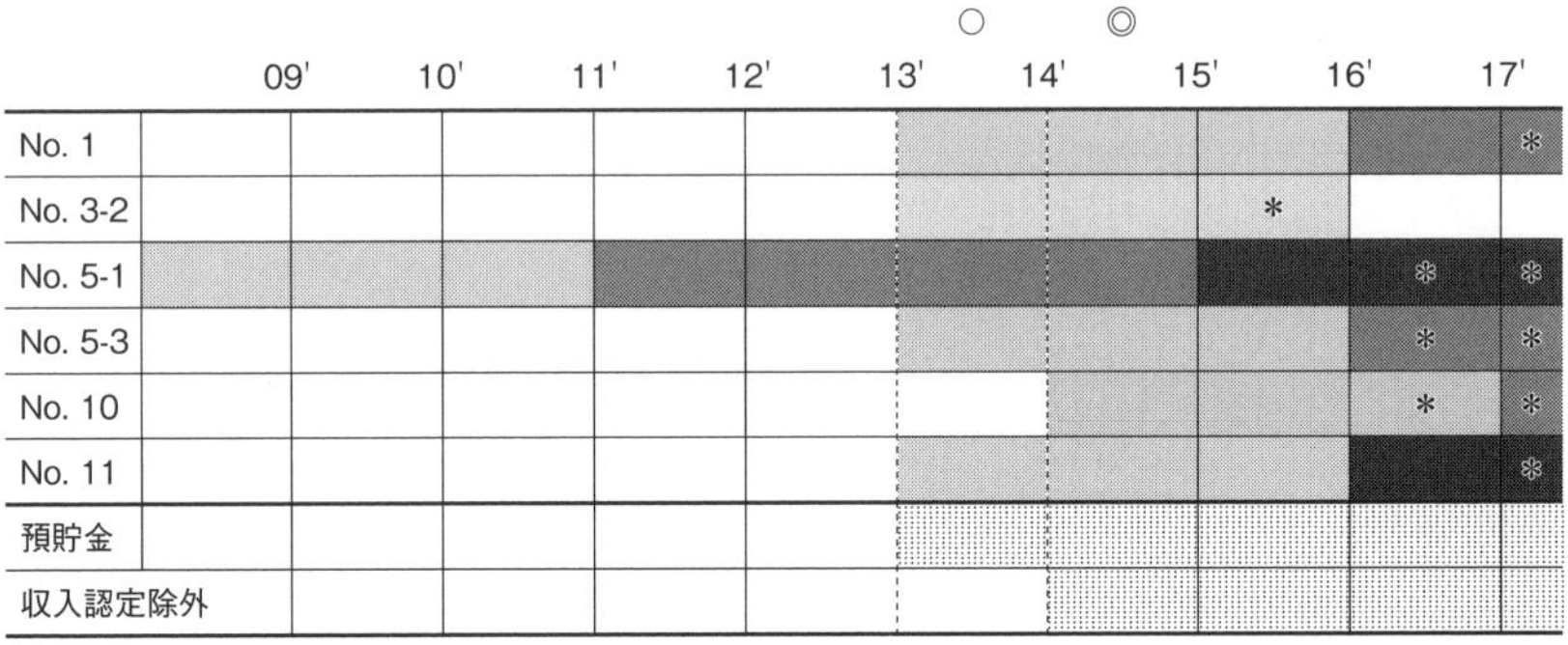

○「子どもの貧困推進に関する法律」（2014 年 1 月 17 日施行）◎「子どもの貧困他策に関する大綱」（同 8 月 29 日閣議決定）
縦線＝年度の境目（西暦、2000 年代）　＊＝至近の調査結果に基づく予定
塗りつぶし：薄い＝高校等在学　中濃＝大学等在学　濃い＝就職

図 6-2　高等学校等在学期間と制度の利用期間

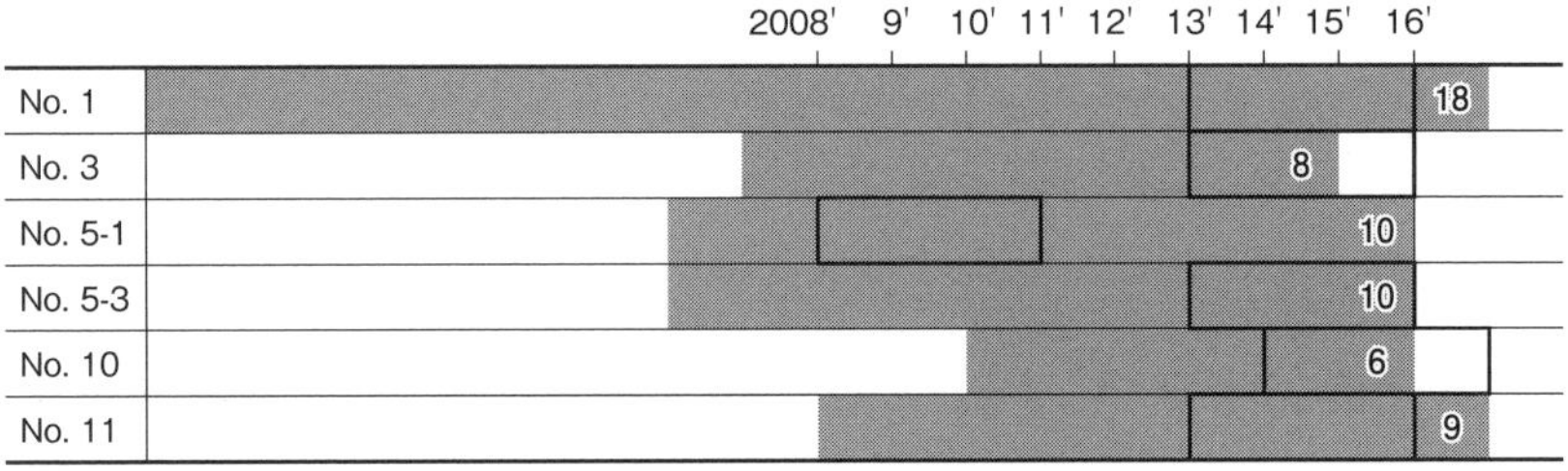

塗りつぶし（ゴシック数字）＝至近調査実施時点での、おおよその生活保護制度利用年数
横軸＝年度の境目（西暦、2000 年代）太線囲み＝高等学校等在学期間（既卒・予定含む）

定（課3-問18-2）が、二〇一三年度の改正で創設されている。また、第二に、高等学校等就学中の者の「就労収入」（アルバイト収入）の「収入認定除外」に関する規定（次8-3-1-（3）、課8-問58-2）が、二〇一四年度の改正で創設されている。

すべての事例において「高等学校等の在学期間」と「生活保護制度の利用期間」が重なっていること（図6-2参照）を踏まえると、①No.5-1（長男）は、生活保護制度＝「構造」において「大学等就学」に向けた「就労収入」の「収入認定除外」や「保護費のやり繰りによる預貯金」が認められていない時点で「資源調達」を経験している一方で、②

表6-4　養育者の最終学歴

No.	世帯構造	最終学歴	
No. 1	母子世帯	**高校　※専門学校中途退学**	✓
No. 2	母子世帯	中学　※高校中途退学	
No. 3	母子世帯	**専門学校卒業**	✓
No. 4	母子世帯	中学　※高校中途退学	
No. 5	母子世帯	高校卒業（私立）	
No. 6	母子世帯	商業高校卒業	
No. 7	母子世帯	高校卒業	
No. 8	父子世帯	高校卒業	
No. 9	ふたり親世帯	父：中学卒業母：中学　※高校中途退学	
No. 10	ふたり親世帯	**父：4年制大学卒業　母：短期大学卒業**	✓
No. 11	その他世帯	父：高校卒業　母：中学卒業	
No. 12	ふたり親世帯	父：高校卒業　母：高校卒業	
No. 13	ふたり親世帯	**父：高校　※4年制大学中途退学　母：高校卒業**	✓
No. 14	ふたり親世帯	父：高校卒業　母：高校卒業	

チェックマーク（✓）＝大学等就学経験のある者（中退含む）を含む世帯
塗りつぶし＝高校生を含む世帯

それ以外の五事例では、遅くとも高校二年生時には上記の「収入認定除外」と「保護費のやり繰りによる預貯金」が認められた状況下で「資源調達」をしていたと考えられる（図6-1）。

最後に、事例No. 11のRさんは、上記の事例ほどには「特異な事例」ではないものの、調査から明らかになっている範囲で、唯一、「就職」に至った事例である。Rさんの「進路希望」の形成過程に関しては第5章で分析したとおりであるが、本章では、「就職」に至る背後で「どのような」「資源調達」が行われていたかが焦点となる。

（3）養育者の最終学歴に関する留意点

なお、以上の手順で抽出された六事例には、以下の留意点がある。すなわち、分析対象の養育者の学歴に偏りがある可能性である。表6-4に示してあるように、B市調査対象の養育者のうち「大学等に就学した経験がある者」は、五名（四世帯）である。

このうち、一名（事例No. 13）を除く四名（三世帯）が、本章の分析対象に含まれている。なお、事例No.13の子どもは、中学生（長女）と小学生（次女）であるため、本研究の分析対象外となっている。

以上に加えて、分析対象のうち残り二事例（No.5、11）においても、少なくとも一名の養育者が「高校卒業」であることも踏まえると、本章の分析対象には、養育者の最終学歴が「中学」のみである事例が含まれていないことを意味する。この点は、抽出条件③（「語り」において「大学等就学への希望が言及されていた事例」）に該当する事例が、「大学等に就学した経験」のある養育者、相対的に学歴の高い養育者に偏っていることを示している。このことから、子どもが「進学」希望を語ることができる背後に、養育者の学歴、あるいは、「大学等就学経験がある」という意味での「文化資本」の作用を読み取ることも可能であろう。

以上のように、本章で分析する事例における最終学歴は、「高校卒業」（大学等への就学経験あり）、「大学等」に偏っていると考えられる。この点は、本章の分析対象／結果が、「相対的に学歴の高い養育者を含む事例」に限定されるという制約を意味する。

しかしながら同時に、以上の偏りには、「大学等への就学経験」を有している養育者――その意味で、「進学」に関する知識の一定の優位さが想定される――が、生活保護制度＝「構造」の下で「どのような」「資源調達」をしているのかを分析できるという利点がある。

5　分析結果（1）――事例分析

以下、六事例に関して、それぞれの事例を記述、分析する。

（1）事例No.1（二〇一四年一〇月実施、二〇一五年七月実施、二〇一六年九月実施）

A 「進路」と「資源調達」の概要——記述

事例No.1のPさん（第一子・長女）は、「若者調査」（二〇一六年度）実施時には「A専門学校」の一年生であった。Pさんは、中学生の頃から「靴」に対して強い関心を持っていた。「公立A高校」に就学後も「靴」への関心は継続しており、高校一年生の頃には「A専門学校」への「進学」を希望するに至っている（「進路希望」の形成過程は、第5章参照）。

これに対して、母親のFさんも、Pさんが「大学等」に進むことを望んでいた。

F：一八で仕事就いて、もちろんそれで自分で、お金貯めて、やりたいこと見つけてっていうのは、すごい理想なんでしょうけど。なかなかそういう子って、いないと思うんで。きっとたぶん、今仕事、自分がやりたいこともわからずに、仕事に就いても、結局、そのあと、だらだらになっちゃうんじゃないかなっていう気も。（…）〔Fさん自身の経験も踏まえて[4]〕靴やりたいっていうんだったら、勉強させてあげたいかなって。

（二〇一四年度）

それでは、事例No.1では、「どのようにして」「資源調達」が行われたのか。まず、「二〇一四年度調査」実施時では、具体的な「資源調達」は何も行われていなかった。しかしながら、「二〇一五年度調査」実施時には、①Pさん自身の「アルバイト収入」の「収入認定除外」による「預貯金」がなされており、②専門学校独自の「給付型奨学金」の活用が予定されていた。以上によって、「入学金」と前期分の「授業料等」

を賄う予定だという。また、後期以降の見通しとしては、③「日本学生支援機構」の「奨学金」を借り入れる予定だという。

「若者調査」（二〇一六年度）実施時に、Pさんは、以上すべての「資源」に加えて、④「母子・寡婦福祉資金」の借入金も活用しながら専門学校に就学していた。

B　「資源調達」の過程——分析

それでは、「なぜ」、「二〇一四年度調査」実施後に「資源調達」が進展したのか。その理由と経緯としては、Fさんの「語り」から以下、三点が指摘できる。第一に、「二〇一四年度調査」実施時、母親のFさんは、担当CWと、大学等就学に伴う【お金のどうのこうの】（＝「就学費用」と「資源調達」）に関する情報共有をしていなかったことである。そのため、「二〇一四年度調査」実施時に「資源調達」の見通しはたっていなかった。

ただし、この時点で、Fさんは、担当CWに「Pさんが進学希望であること」は伝えていた。これに対して、担当CWは、以下、三点を伝達してきたという。①就学に際して、Pさんの「世帯分離」が必要であること、②志望する専門学校に対して【オッケーが出るか、出ないかっていうのは】【上と相談してみないとわからないということ、③それゆえ、あらためて【学校のパンフレットなりを】もって相談に来てもらいたいこと、以上である。

以上と関連して第二に、Pさんが、「二〇一四年度調査」実施後（二〇一四年末頃）に「アルバイト就労」を始めたことが契機となって、「資源調達」——「収入認定除外」による「預貯金」——が展開されたことである。

Fさんは、Pさんがアルバイトを始めてすぐに、担当CWに「アルバイト収入」について相談しており、【ちょうど同じぐらいの時期に、その進路の話もしてた】ため「収入認定除外」の取扱いが持ち上がってきたのだという[5]。なお、この【進路の話】をした面接の場には、Pさん自身も参加している（第5章参照）。最終的には【バイトしてるんだったら、そのように積み立てて、その分〔積み立てた金額〕は、引いた分で、〔奨学金等を〕借りれば、少し、〔借入額が〕減るからということで】、「収入認定除外」の適用、ならびに、その積み立てが始められている。

具体的には、以下の取扱いがなされていた。

F：アルバイトのお金の中から、今、月四万ずつ、積み立てをして。（…）〔平均して〕六、七万近くお金も、バイトのお金ももらってるので。

※：ああ、結構頑張ってますね。

F：なので、毎月、四万ぐらい貯金して、あと二万は自分のお小遣いっていう形で、今、やってるんですけど。

（二〇一五年度）

なお、この他の「日本学生支援機構」の「奨学金」や、「A専門学校」独自の「給付型奨学金」に関する情報を「どのようにして」得たのかは明らかではない。

第三に、「二〇一五年度調査」実施時に、Fさんが、「各種貸与金」（「母子・寡婦福祉資金」）に関する情報を欠いていたことである。Fさんによれば、担当CW（二〇一五年度現在）は、Fさんからの働きかけ（相談、打診）があってはじめて、情報提供をしてくれるという。

ここで留意すべきは、Fさんが、担当CWに対して「相談」することへの忌避感を語っていたことである。曰く【別に悪いことしてるわけじゃないし。〔何かを〕ごまかしてるわけじゃないんですけど】、生活保護制度を利用していることに対して【なんかすごい罪悪感がある】という。それゆえ、「福祉事務所」は、できるだけ訪問したくない場所であり、できるだけCWにも会いたくないという。以下、少し長いがFさんの「語り」――Pさんの「進路」とCWへの「相談」に関する「語り」――を引いておく。

F：〔CWに相談を〕しなくて済むんだったら、あんまりしたくない部分はありますよね。まあ、お金の部分とかがあるので、しないといけないし、たぶん勝手には〔進学はできない〕（…）一八歳で、普通だったら、就職しろって言われてしまえば、それまでの歳なので。その辺をこう、あえて、わがままっていうのかどうかわかんないですけど、学校行きたいということに関しては、やっぱりちょっと（笑）。（…）何かちょっと、わがまま言ってる部分もあるのかなっていう気持ちにもなったりとかもするので。まあ、自分の中で済ませれるんだったら、それで済ませたい（笑）。（二〇一五年度）

しかしながら、「各種貸与金」（母子・寡婦福祉資金含む）に関しては、Fさんから働きかけてもなかなか情報をえられなかったようである。

F：〔貸与金について〕「その辺ってわかりますか」って聞いてるんですけど、『わからない」って。えっ、どこに聞け。

※：ワーカーさんが」わからないって？

F：」わからないっていうか、なんかよく教えてくださらないんで、〔貸与金について〕どこに聞けば、え、学校に聞けばいいのか、どこに聞くのが一番いいのかなって、いつも思いながら（笑）。（二〇一五年度）

また、「二〇一六年度調査」（「若者調査」）の際にも、担当CWから【奨学金】（＝「各種貸与金」）に関する情報提供がなかったことが回顧的に語られていた。

F：まあ、向こう〔担当CW〕としては話してるつもりなのかもしれないですけど。かなり、ちょっと、こっちが困ってる感を出さないと、あまり話の、奨学金とかに関しても、あまり向こうからすぐに提案っていう形でもなかったですし、あのときも（笑）。（…）「どうしたらいいの」（笑）みたいなところが、たまにある方だったんですけど。（二〇一六年度）

それでもなお、「若者調査」実施時に、Pさんは、「母子・寡婦福祉資金」の貸付金を活用していた[6]。最終的に、事例No.1では、母親自身の「保護費のやり繰りによる預貯金」[7]と「恵与金」を除くすべての方法を活用して専門学校に就学していた。

C　事例No.1のまとめ

以上に検討してきたとおり、事例No.1では、①Pさんの「アルバイト就労」開始の時期と「進路」に関するCWとの情報共有の時期が重なったため、②二〇一四年末頃（Pさんが高校二年生の終わりの頃）から「収入認定除外」による「預貯金」が開始されていた。以上に加えて、③二〇一五年度時点では、「日本学生支援機構」の「奨学金」、専門学校独自の「給付型奨学金」の活用も予定されていた――そして、二〇一六年度には実際に活用されていた。

ここで留意すべきは、事例No.1では、概してFさんの働きかけ（相談、質問）を起点として、担当CWの反応（情報提供）が生じていたと考えられることである。言い換えるならば、Fさんの働きかけがない限り、CWからの情報提供もなされなかったと言えよう。

（2）事例No.3（二〇一四年一一月実施）

A「進路」と「資源調達」の概要――記述

事例No.3のZさん（第二子・長女）は、「公立D工業高校」の二年生である（二〇一四年度現在）。母親のAさんによれば、Zさんは、小学校三年生の頃に半年ほど「不登校」の期間があったという。また、Aさんは、小学校四年生の頃に軽度の「ADD（注意欠陥障がい）」、ならびに、「自律神経失調症」、「起立性調節障がい」の診断を受けており[8]、中学生の頃は「特別支援学級」に週一回通級していたという。

Aさんによれば、Zさんは、①「ADD」の影響もあって、学校の授業を受けるだけでも【相当疲れる】状態であり、②それゆえ、高校入学後も【単位をとって上〔の学年〕にあがるということ自体が難しい】状況が続いており、③翌年度に「三年生」へ進級できるかも危うい状況なのだという。この点に関して、Aさんは、以下のように語っている。

A：〔クラスで〕一番最後ではないですけども、ぎりぎりです。で、そこを先生が補習したりとかしてくれて、なんとか上がってる感じです。（…）ただ、どうにもならないような成績になったときには、やっぱり連絡はあるみたいですけど。今のところはないですが。ただ、まあ、退学とかっていうふうに言われてもいいように、心の準備はしてますけど（笑）。

（二〇一四年度）

同時に、Aさんは、【〔Zさんにとって〕授業受けるのも大変ですから。もともと、成績を求めること自体（…）本当はしたらいけないこと】なのだと語っている。

それでは、Zさんは、高校卒業後に「就職」をする予定なのか。Aさんによれば、Zさんは、「保育士」になるために、高校卒業後は「短大」か「専門学校」へ「進学」することを希望しているという。Zさんは、上記の「進学希望」を既に担任教員に相談しているようで、教員からは【Zさんも行けるようなところはあるよっていうような話はしてくれてるみたい】だという。

以上のZさんの「進学」希望に対して、母親のAさんは、Zさんが「進学」すること自体には反対ではないという。

A：短期大学に行ったり、専門学校に行って、別に経験、ねえ。それを、〔保育士〕免許をとる目的でもありますけど、経験的には別に、悪い経験ではないと思うので。そこを否定するつもりはないので。それは本人に任せ〔てい〕ますね。

（二〇一四年度）

ただし、Aさんは、自身の経験（保育士資格あり、障害児施設で就労経験あり）を踏まえつつ、「ADD」のZさんが「保育士」として働くことは【なかなか難しいだろう】と考えていた。そのため、現在は、「保育士」として働くことの難しさを言い聞かせているという。

A：かといって、今の娘にね、夢とか希望を抱いているのに、すべてがすべて、「あんたには無理よ」って言えないので。今は「うんうん」って聞きながらも、「でも、こうだよ、ああだよ」って言い聞かせてる段階です。うん。「現実はこうなんだよ」とか。

（二〇一四年度）

以上に示したようにZさんが高校卒業後の「進学」を希望しており、なおかつ、母親のAさんもそれを否定していなかったにもかかわらず、事例No.３では、「二〇一四年度調査」実施現在、「資源調達」はなされていなかった。

B　「資源調達」の過程——分析

それでは、「なぜ」、事例No.３において「資源調達」は行われていなかったのか。Aさんの「語り」からは、以下、三点が指摘できる。

第一に、「進学」の実現可能性が定かではなかったことである。先に見たとおり、そもそもZさんが【三年生になれるかが、まず、ちょっと難関】な状況にあった。つまり、「大学等就学」より以前に、「進級」できるか否かが喫緊の課題としてみなされていた。以上の状況を踏まえて、Aさんは、大学等就学に関して担当CWに相談するのはZさんが【三年生になってからでいい】と判断していた。

第二に、Aさんが、限られた情報——過去に得た情報——に依拠して「資源調達」の見通しをたてていたことである。例えば、Aさんは、【奨学金】（＝「母子・寡婦福祉資金」）を借り入れることを考えていた。

※：短大がっていう話とかが出たときに、お母さんのほうでもなんか調べたりはしたんですか。学校とか、あるいは、生活保護制度の兼ね合いとかで。

A：ああ、それもたぶん一緒なので、奨学金〔母子・寡婦福祉資金〕を借りたりとか。まだ使ってなかったので、それを考えてます。

※：ああ、なるほど、なるほど。

A：もし使うとすれば。

（二〇一四年度）

なお、以上の引用にある【たぶん一緒なので】とは、「長男の高校受験」の際に得られた情報——「私立高校」就学には、【奨学金】（正確には「母子・寡婦福祉資金」）を活用する必要があること——に依拠していると考えられる。Aさんによれば、長男（Zさんの兄）は、中学卒業後すぐに「就職」を希望していたという。これに対してAさん自身は、【いくら本人行きたくないって言っても、さすがにちょっと中卒】で「就職」させるのは望ましくないと考え、「私立高校」も含めて様々な「選択肢」を模索したという。その際に、Aさんは、積極的に担当CW——このCW自身も熱心だったという——に相談していた。

※：私立を考えたときに、えっと、その時点でもう、生活保護は使われていて、ワーカーさんには何か相談したりは？
A：相談しました。
※：あ、相談して。
A：それで、奨学金制度〔＝母子・寡婦福祉資金〕を、まあ、勧められました。（二〇一四年度）

以上を踏まえると、Aさんは、上記の情報を踏襲して、Zさんの「進学」にあたっても【奨学金を借りたりとか】すればよいのだと認識していたと考えられる。
また、以上に加えて、Aさんは、かつての経験から「保護費のやり繰りによる預貯金」が認められていることを認識していた。

A：そこは、自由で。昔は、なんか保護は、ねえ、貯金しちゃいけないとかっていうのがあったみたいですけど。今はそうじゃなく、〔CWから〕そう〔貯金〕してくださいって言われますね。（…）じゃないと、たとえば、この私立〔高校〕に行くってなったときに、困ったりとか。あとは、高校に行くっていったときに、生活保護の補助だけでは足らないんですよ、正直。制服代、教科書代、全部を含めると、足らないんですよね。だから、そういうときのために、あの、貯金をしとくようには言われました。
（二〇一四年度）

現にAさんは、「二〇一四年度調査」実施時に「保護費のやり繰りによる預貯金」をしていた。しかしながら、この「預貯金」は、長男――二〇一四年度末に高校卒業、就職・転出を予定――の転居資金に充てることが予定されていたため、Zさんの「大学等就学」に向けたものではなかった。

第三に、調査時の担当CWとZさんの「進路」――「短期大学」や「専門学校」への「進学」――に関する情報共有をしていなかったことが指摘できる。Aさんは、担当CW（過去の担当も含めて）と概して良好な関係性を保っていたようである（【うちはすごくケースワーカーの人がよかったので】）。しかしながら、Zさんの「進路」に限ってみると、担当CWからの働きかけはなされていなかった。そしてまた、既述のとおり、AさんからCWへの積極的な相談もなされていなかった。

C　事例No.3のまとめ

以上に検討してきたとおり、事例No.3では、①Zさんの「進級」問題が喫緊の課題として位置づけられており、なおかつ、②Aさんが「前例」に基づく部分的な情報に依拠して「資源調達」の見通しを立てていた。それゆえに、Aさんが、担当CWに対して積極的な相談をすることは――少なくとも二〇一四年度現在では――なかったものと考えられる。

同時に、③担当CWからの積極的な働きかけがされることもなかったため、Aさんの部分的な制度理解――それに基づく「資源調達」の見通し――は修正されることのないままであったと考えられる。

以上を踏まえると、事例No.3では、①「短期大学」、「専門学校」への就学には「世帯分離」が必要であること、②子どものアルバイト収入の「収入認定除外」による「預貯金」が可能であることが理解されぬままに、前例踏襲的な――「各種貸与金」の借り入れをすればよい――「資源調達」の計画が立てられていたと考えられる。

以上のような理由から、Zさんの「進学」希望が明確であり、なおかつ、母親のAさんもそれに対して「肯定的」であったにもかかわらず、具体的な「資源調達」は実行されていなかったと考えられる。

(3) 事例No.5-1 (二〇一四年一二月実施、二〇一五年九月実施)

A 「進路」と「資源調達」の概要――記述

事例No.5のJさん(第一子・長男)は、「二〇一四年度調査」時点で「C専門学校(四年制)」の四年生であった。また、「二〇一五年度調査」実施時には、「C専門学校」を卒業してIT関連の企業に就職していた。なお、就職後は、利用世帯を転出、一人暮らしをしていた長女(第二子)と同居していた。

Jさんは、中学卒業後に「公立C工業高校」に進学している[9]。なお、母親のHさんは、Jさんが「C工業高校」に進んだ経緯を以下のように説明していた。【普通科行っても、普通の大学に行かせられるかどうかわかんないし。で、どうせだったら自分の向いてる分野のほうに仕事を就いてほしいっていう気持ちがあったので】そのような進路に進むように【仕向けた】のだと。

Hさんによれば、Jさんは、高校三年生になってから専門学校への「進学」希望を表明しており、三年生の夏頃には「C専門学校」以外にも「D専門学校」にも学校見学に行っていたという。他方で、高校卒業後に就職するという話は【出なかった】という。

なお、母親のHさんは、もともと子どもには【専門的なことをやってほしい、専門学校とかは行ってほしいなと】考えていたので——四年制であったことは想定外であったらしいが——Jさんの「進学」に対しては肯定的であった[10]。

それでは、事例No.5-1では、「どのようにして」「資源調達」を行っていたのか。Hさんの「語り」によれば、入学金等は【奨学金】(「母子・寡婦福祉資金」)[11]、ならびに、Hさんが【生活面切り詰めて】準備した(＝「保護費のやり繰りによる預貯金」をした)という。なお、入学後はJさん自身のアルバイト収入によるやり繰り、二年生以降には追加で【教育ローン】(有利子)[12]を借り入れて「就学費用」を工面してきたという。

B　「資源調達」の過程——分析

それでは、「なぜ」、事例No.5-1では、「保護費のやり繰りによる預貯金」と「各種貸与金」の借り入れだけが行われたのか。

その理由としては、何よりもまず、Jさんが「時代的な制約」を被っていたことが挙げられる。先に見たとおり、Jさんが高校生であった頃には、大学等就学に向けての「アルバイト収入」の「収入認定除外」による「預貯金」は「通知」で認められていなかった。それゆえ、Jさんの場合、「保護費のやり繰りによる預貯金」と「各種貸与金」の活用以外に、採りうる「資源調達」の方法がほとんどなかった[13]。

以上のように、採りうる「資源調達」の方法が限定的ではあったなかで、「どのようにして」Hさんは、上記の「資源調達」を行うに至ったのか。この点に関しては、以下、二点が指摘できる。第一に、母親のHさんが、Jさんの大学等就学を希望していたことが指摘できる。そのため、Jさんが「C専門学校」への「進学」を希望し始めた頃には、既に【奨学金制度があるっていうのを調べてた】という。

この点に関して、Hさんは、生活保護制度に関わる情報――「各種貸与金」に関する情報を含む――を【仕入れてくる】ことを自分の役割として引き受けていた。事例No.5‐3との関連もあるため、少し長いが以下に引用する。

H：情報は仕入れてくるよっていうスタンスではいます。たぶんそういうのは、関わってないじゃないですか、子どもたちって、今まで。ケースワーカーに。〔生活保護を〕受けてるっていうのも、一番下〔中学生の次女〕なんかはまだ、わかってない。その、宿題で税の問題があるって。で、「うちは税に助けられてんだよ」っていう話をしても、ぴんと、こないんですよ。でも、その高校生の次男まで、次男より上はわかってるんですよね。もう、うちは税金で〔生活している〕っていうのはわかってる。だからそういう面で、その、一人親で、そういう奨学金とかどこまでっていうのは、子どもたちじゃ、ちょっと限界があるだろうから、私が調べて。

（二〇一五年度）

以上に加えて第二に、Hさんが、担当CWと「進路」に関する情報共有を行っていたことである。Hさんの「語り」によれば、Hさんと担当CW（過去の担当も含む）との関係性は、概して良好であったようである[14]。そのため、Hさんは、子どもの「進路」や「資源調達」の方法に関して、担当CWに積極的に相談していたという。

なお、担当CWとの情報共有は、Hさんが起点となって進むことが多いようだが、担当CW（二〇一五年度現在）とは、子どもが【高校を受験する際とか、どこに行くか決まったら教えてくれとか、そういう話はお互いにしてる】という。

C　事例No.5-1のまとめ

以上に検討してきたとおり、事例No.5-1では、①Hさんが、Jさんの「大学等就学」に積極的であったため、②また、担当CWとの関係性が良好であったため、③「各種貸与金」（母子・寡婦福祉資金）に関する情報収集、活用が摩擦なく行われていたと考えられる。

しかしながら、ここで留意すべきは、採りうる「資源調達」の方法が、「各種貸与金」や「恵与金」の「収入認定除外」、養育者による「保護費のやり繰りによる預貯金」以外になかったことである。したがって、No.5-1の場合は、そもそも「資源調達」の方法――ひいては、活用可能な「資源」――が限られていたため、情報収集に関する問題（誤った認識、情報の欠落など）が生じる余地が少なかったと考えられる。

（4）No.5-3（二〇一四年一二月実施、二〇一五年九月実施）

A　「進路」と「資源調達」の概要――記述

事例No.5のSさん（第三子・次男）は、「二〇一五年度調査」実施時に「公立F商業高校」の二年生であった。Hさんによれば、「C工業高校（長男Jさんが卒業）」か「F商業高校（長女が卒業）」という【選択肢】ができあがっていた――「普通科」は除外されていた――なかで、Sさんは「F商業高校」就学を希望したという[15]。Hさんによれば、自分は【仕向ける部分があるみたい】で、Sさんに対してもいくつかの「進路」の可能性を提示してきたという。

H：もうことあるごとに言うから。私は、だから、うーんと、公務員とかがいいんじゃないかなっていうのは。

※：いわゆる、役所とか。

H：役所とか、そういう。

H：本当に向いてるほうを模索しながらじゃないけど。最終的に決めんのは本人だけど、スーツ着るの嫌いだよねって。どうするみたいな。だから、体動かすのが好きだから。(…) だから、体育の専門学校とかもあるんだよとか。 (二〇一四年度)

H：子どもを教える体操教室ってあるじゃないですか、ああいうとこの先生みたいなのも視野に入れればっていう話をずっとしてて。 (二〇一五年度)

以上のような背景もあり、Sさんは、高校二年生の段階で【保育に行きたいって言い出して】おり、高校三年生の時点では、「L専門学校」の「保育コース」か「スポーツコース」に進むかで迷っているという[16]。

なお、「二〇一五年度調査」実施時（二〇一五年九月現在）、Sさんは、志望校の「学費等」の情報も正確には把握していないようであった。この点に関して、Hさんは、Sさんが長男Jさんに比して【危機感】がなく【のほほんとしてる】と不安を語っていた。しかしながら、それでも、Sさんが高校卒業後に「進学」することは【確定】しているという。

それでは、Sさんの場合、「資源調達」は「どのように」行われていたのか。この点に関して、「二〇一五年度調査」実施時のHさんの「語り」からは、以下、三通りの「資源調達」（予定含む）が指摘できる。①Sさんの「アルバイト収入」（月額約五万円）の一部を「貯金」していたこと、②「奨学金」（おそらくは、長男の場合と同様に「母子・寡婦福祉資金」）の借り入れを予定していたこと、③事前に必要となる「入学金」などの経費を【お兄ちゃん、お姉ちゃんに】援助してもらう予定であること。

ただし、Sさんの「アルバイト収入」の「収入認定除外」は未適用であった。そのため、Sさんの「アルバイト収入」は一般的な控除（基礎控除、未成年者控除）を受けるのみで、それ以外は「通常収入認定」の取扱いになっているという。それゆえ、Hさんによれば、Sさん自身の「貯金」は【そんなに貯まんない】と語っていた。

その後、二〇一六年度に「若者調査」の依頼をした際に——Sさんの調査参加は得られなかったものの——Hさんは、Sさんが無事に「専門学校」に進んだことを語っていた。

B 「資源調達」の過程——分析

以上のとおり、Sさんの大学等就学に向けての「資源調達」は、長男Jさんの方法を踏襲しつつ、新たな方法（「アルバイト収入」の「預貯金」、「きょうだいの援助」）を加えたものであった。ここで問題になるのが、「なぜ」、Sさんの「アルバイト収入」の「収入認定除外」による「預貯金」が適用されていなかったのかである。

先に指摘しておくべきは、Hさんは、担当CWから「収入認定除外」による「預貯金」が可能であることを知らされていたことである。

※：今、厳しい状況で、貯金に関して、ワーカーさんに相談はしましたか、なんか。「次男の働いてる分から貯金をするんだけど」みたいな話は。

H：うん。っていうか、ワーカーさんのほうで、収入申告とかするときに、通帳とかも見せたりする機会があるじゃないですか。で、毎月、毎月コンスタントに貯めて、このお金を、たとえば、それこそ、入学金とかに充てたいんだって言うと、控除とかになるっていう」ふうに。

※：」あっ、ちゃんと。

H：話は受けてるんですけども。

（二〇一五年度）

それでは、CWからの説明があったにもかかわらず、「なぜ」、「収入認定除外」は適用されなかったのか。Hさんは、以下、二通りの理由を挙げていた。第一に、毎月一定額を【コンスタントに〔積み立て〕できるかなっていうところ】が不安だったことである。たしかに、「通知」上では、上記取扱いにより生じた金銭管理の状況を「定期的に報告」する必要が示されている。

しかしながら、少なくとも「通知」上は、「収入認定除外」の金額（＝積み立てる金額）が毎月同額でなければならないこと、あるいは、途中での金額変更が認められていないことは規定されていない。したがって、この結果は、Hさん自身が、担当CWの制度説明を誤解していた可能性、あるいはまた、C福祉事務所や担当CWの運用によって生じたものと考えられる。

第二に、「収入認定除外」による「預貯金」の説明を受けた時点で、Sさんの志望校が【決まってなかった】ため、「収入認定除外」を適用して【本当に大丈夫なのかな】と不安だったことである[17]。Hさんの理解では、上記の方法で積み立てられた「預貯金」は【ほかに使ったらいけない】ものであった。

上記のHさんの理解は一面では正しい。ただし、当初の目的以外での「預貯金」の使用は、少なくとも「通知」の規定上、全面的に禁止されているわけではない。

> （…）保護の実施機関が承認した目的以外に使用していたときは、収入として認定しないこととした額に相当する額について費用返還を求めること。ただし、当初承認した目的以外であっても、その使用内容が下記2の目的（自動車運転免許等の就労に資する技能を修得する経費、就労や就学に伴って直ちに転居の必要が見込まれる場合の転居に要する費用など）の範囲であることが認められる場合にあっては、この限りではない。
>
> （課問58－2、一部抜粋、傍線は筆者）

以上を踏まえると、Sさんの「アルバイト収入」に「収入認定除外」が適用されていなかったことの背景には、Hさんの部分的な制度理解――ひいては、担当CWの説明不足、あるいは／ならびに、Hさんの確認不足――があったと考えられる。

C　事例No.5-3のまとめ

以上に検討してきたとおり、事例No.5-3では、①Sさんの「アルバイト収入」による「預貯金」が実行されていた。また、これに加えて、②長男Jさんの前例を踏襲して「奨学金」（「母子・寡婦福祉資金」）の活用と、②きょうだいによる援助という「非制度的」な「資源」の活用が予定されていた。

しかしながら、上記の「アルバイト収入」は「収入認定除外」の取扱いが適用されておらず、「預貯金」は進んでいなかった。このことの背景には、Hさんの部分的な「制度理解」――ひいては、担当CWの説明不足／Hさんの確認不足――があったと考えられる。

長男Jさんの事例で検討したように、Hさんが「資源調達」に積極的であり、なおかつ、担当CWとの関係性も良好であったにもかかわらず、情報共有に不十分さが生じていたのである。

この点は、一見すると些細な齟齬にも見える。しかしながら、「収入認定除外」による「預貯金」を積み立てられるか否かは、大学等就学にあたっての「各種貸与金」の借り入れ金額を抑制できるか否かに影響する。この意味で重要な齟齬だと考えられる。

（5）事例No.10（二〇一四年一〇月実施、二〇一五年七月実施）

A「進路」と「資源調達」の概要――記述

事例No.10の長男Gさんは、「公立K高校」の二年生である（二〇一五年度現在）。父親のWさんによれば、

Gさんは、中学校二年生の頃には既に【俺は国立X大学に行くから】と宣言していたという。上記の希望は高校受験の際にも反映されており、Gさんの就学先の「K高校」はA県屈指の「進学校」である[18]。「X大学」への「進学」という「進路希望」は、高校入学後も一貫しており、①高校一年生の時点（二〇一六年度）では【学年で一〇位以内】の成績を維持しており、②高校二年生の時点（二〇一五年度）では——一年生の頃より成績は下がったものの——模擬試験で志望校の合格判定がA判定であった。

Gさんの「進学」希望に対しては、両親ともに「肯定的」な考えであり【何かの方法も含めてですよね。行かせてあげたいなというふうには考えてます】と語っていた（二〇一四年度）。そのため、後述するように、事例No. 10では、Gさんの「高校就学」を最優先にする家計管理がなされていた。

しかしながら他方で、事例No. 10では——以上のように、Gさんの学力、早くからの「進学希望」、両親の肯定的な態度が揃っているにもかかわらず——「二〇一五年度調査」実施時に具体的な「資源調達」はなされていなかった。

なお、二〇一六年度末の電話連絡で、Cさんは、①Gさんが志望校（「国立X大学」）に合格したこと、②担当CWからは「世帯分離」が必要だと言われたこと、③近日中に「社会福祉協議会」[19]に相談に行こうと考えていること、以上三点を語っていた。

B 「資源調達」の過程——分析

それでは、「なぜ」、事例No. 10では「資源調達」がなされていなかったのか。その理由としては、「語り」から以下、三点が析出できる。第一に、事例No. 10では、「大学等就学」に向けた「資源調達」を開始するより以前に、Gさんの「高校就学」の維持が困難であったことである。Wさんによれば、Gさんの通うK高校は「公立」だが「進学校」であるために、保護費で【援助してもらえるような金額の範囲ではない】【補助教材】の購入を求められるという。

W：当然親のほうとしては経済的な負荷。えー、息子のほうについても同じ状況で、経済的ですが、それは何に使うかっていったら、やはり参考書、問題集。（…）前期だけで数十冊の参考書、問題集をですね、ま、一気にやってしまうと。（…）それについては、学校で使うっていう教材以外に、〔教員が〕独り言いいますから、それぞれメモ取ってやらないと、ついていけませんよと。（二〇一五年度）

以上のように、事例No. 10世帯では、Gさんの部活動費、食費〔弁当代〕などの支出に加えて、保護費の給付対象外である【補助教材】〔参考書等〕の費用負担を――【保護費はむしろ逆に下がってる】状況下で――やり繰りしなければならないのだという。

このような状況に対して、事例No. 10世帯では、「学費等優先の家計管理」――【食費やらなんやら】を【切り詰める】こと、あるいは、「公共料金」の支出を「遅らせる」など――によってGさんの高校就学を維持しているという。

W：必要なものはもちろん家賃から、光熱費から何から何まで先にそういったものを払っておいて、次に優先順位としては、子ども〔の学費〕に必要なかかるもの。これを、まあ、先に払って引く。で、残った、

金額で、食費にあてていくという形を。（二〇一四年度）

W：〔子どもの学費が〕最優先です。

※：最優先。

W：あの、水道、電気、ガス。これは、もうあと回しで。（変な話、お恥ずかしい話ですけれども。あの、保護を受けてるくせに、なんで滞納、滞納というか、遅れるのか。滞納っていうことじゃないですけど、遅れ遅れ。ぎりぎりで支払ってるのが、もう公共料金ですね。で、それについては、こういった理由が、あの。私の方ではあるので・・・（二〇一五年度）

いずれにせよ、事例No.10では、Gさんの「高校就学」を経済的に維持することもままならない状況であった。そのため、将来に向けて「保護費のやり繰りによる預貯金」をすることは【とても】無理なのだと――むしろ、何かしらの貸与金を借り入れなければならないと【漠然と考えている】状況なのだと――いう。

以上に加えて第二に、Wさんが、大学等就学に向けて制度上「なしうること／なしえないこと」に関して限られた情報しか得ていなかったことが指摘できる。Wさんによれば、担当CWからは、大学等就学にあたっての「世帯分離」の必要性について【軽くさらっとした説明】を受けたという。しかしながら、Wさんは、この情報（「世帯分離」の必要性）が制度上定められた取扱いなのか、CWの認識なのかを把握しきれていなかった。

W：おそらくそれは、すごく事務的に、今度、仮に大学生となると、それは、もう親とは切り離した形での、扱いになるということを、暗に思われてる。あるいは、ちょろっとそういう言葉も、聞きましたので。そこまでは、〔Gさんの進学は〕気にはされてないんじゃないでしょうかね。
（二〇一五年度）

また、Wさんは、担当CWは決して【悪い人】ではなく【お世話になって】いるけれども、大学等就学に向けて【積極的なアドバイス】を受けたことはないと語っていた。

したがって、Wさんは、漠然とした「世帯分離」の必要性を知らされていた一方で、「資源調達」の方法――例えば、アルバイト収入の「収入認定除外」による「預貯金」、「生活福祉資金」等の「各種貸与金」など――に関する情報提供は受けていなかったと考えられる[20]。

なお、ここで留意すべきは、担当CWが、Gさんが「進学校」（K高校）に就学していること、ならびに、学業成績が良好であることも知っているということである。Wさんによれば、過去に、上述の【補助教材】の支出に関して担当CWに相談したことがあるという。

W：「本人もこうやって頑張ってるんで」っていう、その前の成績〔Gさんの学業成績〕はお見せしたことあります。それは、そのときは〔CWは〕驚かれてましたけれども。ただ、それで、目一杯できるのが、月々渡せるもの〔高等学校等就学費〕を寄せて、前期、後期っていうことで、先渡しと。それしかできないっていうことを、やってくれたんですけれどもね。
（二〇一五年度）

以上を踏まえると、WさんとCWとの間では、情報共有（Gさんが「進学校」にいること、学業成績がいいことなど）が一定程度なされていたにもかかわらず、それでもなお、担当CWからの情報提供がなかったのだと考えられる。

第三に、Wさんが、担当CWに対して積極的な相談――大学等就学に向けてどのような手続きが必要で、どのような「資源」が活用できるのかの相談――をしていなかったことである[21]。この点に関して、Wさんは、そもそもCWを相談相手としてみなしていないと語っており、その理由を以下のとおり説明している。

W：理由としては、恐らく、いろいろ数多く担当されてるでしょうから、うちだけの悩みで、時間を取らせるのは、申し訳ないということと。それから申し出るのはおこがましいっていうふうに考えてます。（…）変な話が、そうでなければ、先に捻出できるものから、塾に通わせたり、あるいは、先に、学校でかかるものについては、相談する前に持っているお金で、先に支払うっていうことは、してこなかったような気もします。（…）それも全部、自分たちの問題ですから。（二〇一四年度）

引用にあるとおり、Wさんは、多数の世帯を担当するCWに対して【悩み】を相談することは【おこがましい】ことなのだと考えていた。また、このことの背後には、引用文中の末尾にあるように、自らの世帯の悩みを【全部、自分たちの問題】として回収してしまう諦めがあると考えられる。

この点と関連して、Wさんは、生活保護制度を利用している現状から【脱したい】と語っており、そしてまた同時に、制度利用の「権利性」を否定的に語っている。このことが、CWとの連携を困難にしている可能性が考えられる。同様の「語り」――「望ましくない」対象としての生活保護制度、「権利性」の否定など――は、他の「B市調査」の協力者からも語られている（三宅 2017 参照）。

C 事例No.10のまとめ

以上に検討してきたとおり、事例No.10では、①そもそもGさんの「進学校」への就学維持が経済的に困難な状況にあった。以上に加えて、②「Wさん／CW」からの積極的な「相談／情報提供」がなされることがなかったために、③Wさんが制度上「なしうること／なしえないこと」に関する情報を得られぬままであった。

以上のような理由から、事例No.10では、Gさんの「X大学」への就学希望が明確であり、なおかつ、両親ともそれに肯定的であったにもかかわらず、具体的な「資源調達」を行うこと――あるいは、見通しを立てることさえも――できなかったのだと考えられる。

（6）事例No.11（二〇一四年一〇月実施、二〇一五年七月・一二月実施、二〇一六年九月実施）

A 「進路」と「資源調達」の概要――記述

事例No.11のRさん（長女）は、「若者調査」（二〇一六年度）実施時には、高校を卒業して日々雇用をしながら求職活動中であった。Rさんは、「公立A高校」に入学後、美容系での「専門学校」への「進学」を希望していた。また、学校の担当教員からは、成績的には大学等就学は可能だと言われていたという（Rさんの「進路希望」の詳細は第5章参照）。

これに対して、父親のCさんは、Rさんの「大学等就学」には反対ではなかった。むしろ、Cさんは、Rさんに「英語」関係（通訳など）での「進学」をすすめていたが、当人は関心がなかったようである。しかしながら同時に、Cさんは、Rさんが「奨学金」を借り入れて「美容系」の専門学校に行くことには反対していたという。

C：〔Rさんは〕「奨学金をもらって行くかな」とか言ってるけど。まあ、今、今時点で借金ないけど、それはのしかかってくるから、「働きながらやれよ」とは言ったんだけどもね。いきなりに二〇〇万の借金背負っちゃったら、食えなくなるからね、本当に。だから、「やれる範囲でやればいいよ」っつったの。

（二〇一五年度）

上記のCさんの働きかけを背後に——前章で検討したとおり——高校三年生になってからRさんは、「奨学金」借り入れのリスクへの忌避感から専門学校への「進学」を保留するに至っている。その後、Rさんは、「二〇一五年度調査」実施時には「就職活動」を始めており（七月現在）、Rさん同席の調査実施時（一二月現在）には「クリーニング」の会社から内定を得ていた。

それでは、事例No. 11では、大学等就学に向けた「資源調達」はなされることはなかったのか。「二〇一四年度調査」実施時にCさんは、Rさんの高校卒業後に向けて【子どものために毎月一万ずつは積み立てて】いると語っていた。なお、ここで留意すべきは、この【積み立て】は、必ずしも「進学」に向けたものではなく、広く「高校卒業後」に活用することを意図したものであった[22]。

他方で、Rさん自身の「アルバイト収入」の「収入認定除外」は適用されておらず、これに伴って「収入認定除外」に基づく「預貯金」もなされていなかった。したがって、事例No. 11で行われていた「資源調達」は、父親による「保護費のやり繰りによる預貯金」のみであった。

B 「資源調達」の過程――分析

それでは、「なぜ」、事例No. 11では、「保護費のやり繰りによる預貯金」しか行われなかったのか。Cさんの「語り」からは、以下の三点が指摘できる。

第一に、父親のCさんが、「奨学金」を借り入れて「美容系」の「専門学校」に就学することに対して消極的であったことが指摘できる。このことが、「各種貸与金」の活用に至らなかったことの一因だと考えられる。

以上に加えて、第二に、Cさんが、担当CWから制度上「なしうること／なしえないこと」を部分的にしか知らされていなかったことである。Cさんによれば、担当CW（二〇一四年度現在）からは、「収入認定除外」による「預貯金」に関する情報提供は受けたという。

C：受験に関して貯蓄は認められることはあると。で、貯金してる、その証明できれば、その分認定から引きますよっていうのは。

C：高校終わったら、うち出んなら、あの、出るだけの費用があるじゃないですか。それを貯めなくちゃいけないじゃない。で、そういうのは全部免除になんだよとは、免除っちゅうより、収入から引けるんで。で、そういう内容の話だよね。

（二〇一四年度）

しかしながら他方で、Cさんによれば、二〇一五年度から担当になったCWは、世帯の「収入認定」の処理で手一杯であって、子どもの「進路」に関与できる状態ではないという（【まだそんな余裕ないと思うよ】）。そのため、担当CWからの積極的な関与（情報提供）は――同時に、Cさんからの積極的な相談も――なされていないという。この点の証左として、Cさんは、以下のような経験を語っている。

C：この前なんかは、全然金（保護費が）入ってなかったんだよ。（…）本当ひどかった。ほんで、かけあったら、二日後に取りに来てくれって。行ったら、また忘れてて（…）

（二〇一五年度）

第三に、Cさんが、Rさん当人に「アルバイト収入」の「収入認定除外」に関する情報を知らせていなかったことである。Cさんによれば、①Rさんは、携帯電話の料金も払い切れていない状況（父親が肩代わりしている【赤字状態】）だったため、②Rさんに「預貯金」は【できないと思ってたから】、「収入認定除外」の話は【してない】のだという。

それゆえ、Rさんは、「収入認定除外」による「預貯金」が可能であること――それによって、「奨学金」借り入れ額を一定程度、抑制できること――を知らないままに、「進学」希望から「就職」希望への変更を行っていたと考えられる（第5章参照）。

C　事例No. 11のまとめ

以上に検討してきたとおり、事例No. 11では、父親のCさんが「保護費のやり繰りによる預貯金」を行うのみで、その他の「資源調達」は行われていなかった。また、このことの背後には、①Cさんが「奨学金」の借り入れに消極的であったこと、②そもそも、CWから制度上「なしうること／なしえないこと」に関する情報提供を部分的にしか受けていなかったことが指摘できる。

さらに、留意すべきは、③養育者の得たいた情報（「収入認定除外」による「預貯金」）が当事者であるRさんに伝えていなかったことである。それゆえ、Rさんは、制度上「なしうること／なしえないこと」を正確に認識しないままに「進路選択」を行わざるをえなかったものと考えられる。

勿論、担当CWからの情報提供、ならびに、CさんからRさんへの情報提供が十分になされたとしてもなお、CさんやRさんが「奨学金」の借り入れを忌避していた可能性は否定できない。しかしながら、上記の可能性を理由に、情報提供の滞り――それが、意図的か、偶発的かを問わず――を正当化することはできないだろう。

6　分析結果（2）――事例間比較分析

以下では、ここまで個別に検討してきた六事例を相互に比較することで、その相違／類似を析出する。なお、「資源調達」に関する事例間相違／類似の概要は表6‐5のとおりである。以下では、表6‐5にある項目（各行）に沿って比較分析を進める。

（1）「実行類型」と「非実行類型」

第一に、至近の調査実施時に何かしらの「資源調達」を行っていた事例（事例No. 1、5-1、5-3、11）――以下、「実行類型」と、「資源調達」を行っていなかった事例（事例No. 3、10）――以下、「非実行類型」が析出されている。

本章でとりあげた六事例では、子ども自身が大学等就学を望んでおり、なおかつ、養育者もそれを望んでいた――少なくとも否定はしていなかった――。それにもかかわらず、「なぜ」、二事例（No. 3、10）では、「資源調達」が行われていなかったのか。考えられる理由としては、以下、二点が挙げられる。

第一の理由は、「非実行類型」のいずれもが「特異な事例」であったことと関係している。事例No. 3のZさんは、「ADD」の影響もあり「進級」自体が危ぶまれる状況であった一方で、事例No. 10のGさんは、「進学校」への就学継続「そのもの」が経済的に困難であった。これらの理由から、上記二事例＝「非実行類型」では、「資源調達」を行うに至らなかった――至ることができなかった――のだと考えられる。

以上に加えて第二の理由としては、「非実行類型」の養育者が、部分的な「制度理解」しかしていなかったことが指摘できる。例えば、事例No. 3の母親は、「学費等」を――私立高校に就学する場合同様に――「各種貸与金」で賄えば済むと考えていた。また、担当CWとの情報共有がなされぬままであったため、上記の「制度理解」は補完されぬままであった。事例No. 10の場合、父親は、CWから「世帯分離」が必要であることを漠然と知らされていた程度で、それ以外の「なしうること／なしえないこと」の情報提供は受けていなかった。

表 6-5 「資源調達」の概要

	「実行類型」				「非実行類型」	
	No. 1 大学等就学	No. 5-1 大学等卒業	No. 5-3 大学等就学 *	No. 11 就職	No. 3 不明	No. 10 志望校合格 *
「資源調達」	アルバイト収入	—	アルバイト収入	—	—	—
	「収入認定除外」 →「預貯金」	—	「収入認定除外」 →「預貯金」	—	—	—
	—	養育者による 「預貯金」	—	養育者による 「預貯金」	—	—
	「各種貸与金」 × 2	「各種貸与金」 × 2	「各種貸与金」**	「各種貸与金」 忌避の対象	「各種貸与金」**	「各種貸与金」**
	給付型奨学金 （学校独自）	—	きょうだいの 援助 **	—	—	—

塗りつぶし＝「特異な事例」
* = 2015 年度以降の調査依頼などで電話連絡した際に得られた情報に基づく　** = 調査実施時点での予定（未確定）
No. 5-1 の「養育者の『預貯金』」：母親の語る「生活費のやり繰り」を「保護費のやり繰りによる預貯金」として読み替えた

以上を踏まえると、①「特異な事例」であったこと——子どもの「学業成績」や就学先高校に関する事情を抱えていたこと——に加えて、②養育者とCWとの情報共有が不十分であり、なおかつ、養育者が部分的な「制度理解」しかできていなかったことにより、「非実行類型」が生じたのだと考えられる。

（2）「各種貸与金」

第二に、すべての事例において「各種貸与金」の活用への言及がなされていたことが指摘できる。具体的には、①現実に活用した事例（No.1、5-1）、②将来的な活用予定（可能性）が言及されていた事例（No.3、5-3、10）、③活用することを前提としながらも「忌避」していた事例（No.11）[23]が見られた。

以上を踏まえると、利用世帯からの大学等就学を計画する場合には、生活保護制度外からの「各種貸与金」の借り入れが前提とされる——つまり、原則的に避けることのできない——方法として位置づけられていると考えられる。

（3）「保護費のやり繰りによる預貯金」

第三に、養育者による「保護費のやり繰りによる預貯金」は、一部の事例でのみ行われていたことが指摘できる。二事例（No.5‐1、11）では、養育者が「子どものため」という明確な意図のもと「保護費のやり繰りによる預貯金」を行っていた。

これに対して、三事例（No.3、5‐3、10）では、「保護費のやり繰りによる預貯金」が認められている――少なくとも禁止はされていない――と知りながらも、子どもの大学等就学に向けて「保護費のやり繰りによる預貯金」はなされていなかった。このうち、事例No.3、No.5‐3の養育者は、これまでに「子どものため」に「保護費のやり繰りによる預貯金」をした経験があったのに対して、No.10では、明確に「保護費のやり繰りによる預貯金」をする経済的な余裕がないことが語られていた。

ここで留意すべきは、事例No.1で、母親のFさんが「保護費のやり繰りによる預貯金」を【本当はいけないこと】として言及していたことである。この点に関しては、Fさんが、「保護費のやり繰りによる預貯金」に関する誤った制度理解をしていた可能性――CWから正確な情報提供が行われていなかった可能性――が考えられる。

以上を踏まえると、「保護費のやり繰りによる預貯金」は、「各種貸与金」ほどではないが、利用世帯において採られる可能性の高い「資源調達」の方法だと考えられる。しかしながら、この「保護費のやり繰りによる預貯金」という方法は、あくまでも「保護費のやり繰り」が可能であることが必要であって、すべての世帯で実行可能なものではなかったと言えよう。

例えば、事例No.3のように、第一子（長男）の高校卒業と第二子（長女）の高校卒業が連続する場合に「預貯金」の実行可能性は低くなると考えられる。また、事例No.10のように、そもそも「保護費のやり繰り」ができない場合もある。あるいはまた、事例No.1のように、そもそもこの方法を「採ってはいけない」方法と「誤認」している場合もある。

（4）「収入認定除外」による「預貯金」

第四に、子ども自身の「アルバイト収入」の「収入認定除外」による「預貯金」に関しては、唯一、事例No.1でのみ適用されていたことが指摘できる（表6-6参照）。以上の相違に関しては、以下、二通りの論点が指摘できる[24]。

第一に、子どもの「アルバイト就労」の有無と、養育者による「収入認定除外」による「預貯金」の取扱いの認識の有無に相関が見られたことである。子どもが「アルバイト就労」していた三事例（No.1、5-3、11）の養育者は、上記取扱いに関してCWから情報提供を受けていた。

他方で、子どもが「アルバイト就労」していなかった二事例（No.3、10）では、上記取扱いに関する「語り」は得られなかった。その理由としては、子どもが「アルバイト就労」をできる状態・状況になかったこと、ならびに、二事例の養育者が、担当CWから情報提供を受けていなかった可能性が考えられる。後者については、①事例No.3では、Zさんが「進学」希望であることをCWに伝えておらず、また、②No.10では、CWから積極的な情報提供がなかったと語られていた。

以上を踏まえると、「収入認定除外」による「預貯金」に関する情報提供は、「選別的」に現に「アルバイト就労」している子ども――あるいは、「アルバイト就労」を始めた子ども――がいる世帯になされていいた

表 6-6 「収入認定除外」による「預貯金」の適用状況

No.	No. 1	No. 5-3	No. 11	No. 5-1	No. 3	No. 10
	「実行類型」				「非実行類型」	
アルバイト就労	あり	あり	あり	なし	なし	なし
養育者の認識	○	○	○	当該取扱い開始前	×	×
「収入認定除外」→「預貯金」	○	×	×		×	×

塗りつぶし＝「特異な事例」
養育者の認識＝「アルバイト収入」の「収入認定除外」による「預貯金」が可能であると認識していたか否か

可能性が考えられる。以上の推論は、①先に指摘した合致、ならびに、②事例No.1の経験（Pさんの「アルバイト就労」開始をきっかけに上記の取扱いを知らされたこと）をふまえると、一定の妥当性があると考えられる。

第二に、養育者が、上記取扱いを認識していたにもかかわらず、その適用をしていなかったことが指摘できる。具体的には、No.5-3、ならびに、No.11では、①高校一年生の頃から「アルバイト就労」をしており、②なおかつ、養育者は、CWから上記取扱いの可能であることを知らされていた。それにもかかわらず、上記の取扱いは未適用であった。

かれらが、子どもの「アルバイト収入」に「収入認定除外」を適用しなかった理由としては、以下、二点が析出されている。①養育者が、当該取扱いを部分的にしか理解していなかったこと（No.5-3）、②養育者が、子どもには「預貯金」は不可能だと考えて、子ども自身に当該情報を知らせていなかったこと（No.11）。

以上を踏まえると、仮に養育者が取扱いに関して認識していたとしても、①養育者の制度理解が部分的である場合——ひいては、CWからの情報提供が不十分な場合、あるいは／ならびに、②子ども自身への情報提供がなされていない場合に、「アルバイト就労」の「収入認定除外」による「預貯金」が未適用となる可能性があると言えよう。

また、ここで留意すべきは、当該取扱いが適用されていた事例No.1では、子ども本人が担当CWと面接をしていた唯一の事例であったということである。当人（Pさん）は、この面接での経験を否定的に語っていたものの（第5章参照）、これにより情報共有が円滑に進んだ可能性が考えられる。

（5）その他の「資源」

最後に、以上に検討してきた「資源」以外には、①学校独自の「給付型奨学金」（No.1）、②「きょうだいからの援助」（No.5-3）が析出されている。これらの「資源」が活用されているか否かの相違は、端的に「偶発的な要因」による。志望校に「給付型奨学金」があるか否か、あるいは、頼れる「きょうだい」――より広くは「親類」など――がいるか否かは、本人の意図、工夫ではどうすることもできないだろう。

以上を踏まえると、これらの「資源調達」の方法は、「各種貸与金」やさまざまな方法による「預貯金」を補うという補完的な位置づけにあると考えられる。

7 考察

以下では、本章の目的に照らしながら、分析結果の整理、考察を行う。

（1）「どのような」「資源」を「活用していたのか／していなかったのか」

まず、利用世帯において「活用されていた／活用を予定されていた」「資源」は、表6-7のとおりである。①「各種貸与金」、②「保護費のやり繰りによる預貯金」、③子どもの「アルバイト就労」の「収入認定除外」による「預貯金」、④その他の「資源」（学校独自の「給付型奨学金」、「きょうだいの援助」）。

また、「各種貸与金」が、すべての事例で活用の可能性を含めて言及されていた一方で、その他の「資源調達」の方法が採られるか否かは事例間で相違していた。また、本章でとりあげた六事例では、「恵与金」と「学資保険」を活用する／できる事例はなかった。

なお、以上の指摘は、「先行研究」で得られた知見（高額の「奨学金」借り入れ）、ならびに、第1章の分析結果（「各種貸与金」と「文脈依存的」な方法への偏重）と合致している。

（2）「資源」を「活用した（できた）／しなかった（できなかった）」経緯

次いで、上記のような「資源調達」の方法（活用された「資源」）の相違が生じた理由としては、以下の三点が析出された。

第一に、「特異な事例」に関わる理由（「学業成績」の課題、「進学校」就学、「時代的な制約」）である。上記の理由により、そもそも「資源調達」が開始されない／できないでいたか、あるいは、採りうる「資源調達」の方法が限定されていた。

ここで留意すべきは、事例No. 10のように「学業成績」が高い子どもが、「進学校」に通っているがゆえに「資源調達」に困難が生じていたことである。従来の研究では、「学力」や「学業成績」の課題に関する議論はなされてきた一方で、以上のような「進学校」に通う事例の抱える課題は見落とされていたと考えられる。

第二に、すべての事例に共通して、養育者とCWとの情報共有に不十分さが見られたことである。具体的には、①養育者が、制度上「なしうること／なしえないこと」を認識していない場合、あるいは、②部分的

表6-7 「活用された／活用を予定されていた」「資源」の概要

	「資源調達」の方法	現実に活用	活用予定
収入認定	「アルバイト収入」の「収入認定除外」上記による「預貯金」	No. 1　5-3*	—
	「恵与金」の「収入認定除外」	—	—
資産活用	「学資保険」の活用	—	—
	「保護費のやり繰りによる預貯金」	No. 5-1　11	—
他法他施策	「各種貸与金」		No. 11（忌避）**
	・「日本学生支援機構」奨学金	No. 1	—
	・「教育ローン」***	No. 5-1	—
	・「生活福祉資金」	—	No. 10
	・「母子・寡婦福祉資金」	No. 1　5-1	No. 3　5-3
その他	・学校独自の「給付型奨学金」	No. 1	—
	・「きょうだいの援助」	—	No. 5-3

* ＝部分的な適用　** ＝「忌避」対象としての言及、なおかつ、具体的な種類は不明
*** ＝貸し手が公的機関（日本政策金融公庫）なのか、民間銀行などなのかは不明
「各種貸与金」の「収入認定除外」は、「他法・他施策」の「各種貸与金」として分類

に理解しているものの、誤った理解が含まれている場合が析出された。また、その背後には、①養育者からCWへの相談がなされていなかったこと、反対に、②CWから世帯への介入（情報提供）が不十分であったことが共通して見られた。

第三に、上記と関連して、「進路選択」の当事者たる子ども自身が、制度上「なしうること／なしえないこと」を知らされていない場合があったことである。事例No.1を除き、子どもが直接にCWと面接した事例はなかった。そのため、子どもが得られる情報は、すべて養育者を媒介したものであった。事例No. 11のように、当事者たる子どもが、制度上「なしうること／なしえないこと」を知らされぬままに「進路選択」を行っていたことの背後には、上記のような、子どもとCWとの「関わりの欠如」があったと考えられる。

(3)「資源調達」において養育者、CWが果たす役割

最後に、利用世帯の「資源調達」において、養育者とCWが重要な役割――子どもの「就学機会」を左右しうる役割――を果たしていたことが指摘できる。

具体的には、以下、二点が指摘できる。第一に、養育者が、CW——そしてまた、福祉事務所——との関わりの「窓口」として機能していたことである。本章で検討してきたとおり、CWと日常的に接触していたのは、養育者（ふたり親の場合は、父親）であった。それゆえ、CWからの情報提供が行われる「経路」は、「養育者」という世帯の「窓口」に限定されていたと考えられる。

以上を子どもの視点からとらえ返すならば、利用世帯の子どもは生活保護制度に関する情報を——常にではないが、ほとんどの場合——養育者経由でしか得られないことを示している。それゆえに、①養育者（＝「窓口」）がCWから「なしうること／なしえないこと」の情報を得られない場合、②その理解が部分的／不十分である場合、あるいは、③養育者が子どもに情報を伝達しない場合、子どもが制度上「なしうること／なしえないこと」を知ることは困難だと考えられる。

第二に、CWが正確な情報提供を行うか否かによって、養育者・子どもが採りうる「資源調達」の方法が左右されていたことである。具体的には、①CWが養育者に制度上「なしうること／なしえないこと」を知らせていない場合、あるいはまた、②CWの提供する情報が部分的／不十分なものである場合、利用世帯が採りうる「資源調達」の方法は限定されており、時には何もなされないままであった。

＊＊＊

ここまでの議論を踏まえると、以下のように考えられるのではないだろうか。すなわち、利用世帯の子どもは、そもそも限定的かつ制約的な「客観的な選択肢」しか開かれていないにもかかわらず、そこで定められている「資源調達」の方法の実行可能性すらも「他者」――「CW」と「養育者」という「二重の媒介」――に大きく依存しているのだと言えよう。

このことは、利用世帯において大学等就学に向けた「資源調達」が行われる場合、「子ども－養育者－CW」の情報共有の程度によって、それぞれの事例における「変換能力」――配置されている「資源」を「大学等就学」に変換する能力――には、格差が生じうることを示している。

■注

1 本章は、三宅(2014)の着想、分析枠組みに基づき執筆している。

2 一般的には「ケイパビリティ(capability)」という語が用いられるが、本章では「自由」という観点を強調し、用語による混乱を避けるために一貫して「実質的自由」を用いる。なお、以下の議論は、Senによる功利主義批判及びロールズ批判に多くを負っている(Sen 1980=1989; 1985=1988; 1992=1999; 1999=2000; 2009=2011)。

3 正確には、Senは「変換能力」という用語は用いていない。例えば「所得を福祉や自由に変換する能力」(Sen, 1992=1999; p. 37)は、原著で「converting income into well-being and freedom」(p. 29)である。ただし、そもそも「capability」という単語自体が「the power or ability to do something」:「the extent of someone's or something's ability」(OED, 3rd ed.: p. 257)と定義されていることを踏まえ、ここでは「変換能力」という用語を用いる。

4 Fさんは、自分自身の成育歴において、必ずしも学びたいことや就きたい職業が明確にならないまま本日に至っているという。【私も、結局なんか、自分のほんとにやりたい仕事に就けていなくって。まあ、〔准〕看護師の資格〔高校で取得できたことは〕、結果的にはよかったんですけど。なんか、こう、わだかまりがあるままで。ちょっとときちゃってるんで】(二〇一四年度)。だからこそ、Pさんには、本人の望む学びをしてほしいと考えるのだという。

5 ここで留意すべきは、「収入認定除外」による「預貯金」が可能であるがゆえに、Pさんがアルバイトを始めたわけではないと考えられることである。あくまでも、「アルバイト開始」→「アルバイト収入」に関する相談→「収入認定除外」の取扱いという順に情報共有は展開していた。

6 あくまでも推測の域を出ないが、インタビュー調査の実施――調査中の「母子・寡婦福祉資金」に関する質問、それと関連する情報提供――を「きっかけ」として、Fさんが「母子・寡婦福祉資金」の利用につながった可能性がある。なお、情報提供としては、①あらためて担当CWに相談すること、②ひとり親関係の「担当課」に問い合わせること、以上、二点を伝えてある。

7 ただし、事例No.1において、「預貯金」を「できなかったのか」あるいは「しなかったのか」は判然としない。「二〇一四年度調査」実施時にFさんは、「保護費」の【プール】（貯めること）は【本当はいけないこと】だと語っていた。それゆえ、Fさんは、一定程度の「保護費のやり繰りによる預貯金」が正式に認められていることを理解していなかった可能性も考えられる。

8 母親のAさんは、Zさんが不登校だった理由を【病気のせいだと思います、今、思えば】と語っていた。ここで留意すべきは、事例No.3では、父親の母親（Aさん）に対するDV（物理的・言葉の暴力）が原因で離婚しており、この離婚に伴って母親と子ども（長男、長女、次男）は、シェルターへの一時避難、転居を経験している。この離婚、転居（転校）を契機として、長男（小学五年生）が「不登校」になっており、Zさんは、これに続いて不登校になっている。以上のような背景を加味すると、Zさんの不登校の原因は【病気のせい】だけではなかったと推察される。

9 Hさんによれば、通学可能圏にある工業高校は、「C工業高校」と「E工業高校」しかなかったという。しかし、E工業高校は【偏差値六〇ぐらいまで行っちゃう】ため、【偏差値低い】「C工業高校」にしか行けなかったという。普通科であれば、両校の中間の入試難易度の高校もあったようだが、あくまでも「工業高校」に限定されていた。

H：C工業高校ってレベル低いんですよ。（…）もう学校の先生からも、「もったいない」って言われたんだけど。（※：ここに行くのが？）はい。偏差値低いから。（…）「もっといいとこ行けますよ」って。ただ、工業を狙うんだったら、その上に行っちゃうと、E工業っていって、偏差値60ぐらいまで行っちゃうんですよ。（※：跳ね上がるんですか。）跳ね上がっちゃうんですよ。で、家からも近いし。で、行って受けさしたら、一応、入試が、高校の先生が言うには、トップでって言ってましたね。（二〇一四年度）

以上のような背景もあって、Jさんの高校時代の学業成績は【常に五番、一〇番以下は下がったことないんじゃない】という。

10 本章では詳細な分析ができなかったが、ここでHさんが語っていた「進学期待」――【専門学校とか行ってほしい】――には、「息子」と「娘」の間で差があった。長男、次男に対しては、専門学校等への「進学期待」を語る一方で、長女（第二子・高校卒業後、就職、転出）に対しては【別に進学云々とは思わなかった】という。その理由としては、そもそもF商業高校で「就職」に役立つ「資格」を既に取得していたこと、ならびに、【やっぱ男の人と女の人。男の子と女の子と違いますよね。やっぱり女の子は、いずれは嫁に行っちゃうっていう部分があるから】と語っていた。前者に関しては「次男」（F商業高校在籍）にも該当することから、「進学期待」の差は、後者の考えに根差していると考えられる。

11 他の文脈での「語り」を踏まえると、ここでいう「奨学金」は、「母子・寡婦福祉資金」の貸与金を指していると考えられる。

12 なお、ここでいう【教育ローン】の貸し手（供給主体）としては、「日本政策金融公庫」や、民間の銀行などによる「教育ローン」が考えられる。Hさんの「語り」からはいずれとも断定はできないものの、借り手が「Jさん自身」であることから、「日本政策金融公庫」（借り手は、原則保護者）以外の貸し手だと考えられる。

13 この他には、親類などからの「恵与金」、学校／地方自治体／企業などの独自の「奨学金」の活用などが考えられる。また、「母子・寡婦福祉資金」以外の「各種貸与金」の活用も考えられる――この方法は、入学後「教育ローン」で実行されている。

14 この点に関して、Hさんは、これまでの担当CWには【話しやすいとか話しにくい】といった個人差はあったが、【関わりたくない、ワーカーさんっていうのはいいなかった】と語っていた。

15　なお、Sさんは、中学時代の通塾先の先生から【「F商業じゃもったいない」って】言われていたという（二〇一四年度）。したがって、長男Jさん、次男Sさんともに、「商業」や「工業」にこだわった結果として、当人たちの学力に比して入試難易度が易しい高校に入学していると考えられる。

16　なお、Hさんは、「四年制大学」へ進むことに関しては、Sさんを【ちょっと脅した部分があります】（二〇一五年度）と語っていた。具体的には、長男Jさんの経験を踏まえて、授業課題、アルバイト、四年分の奨学金の返済が重なってくることをSさんに伝えたという。

17　この判断が、Hさん単独での判断なのか、Sさんと話し合った結果としての判断なのかは語られていない。Hさんだけの判断である場合、Sさんは、このような制度上の取扱いのあることを認識していない可能性が高い。

18　父親によれば、Gさんが「進学校の高校」を目指すようになった【原動力は、むかつきだと思う】という。曰く、Gさんは、中学時代に同級生の一部の生徒から「生活保護利用」について嫌味を言われた経験があるという。この経験を踏まえて、Gさんは【「〔嫌味を言うような生徒と〕同じ学校とか行きたくねえから、俺違うとこ行くぞ」】と言うようになったという。

以上のような経緯のもと、Gさんは、「K高校」、ならびに、より入試難易度の難しい「私立高校」にも複数合格している。ただし、就学費用を賄えないという理由から公立の「K高校」へ進学している。なお、私立高校の受験料は、B市の「塾代助成」を活用して当時通塾していた「学習塾」が支払っている。

19　Wさんは、「生活福祉資金」の借り入れをしようとしたことが契機となって、生活保護制度の利用に至ったという。したがって、Wさんは、「生活福祉資金」の存在自体は知っていたと考えられる。

W:何か、無利子に近いような状態で、しかも分割でお返しできるっていう制度があるようにも聞いてるんで。そちらを紹介してもらえませんかっていうことで来たらば。もう、あの、「すいません、うちとしてはあなたを保護する」ということで〔生活保護の申請に至った〕。（二〇一四年度）

20　この点と関連して、Wさんは、過去の経験――Gさんの「塾代助成」、「通学定期代」の支払い――において、担当CWの対応が「事後的」なものであったと語っていた：

W：あの、まあ、担当されてる方が多いからなんでしょうけれども。それよりも、実際これだけ払ってしまいましたんで、こういうのはどうなんですかっていう相談した上で、「いや、それはもう、事前に言ってもらわなきゃいけないですね」みたいなものがあったりとか、（…）資料として、〔学費等の領収書などを〕コピーします。コピーしたうちの、たとえば一〇あるうちの、ま、一ぐらいは、あの、出せるようですとか。そういう状況ですね。（二〇一四年度）

以上のとおり、担当CWは――Gさんの「進学」に限らず――積極的に関与・情報提供してくることはなかったようである。

21　Wさんは、担当CWに対して――その中心は、高校の就学費用に関するものであるが――Gさんに関する相談をしている。また、パートナーの「収入申告」のために定期的に（少なくとも毎月一回は）福祉事務所を訪問している。

22　このCさんによる【積み立て】は、「二〇一五年度調査」実施時点でも継続していた。なお、「二〇一五年度調査」の実施時には、すでにRさんが「就職活動」をしていたため、Cさんは、将来的にRさんが「自動車免許」を取得する際に当該【積み立て】を活用する予定だと語っていた。

23　事例No. 11では、「各種貸与金」の借り入れ（＝借金）に対する「忌避感」が語られていた。そのため、現実には、「各種貸与金」は――予定されることも――活用されることはなかった。しかしながら、上記の「忌避感」が語られたことは、事例No. 11でも「各種貸与金」の活用を所与の前提としていたことの表れと解釈できるだろう。

24　なお、事例No.5-1に関しては、「時代的な制約」によって上記の方法は採りえなかった。それというのも、Jさんが高校在学時には、上記取扱いが「通知」によって認められていなかったからである。そのため、以下の議論では、No.5-1は除外する。

第7章

「縮減」される「就学機会」

本書の結論

1 はじめに

結論部にあたる本章では、以下の作業を行う。第一に、各章で得られた分析結果と考察を整理する。第二に、上記の作業で整理された知見を総合する全体考察を行う。第三に、ここまでの議論を踏まえて、得られた政策への示唆を議論する。最後に、本研究では究明できなかった課題＝本研究の限界を提示する。

2 分析結果・考察の整理

（1）「客観的な選択肢」――「研究課題1」の検証

第4章では、「研究課題1」を究明することが目的であった。具体的には、生活保護制度が、利用世帯の子どもが大学等就学に向けて「なしうること／なしえないこと」（i.e.「客観的な選択肢」）を「どのように」規定しているのかを明らかにすることである。

上記の究明に際して、三つの対立軸（①「自立の単位」（「世帯／個人」）、②「自立の意味」（「狭義／広義」）、③「教育」（「目的／手段」）の位置づけ）を設定したうえで、厚生労働省発の「保護の実施要領」（「通知」）を資料として分析を行った。

それでは、第4章の分析からどのような知見が得られたのか。大別して以下、二点が指摘できる。第一に、利用世帯の子どもが大学等に就学する場合には、①大学等に就学する者が「世帯分離」（「保護の廃止」）をしなければならず（「夜間大学等」除く）、なおかつ、②「就学費用」に充てる「資源調達」の方法が「各種貸与金」の借り入れ、「アルバイト収入」の「収入認定除外」、「保護費のやり繰りによる預貯金」などに限定されていたことである。

ここで留意すべきは、「通知」で規定されている「資源調達」の方法が、①「各種貸与金」（「日本学生支援機構」の「奨学金」、「生活福祉資金」、「母子・寡婦福祉資金」など）の借り入れか、あるいは、②「文脈依存的」な方法（「アルバイト収入」の「収入認定除外」、「保護費のやり繰りによる預貯金」、「恵与金」など）に限定されていたことである。

別言すると、利用世帯の子どもは、大学等に就学する場合、①不十分な「教育政策」――すなわち、「高等教育」に対する「公的支出」の少なさ、「貸与型」に偏重した「奨学金」制度、そして、②「文脈依存的」な「資源調達」の方法に依存せざるをえないと言えよう。

第二に、大学等就学に際して「なしうること／なしえないこと」が、①「狭義の自立」（「世帯の自立」、「子

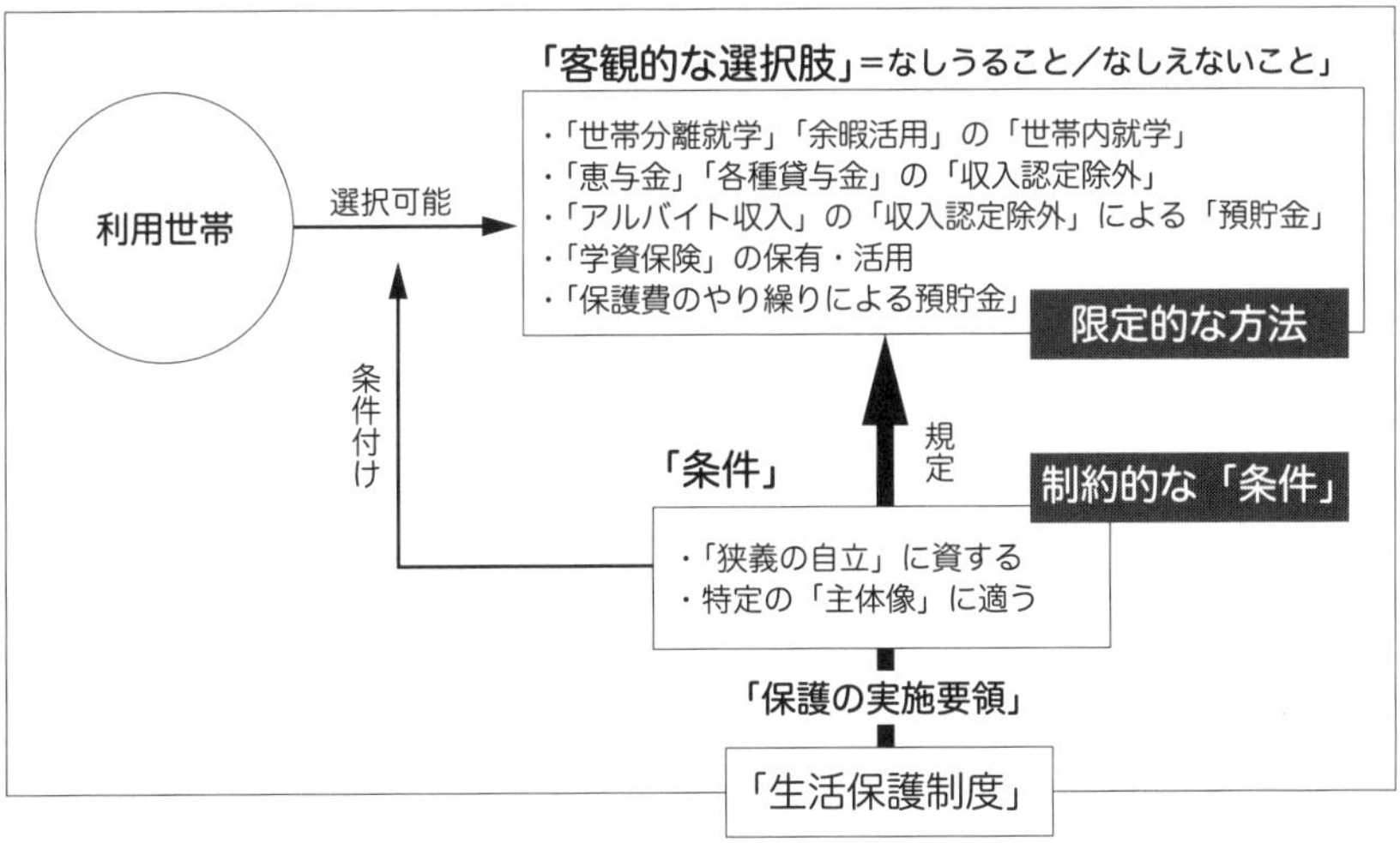

図 7-1　限定的かつ制約的な「客観的な選択肢」

どもの就労自立」など）助長に資する限りで、なおかつ、②就学希望者が特定の「主体像」（「狭義の自立」への「強い意思」、「計画性」、「金銭管理能力」、「福祉事務所」と連携可能）に適合する場合に限り認められていたことである。

つまり、現在の生活保護制度は、少なくとも「通知」上において、①「狭義の自立」（「世帯の自立」、「就労自立」、「保護脱却」）を主たる「目的」として設定したうえで、②上記の「目的」、そして、それに資する大学等就学を志向／達成できるような「主体像」を措定し、③そのような「主体像」に適合する者を「選別」するような「条件」設定を定めているのだと言えよう。

以上の整理を踏まえるならば、「構造」としての生活保護制度は、大学等就学を試みる利用世帯の子どもに対して、限定的かつ制約的な「客観的な選択肢」しか提供していないと考えられる（図7-1参照）。したがって、利用世帯の子どもは、上記のような限定的かつ制約的に設定された「客観的な選択肢」を所与として、高等学校等卒業後の「進路選択」を行うことになると言えよう。

（2）「主観的な選択肢」――「研究課題2」の検証

次に、第5章では、「研究課題2」を究明することが目的であった。具体的には、利用世帯の子どもの「進路希望」がどのようにして形成されてきたのか、また、その過程で生活保護制度がどのような影響を及ぼしていたのかを明らかにすることである。

上記の目的を明らかにするにあたり、第5章では、利用世帯で育った「若者」自身の「語り」に基づき「進路希望」の「形成過程」を分析した。

それでは、第5章の分析からどのような知見が得られたのか。大別して以下、二点が指摘できる。第一に、利用世帯の子どもの「進路希望」の「形成過程」において、①「経済的要因」（「就学費用」の準備、「奨学金」の借り入れリスクの忌避など）、ならびに、②「文化的要因」（養育者の「文化資本」、大学等に関する情報など）が一定の役割を果たしていたことが析出されている。ただし、この点は、従来の研究でも指摘されてきたことであり新奇な発見とは言えない。

むしろ重要なのは、第二に、利用世帯の子どもが生活保護制度の定める「客観的な選択肢」（大学等就学に向けて「なしうること／なしえないこと」）を「認識するより先に／認識することなく」、「進路希望」を形成していたことである。

この点は、一見すると、かれらが生活保護制度を強く意識することなく「進路希望」の形成に至っている可能性を示している。確かに、本章の分析からは、「出身世帯の生活保護制度の利用」が「進学」を断念する「理由付け」として言及されることはなかった。

しかしながら同時に、かれらが、本来、制度上「なしうること／なしえないこと」を知らぬままに「進路

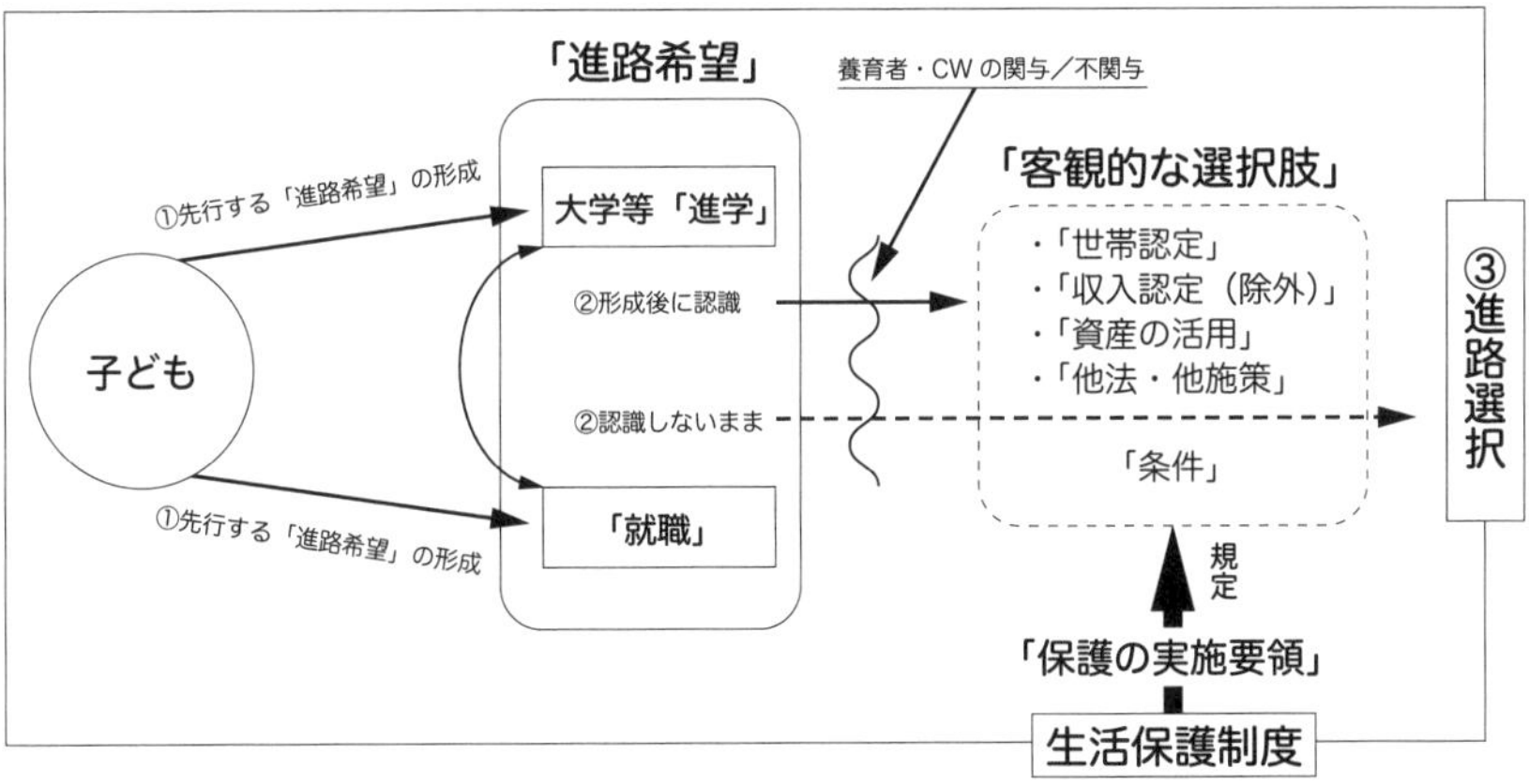

図7-2　子どもの「進路希望」の形成過程

希望」を形成してしまうことは「それ自体」問題である。子どもが、制度上「なしうること／なしえないこと」を知ったうえで「進学」を断念することと、それらを認識しないままに「進学」を断念することは決して同義ではない。また、「客観的な選択肢」の認識に先行して「進路希望」（「進学」希望）が形成された場合には、形成後に「客観的な選択肢」と齟齬をきたす――ひいては、その変更を強いられる――可能性も考えられる。

なお、上記の子ども自身の「制度理解」には、養育者、ならびに、CWの関与／不関与が影響を及ぼしていると考えられる。以上の議論を踏まえると、利用世帯の子どもによって把握される「主観的な選択肢」は、かねてより指摘されてきた「経済的要因」や「文化的要因」のみならず、生活保護制度が定める「客観的な選択肢」を認識しているか否か、あるいは、知らされているか否かによっても左右されうると言えよう（図7‐2参照）。

（3）「資源調達」において養育者・CWの果たす役割――「研究課題3」の検証

最後に、第6章では、「研究課題3」の究明が目的であった。

表 7-1 「資源調達」の概要

	No. 1	No. 3	No. 5-1	No. 5-3	No. 10	No. 11
アルバイト収入の「収入認定除外」上記による「預貯金」	○	—	N/A	●	—	—
「恵与金」の「収入認定除外」	—	—	—	—	—	—
「学資保険」	—	—	—	—	—	—
「保護費のやり繰りによる預貯金」	—		○	—	—	○
「各種貸与金」	○	△	○	△	△	△＊
「その他」	○	—	—		—	—

○＝活用　●＝部分的な活用　△＝活用予定　—＝該当なし　＊＝忌避の対象として言及　枠線＝類似

具体的には、大学等就学に向けてどのような「資源調達」が行われていたのか、また、その過程で養育者とCWがどのような役割を果たしていたのかを明らかにすることである。

上記目的の究明にあたり、ここでは、「変換能力」（「資源」を「大学等就学」という結果に変換する集団としての能力）という分析枠組みを設定したうえで、利用世帯の養育者の「語り」を分析した。

第6章の分析からは、大別して以下、三点の知見が得られている。第一に、第6章で分析した六事例では、「活用された／活用を予定されていた」「資源」に一定の類似と相違が見られたことである。すべての事例で「各種貸与金」（「日本学生支援機構」の「奨学金」、「母子・寡婦福祉資金」など）の活用が前提されていた一方で、その他の「資源調達」の方法を活用するか否かに関しては事例間で相違が見られた（表7-1参照）。

第二に、以上の事例間相違を生じさせた理由として、養育者とCWとの間の情報共有が不十分であったことが析出されている。具体的には、①担当CWから養育者への「なしうること／なしえないこと」に関する情報提供が「欠如している／部分的である」場合、あるいはまた、②養育者からCWへの相談（「進路」に関する情報提供）が「欠如している／部分的である」場合に、③養育者の「なしうること／なしえないこと」に関する「制度理解」は

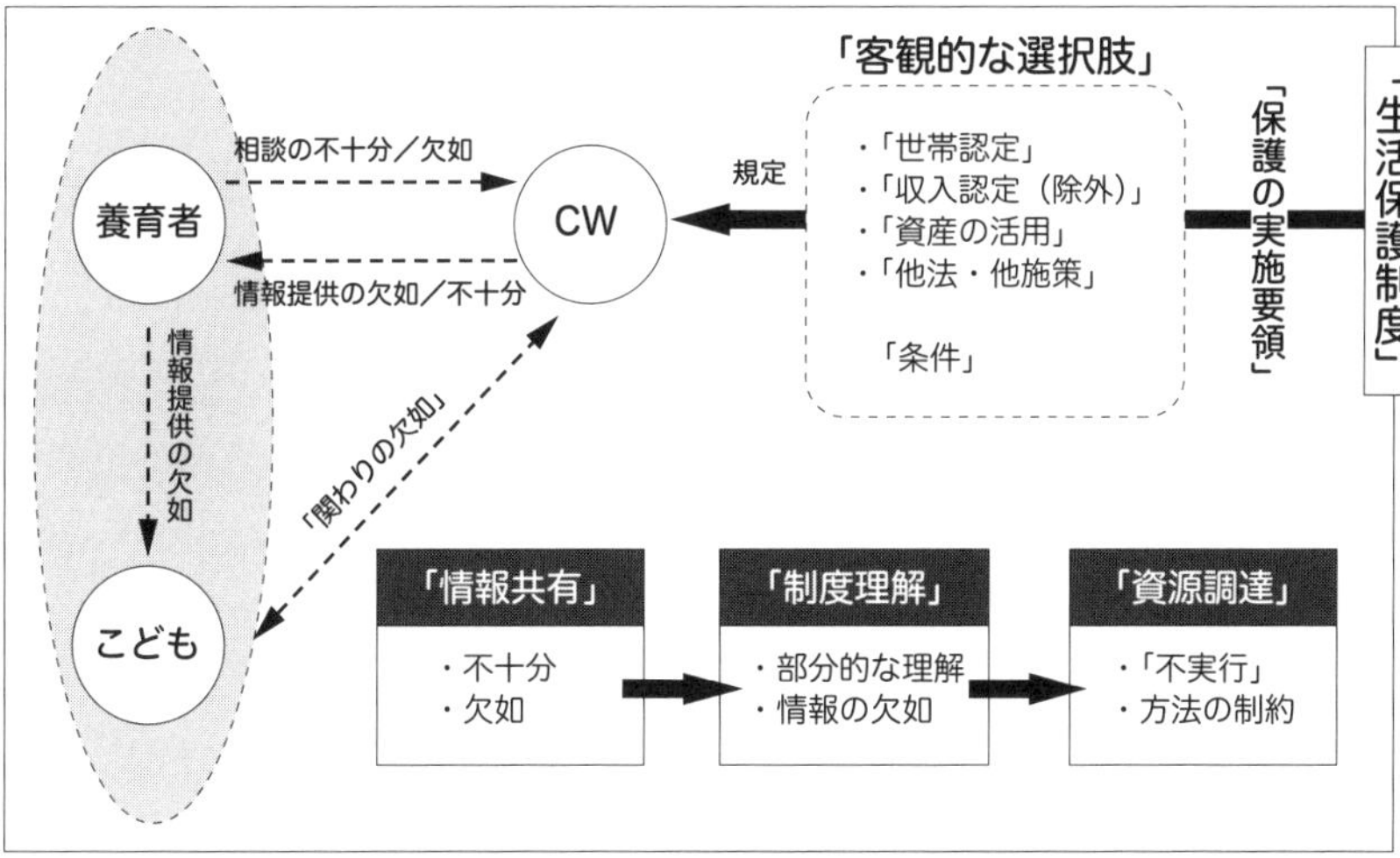

図7-3 「資源調達」における養育者・CWの果たす役割

部分的なものに留まるか、あるいは、欠落していた。

したがって、上記の事例間相違は、それぞれの養育者が「意図的」に「資源調達」の方法を選び出したことに起因するとは考え難い。むしろ、「子ども－養育者－ＣＷ」の間での情報共有に不備があったために、事例間に「変換能力」の格差が生じていたのだと考えられる。

なお、事例間相違のうち「非実行類型」が生じた理由としては、「学業成績」と関わる「特異な事例」（子どもの「進級」が危ぶまれている事例、就学先が「進学校」であり経済的負担が過重である事例）であったか否かが析出されている。

以上に加えて第三に、ＣＷと子どもとの間で「関わりの欠如」が見られたことである。第６章の六事例中、子どもとＣＷが直接に面接していたのは一事例のみであった。上記の状況は、子どもが、大学等就学に向けた「なしうること／なしえないこと」に関する情報を得るために、養育者という「媒介者」に全面的に依存せざるを得なかったことを示している。

以上の議論を踏まえると、以下のように言えるのではないだろうか。すなわち、利用世帯の子どもが、大学等就学に向けてどのような「資源」をどの程度活用できるかは、①「世帯」の「窓口」となる養育者、ならびに、②「客観的な選択肢」と利用世帯を結びつけるCWという「二重の媒介」に依存せざるを得ないのだと（図7－3参照）。

3 全体考察

(1) 二段階で「縮減」される「就学機会」

以上に整理してきた分析結果、ならびに、考察を総合すると「何」が言えるのか。

利用世帯の子どもは、一見すると、自ら設定した「望ましさ」に基づいて大学等「就学／非就学」という「進路」を「選択」しているようであり、少なくとも、他者によって特定の「進路」を強制されてはいなかったと言えよう。

それでは、かれらが直面する「就学機会」は、広く開かれたものであったのか。以上に整理してきた本研究の分析結果・考察に基づくならば、答えは「否」である。それでは、なぜ、「就学機会」が開かれていなかったと言えるのか。その理由は、大別して二つある。

A 生活保護制度＝「構造」による「客観的選択肢」の「縮減」

第一に、利用世帯における大学等「就学機会」が、生活保護制度という「構造」の定める「客観的な選択肢」において常に既に「縮減」されていたことである。現行制度においては、あくまでも「世帯分離」による大学等就学が原則であり、採りうる「資源調達」の方法は「各種貸与金」と「状況依存的」な方法に限定されていた。さらに、それらの「選択肢」すらも、制約的な「条件」（「狭義の自立」の助長、あるいはまた、特定の「主体像」への合致）を充たす限りで認められるものであった。

ただし、以上のように生活保護制度の課す「客観的な選択肢」が限定的かつ制約的であったとしても、仮に生活保護制度外の「社会政策」（とりわけ「教育政策」）が整備されているならば、この事実は必ずしも「就学機会」の「縮減」に直結しないと考えられる。

しかしながら、第1章で言及したとおり、①日本では大学等の授業料が高騰しており、②奨学金制度、ならびに、関連する制度（生活福祉資金貸付制度、母子・寡婦福祉資金貸付制度など）は「貸与型」に偏っている。また、③例外的な「給付型」奨学金は「文脈依存的」なもの（学校独自の「給付型」奨学金）に限られている。以上を踏まえると、そもそも生活保護制度という「構造」が、さらには、それと連動するようにして「社会政策」（「教育政策」）が、利用世帯の子どもの「就学機会」を「縮減」するように設計されていると言えよう。

B　運用過程による「縮減」

第二に、上記の限定的かつ制約的な「客観的な選択肢」＝制度上認められた「なしうること／なしえないこと」の実現可能性すらも、生活保護制度の運用過程において「縮減」されていたことである。具体的には、以下、二通りの「縮減」が見られた。

第一に、利用世帯の子どもの「主観的な選択肢」における「縮減」である。利用世帯の子どもが「主観的な選択肢」(「進路希望」)を形成する過程において依拠する情報(制度上「なしうること／なしえないこと」に関する情報)は、養育者とCWという「二重の媒介」に依存していた。

そして、かれらの「主観的な選択肢」と生活保護制度が定める「なしうること／なしえないこと」(＝「客観的な選択肢」)の間には、「子ども－養育者」の情報共有の不十分／欠如、ならびに、子どもとCWとの「関わりの欠如」によって齟齬が生じていた。

このことは、本来、制度上「なしうること／なしえないこと」を当事者(子ども)が「なしえない／なしうる」と誤って認識、理解することを含意する。別言するならば、利用世帯の子どもは、養育者とCWという「二重の媒介」によって「断片化」された情報に基づき、直面する状況に適応しながら「進路希望」を形成していたと言えよう。この意味で、子どもの「主観的な選択肢」は「縮減」されていたと考えられる。

しかしながら他方で、本書の知見を踏まえると、利用世帯の子どもは、CWとの「関わり」を欠いていたからこそ、「生活保護制度を利用していること」や「就労自立」を過度に意識することなく「主観的な選択肢」(「進路希望」)を形成できていたとも考えられる。

つまり、情報共有の不十分／欠如、あるいはまた、子どもとCWの「関わりの欠如」は、①子どもの「客観的な選択肢」に関する認識を誤らせる可能性がある一方で、②子どもが自らの「主観的な選択肢」を予め抑制してしまう可能性を低めるとも考えられるのである。

また、情報共有・情報提供の徹底を強調し過ぎると、CWによる「進路選択」への過度の介入(子どもを特定の「進路」へ差し向けるような介入)を招来する可能性もあるだろう。そうであるとすれば、利用世帯の子どもとCWとを「無媒介」に接触させ、情報共有を図ることは必ずしも「望ましいこと」だとはいえなく

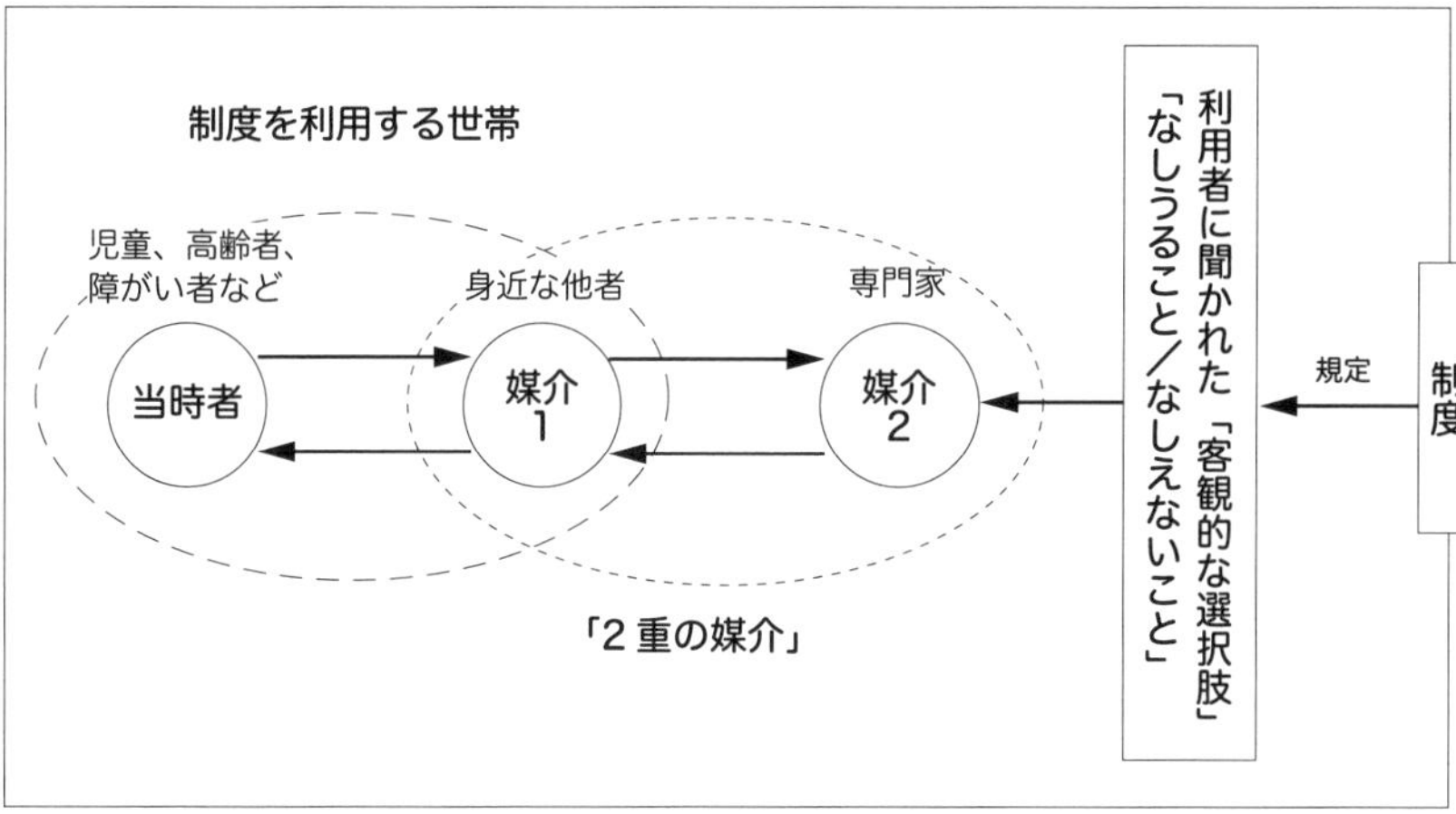

図7-4　抽象化された「2重の媒介」の概要

なる。この点に関しては、「政策への示唆」で改めて検討する。

第二に、大学等就学に向けての「資源調達」の実行可能性が、生活保護制度の運用過程で「縮減」されていたことである。先の論点と同様に、利用世帯の子どもは、「二重の媒介」を通じて、はじめて「資源調達」の方法（＝制度上「なしうること／なしえないこと」）に接近可能であると考えられる。

そして、本書の分析からは、「子ども―養育者―ＣＷ」における情報共有の不十分／欠如が、利用世帯における「資源調達」の実行を困難／不可能にしていたことが析出された。別言するならば、複数の行為主体（子ども―養育者―ＣＷ）の「協働」に基づく「変換能力」の低下が、子どもの「就学機会」を実質的に「縮減」していたと言えよう。

ただし、既に指摘したとおり、そもそも「資源調達」の実行可能性は、生活保護制度という「構造」によって常に既に「縮減」されていると考えられる。したがって、上記の情報共有の不十分／欠如には、生活保護制度＝「構造」により常に既に「縮減」されている「資源調達」の実行可能性すらも、より一層「縮減」する働きがあると言えよう。

なお、以上に指摘した、子どもの「なしうること／なしえないこと」（それに関する情報）が「二重の媒介」に依存するという関係は、抽象化すると「当事者」（援助・支援を受ける者）が、自身の「なしうること／なしえないこと」を「身近な他者」（家族など）と「専門家」（CWなど）に依存するという構造的な関係として読み替えられよう（図7－4参照）。

そうであるとするならば、本書で析出された「二重の媒介」という構造的な関係がもたらす諸問題は、生活保護制度に限らず、「当事者」が「何かをなす」ために「身近な他者」と「専門家」に頼らざるを得ない状況に置かれる場合（例えば、ケアが必要な児童、障がい者、高齢者など）にも生じる可能性があると言えよう。

別言するならば、ここで示した「二重の媒介」の問題は、「当事者」自身の「選択」（あるいは、「自律」、「自己決定」と言い換えてもよい）が、「身近な他者」や「専門家」の不作為／過度の介入によって左右される可能性を示していると言えよう。

そうであるとすれば、後述するように、ここでいう「専門家」には、利用者（「身近な他者」や「当事者」）に対して単純に情報を伝達するのみならず、利用者の置かれた状況、状態、意向を確認しながら、その必要（needs）を充足できるよう支援することが求められるだろう。

C　本書の結論

以上、A及びBの議論を整理すると本書の結論は以下のとおりである。

確かに、利用世帯の子どもは、高等学校等卒業後の「進路」を自ら「希望」し「選択」しているようであった。しかしながら、かれらが「選択」しえた「選択肢」は、①生活保護制度という「構造」によって常に既に「縮減」されており、なおかつ、②制度の運用過程――CWによる養育者、子どもへの援助・支援の過程――において、そしてまた、養育者と子どもの関わりにおいて、さらに「縮減」されたものであった。

ここで問題とされているのは、利用世帯の子どもの大学等「就学機会」が、当人のコントロールの及ばない生活保護制度＝「構造」によって「縮減」されていたことである。そしてまた、本来であれば「当事者＝子ども」に開かれているべき「選択肢」が、「意図的であるか／偶発的であるか」を問わず、あるいはまた、「悪意によるか／善意によるか」に関わらず、結果として「他者」の介在によって「縮減」されていたことである[2]――つまり、利用世帯の子どもだけに責任を問うことができない要因によって、かれらの「就学機会」が「縮減」されることこそが問題なのである。

(2) 政策への示唆――「拡充」の契機

ここで視点を変えると、利用世帯における大学等「就学機会」に「縮減」をもたらしていた原因にこそ、その「拡充」の契機を見出すことができよう。それでは、どのようにして、利用世帯における大学等「就学機会」は「拡充」しうるのか。

A 限定性と制約性の緩和／除去

第一に、生活保護制度という「構造」が課す、限定的かつ制約的な「客観的な選択肢」かにおける限定性と制約性を可能な限り緩和／除去することである。

（A）限定性の緩和／除去――論点の整理

以下では、限定性を緩和／除去するための方法を提示するにあたっての前提となる論点を整理する。そもそも、生活保護制度の目的は、生活困窮者（貧困な状況にある者）に対する「最低生活保障」と「自立助長」を行うことの二点にある。この意味で、生活保護制度には、「最低生活保障」の達成を目指す論理と、利用者の「自立助長」の達成を目指す論理が、相互に関連付けられながら作動しているといえよう。

そして、この点にこそ、利用世帯における大学等就学の位置づけの難しさがある。現行の生活保護制度において、大学等就学は、「最低生活保障」の論理からは例外として排除されている――大学等への「世帯内就学」は原則的に認められておらず、「就学費用」に対する保護費の給付もない。しかしながら他方で、大学等就学は、将来的な「狭義の自立」（潜在的な可能性）を理由として「自立助長」の論理に包摂されて支援の対象とされている[3]。

確かに、日本における「高等学校等」への進学率（日本全体）が九八％を超えている一方で、大学等進学率は七〇％程度に留まっている現状において、「最低限度の生活」に「大学等就学」を含むことには異論があるだろう（cf. 小川 2007; 阿部 2012）[4]。さらに、そもそも、大学等に就学することが「最低限度」として「普遍的に充たされるべき状態」であるか否かには議論の余地がある。以上を踏まえると、大学等への「就学費用」に対して保護費を給付することは、少なくとも現状では正当化し難いであろう。

しかしながら他方で、大学等就学者を「最低生活保障」の論理から排除することは正当化しがたい。桜井・鷲見・堀毛（2017; 2018）によれば、①子どもが「世帯分離就学」をすることによって、当該利用世帯への保護費の給付額は減少し、②その結果、世帯全体として「最低生活基準」を下回る生活を強いられる可能

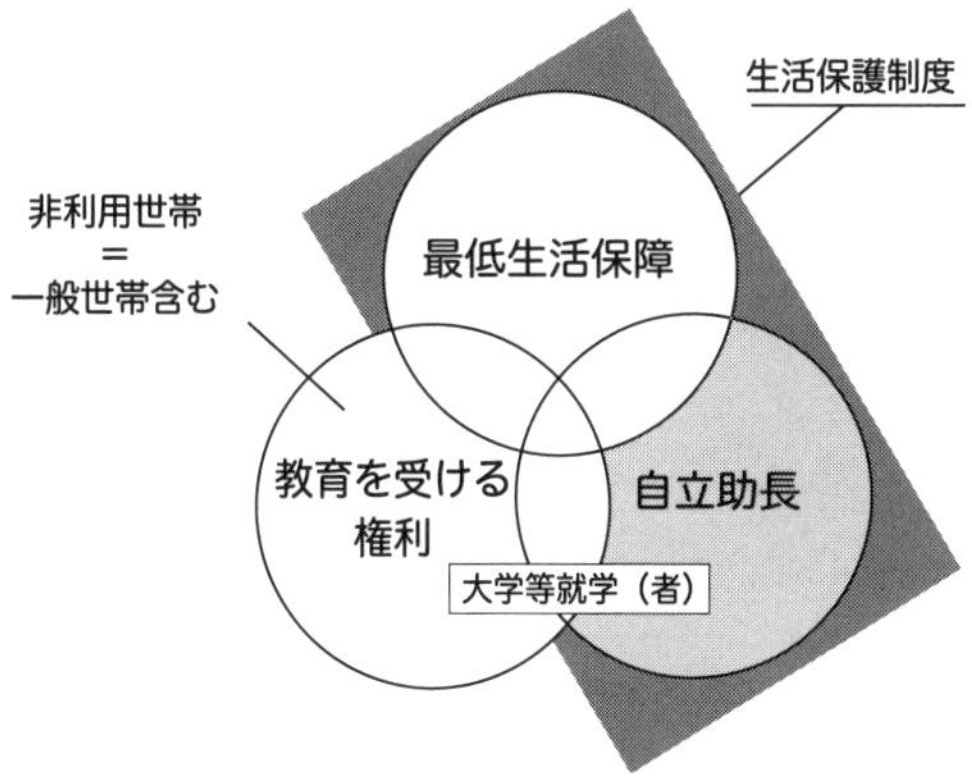

図 7-5 「最低生活保障／自立助長」の論理と「教育を受ける権利」保障の論理

性があるという。つまり、現状では、大学等就学と生存権保障がトレードオフの関係になりかねないのである。

以上に加えて、ここで留意すべきは、利用世帯の子どもが「教育を受ける権利」を有する「権利主体」でもあるということである。つまり、利用世帯における大学等「就学機会」の問題には、「最低生活保障」及び「自立助長」の論理に加えて、「教育を受ける権利」保障の論理が関わっているのである。

しかし、現実には、第4章で析出したとおり、生活保護制度において（大学等就学に係る）「教育を受ける権利」を保障するという視点は脆弱である。そのため、現状では、三つの論理のうち「自立助長」の論理だけが突出してしまっている（図7-5参照）。

（B）「制度的資源」の拡充

以上の論点整理を踏まえて、第一に、個々の置かれた状況に「資源」の活用可能性が依存しない「制度的資源」の拡充が挙げられる。ただし、その際に、生活保護制度内での給付ではなく、一般「教育政策」における拡充（所得連動型奨学金の拡充、給付型奨学金の拡充、授業料減免の拡充、授業料等の無償など）をもって対応することが望ましいと考えられる。

既に指摘したとおり、「最低生活」として大学等就学を含みこむことには議論の余地がある。そしてまた、「教育を受ける権利」保障の論理からすれば、「教育を受ける権利」は利用世帯を含めて普遍的に保障される必要がある。

そうであるとすれば、生活保護制度における論理からではなく、「教育を受ける権利」保障の論理から、生活保護制度外の「制度的資源」（奨学金、授業料の減免等）の拡充を目指すことが求められよう。「最低生活保障」と「自立助長」を目的とする生活保護制度が、「教育政策」をはじめとする「社会政策」の整備不十分を肩代わりすることは決して必然ではない。

（C）「世帯内就学」の可能性を拓く
これに対して、「大学等就学」それ自体を「最低生活保障」の論理から切り離すことで、「世帯内就学」を正当化することが挙げられる。「最低生活保障」の論理から大学等就学を排除することは、必ずしも「世帯分離就学者」及び「利用世帯（就学者を除く世帯構成員）」に対して、「最低生活基準」を下回る生活を強いることまでは含意、正当化しない。

むしろ、①「最低生活保障」の論理に基づき利用世帯（就学者含む）の「最低生活保障」（生活扶助、住宅扶助、医療扶助等）を行い、他方で、②大学等就学に伴う「就学費用」に関しては「教育政策」（「教育を受ける権利」保障の論理）の領分としたうえで、③「自立助長」の論理に依拠しながら、就学者の「収入認定（除外）」（奨学金、アルバイト収入等）で対応していくことが考えられる。

また、第4章で検討したとおり、「夜間大学等」に限っては、当人の「稼働能力の活用」と「自立助長」に資することを前提としたうえで、「余暇活用」としての「世帯内就学」が認められている。そうであるとすれば、奨学金等を活用しながら、あるいはまた、アルバイト就労をしながら――つまり、「稼働能力」を活用しながら――大学等に通う「昼間部」の「世帯内就学」を認めることも論理的には可能だと考えられる。

（D）制約性の緩和／除去

次いで、制約性に関しては、①「通知」の「条件」における「自立の意味」を「狭義」から「広義」へ拡張すること、②「義務論的」観点を導入するとともに、「自立の単位」を「個人」に限定することが考えられる（図7-6; pt. 2・6からpt. 3への移行）。

先に述べたとおり生活保護制度の目的は、「最低生活保障」と「自立助長」にある。それゆえ、「通知」の「条件」において「自立」に言及すること自体は――少なくとも生活保護法の法目的との整合性という観点からすれば――必ずしも批判すべき問題ではない。

しかしながら他方で、現在の「通知」の「条件」設定は、「自立の意味」から「広義の自立」を意図的に排除したうえで、「教育を受ける権利」を有する「子ども」＝「権利主体」を「狭義の自立」（「就労自立」、「世帯の経済的自立」など）のために「手段化」するものであった。

このことは、「自立の意味」が「広義」（「内容的可能性の発見・助長育成」、「日常生活自立」、「社会生活自立」など）に解釈されるという議論（小山 1975; 岡部 2009）に反すると考えられる。

勿論、大学等に就学することが「就労自立」、さらには、「世帯の経済的自立」に資する可能性を全面的に

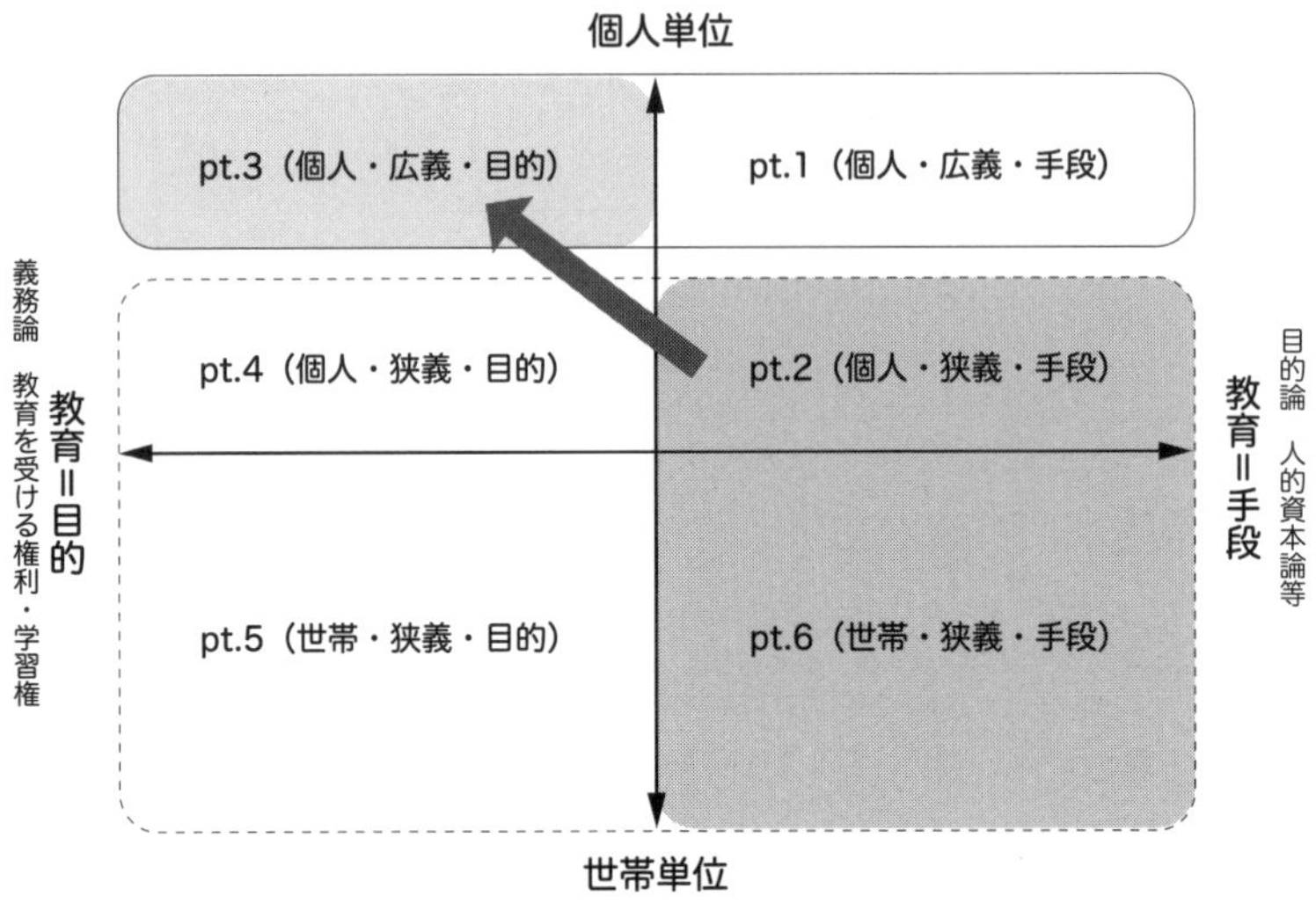

図7-6 「条件」の方向性

否定する必要はない。しかし、大学等就学から得られる「自立助長」を「就労自立」や「世帯の経済的自立」との関連付けに限定する必要はない[5]。

　さらにいえば、子どもの「自立」を「未来」（大学等就学・卒業後の将来）における「自立」に限定する必要もない。例えば、利用世帯の子どもが「現在」において「進路希望」や「進路選択」を自ら設定、管理することは、それ自体追求されるべき「広義の自立」（援助・支援を得ながら為される「自己決定」、「自律」）と考えられる（図7－7参照）。そうであるとすれば、「目的」とされる「自立の意味」を「将来」得られる（と見込まれる）「狭義の自立」に限ることは、あまりに狭隘だと言えよう。

　また、「自立の意味」及び「自立の単位」の如何を問わず、大学等就学（者）を「自立助長」のために「手段化」することは、子どもが「教育を受ける権利」を有する「権利主体」であるという事実（日本国憲法第二六条、国際人権規約〔A規約〕第一三条、教育基本法第四条）からして問題含みである。

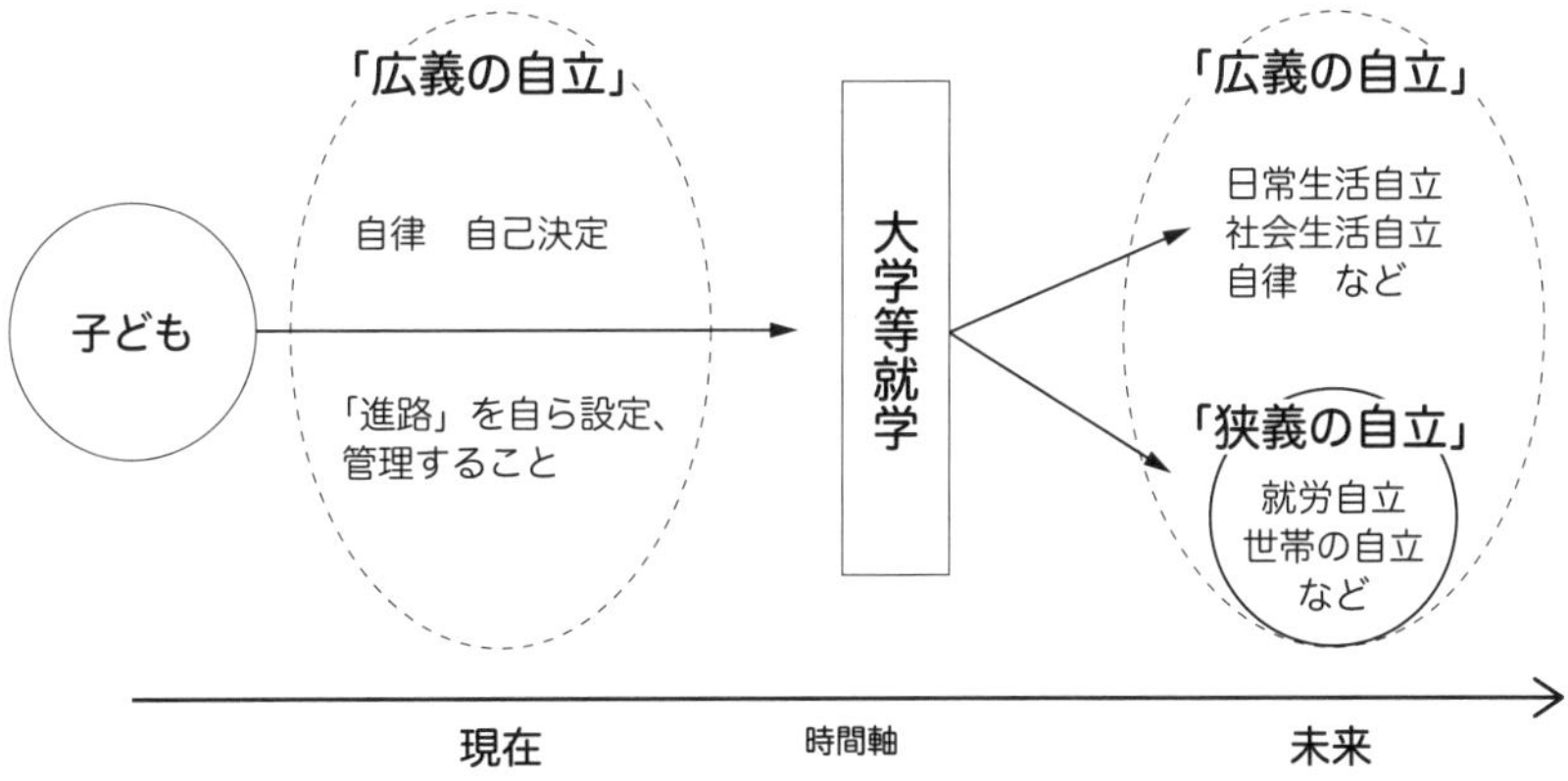

図 7-7 「現在」における「広義の自立」

そもそも、「教育を受ける権利」の保障は、無条件かつ普遍的になされる必要がある。この意味で、生活保護制度における大学等就学に対する「条件」づけ（「狭義の自立」に資するなど）は、「教育を受ける権利」を制約しない範囲でのみ設定可能なものである。

この点を踏まえると、政治や行政が、利用世帯の子どもに対象を限定したうえで、かれらにとって「望ましい／望ましくない」教育の方向性を決定すること、そしてまた、かれらに対して特定の「主体像」を求めることの危うさを見直す必要がある。

B 「二重の媒介」、再考

第二に、「客観的な選択肢」（制度上「なしうること／なしえないこと」）に関する情報提供／情報共有の在り方を再考することである。まず、先に述べたとおり、「養育者－CW」、「子ども－養育者」、「子ども－CW」の間での情報共有が正確でないことは、子どもの「就学機会」を「縮減」すると考えられる。

しかしながら他方で、既に指摘したように、子どもとCWとを「無媒介」に関わらせることには、それ自体として新たに問題

（「生活保護制度を利用していること」や「就労自立」を子どもに強く意識させる、CWによる過度な介入を招きうるなど）を生じさせる可能性が考えられる。勿論、このことは、あくまでも「可能性」であって、子どもとCWとの「関わり」が「望ましい結果」をもたらすことや、時にCWが「子どもの利益」のためにパターナリスティックな介入をすることの必要性を否定するものではない。

ただし、以上のような指摘ができると同時に、「客観的な選択肢」と利用世帯とをつなぐ主たる「媒介」は、あくまでも生活保護制度運用の担い手である「福祉事務所」のCW（制度の運用者）であることも否定しがたい。

以上の議論を踏まえると、子どもとCWとの直接的な「関わり」を必ずしも前提とすることなく、なおかつ、「客観的な選択肢」に関する情報共有が正確になされるような取り組みが求められる。それでは、どのような取組みが必要か。

ひとつには、CWと利用世帯（「窓口」となる養育者）との情報共有を体系化することが考えられる。具体的には、①CWと利用世帯が情報共有する機会を「定期的」かつ「複数回」設けること（e.g. 毎年度の変わり目、学校の学期の変わり目など）、②「紙媒体」（「なしうること／なしえないこと」と「条件」の一覧表など）を用いることが考えられる。

これらにより、CWと養育者が、毎年度改正される「通知」（「客観的な選択肢」）に関する情報、ならびに、子どもの「進路希望」に関する情報を共有する機会（蓋然性）が高まると考えられる。また、「紙媒体」を用いることによって、子どもが、「二重の媒介」の影響を被ることなく、正確な情報を得られる蓋然性は高まると考えられる。

なお、ここで留意すべきは、CW（さらには、後述する支援員など）が利用者（利用世帯の養育者、子ども）の置かれた状況、状態、意向を確認しながら援助・支援を行うことの重要性である。一般的に、生活保護制度の利用者は、傷病・障がいといった課題を抱えている場合が多いと考えられる。また、この点と関連して、利用者が、CWによる専門的な情報提供を常に理解できる状態にないことも考えられる。

そうであるとすれば、CWには、生活保護制度に関する情報を「伝えること」だけではなく、利用者が置かれている状況、状態、意向を踏まえながら、利用者が必要としている援助・支援（情報など）を適切なタイミング・方法（理解が容易な言葉、資料など）で提供することが求められる。この点が前提とされなければ、CWによる援助・支援は、子どもの「就学機会」の「拡充」にはつながらないと考えられる。

ふたつには、子どもが「客観的な選択肢」に関する情報に接近できる「媒介」を「複数化」することが考えられる。具体的には、①生活保護制度内で専門の「支援員」を配置すること[6]、②生活保護制度外の「媒介」（学校教員、スクール・ソーシャルワーカー、NPOなど）を確保すること[7]が考えられる。

本書から導出された知見によるならば、利用世帯の子どもの「客観的な選択肢」への接近可能性は、「二重の媒介」に大きく依存していた。それゆえに、「養育者」や「CW」の関与／不関与の及ぼす影響力が大きくなっていたと考えられる。

そうであるとすれば、「媒介」を制度内外で「複数化」（支援の供給主体＝依存先を分散[8]）することによって、「養育者」や「CW」の果たす役割（及ぼす影響）を相対化できると考えられる。また、複数の主体が情報提供・情報共有に関与することによって、子どもが正確な情報に接近できる蓋然性は高まると考えられる[9]。

以上のように、①生活保護制度の課す「客観的な選択肢」から「限定性」と「制約性」を取り除き、また、生活保護制度内外の「制度的資源」を充実させることによって、なおかつ、②運用過程における情報提供・情報共有の方法を体系化し、また、その「媒介」を「複数化」することによって、利用世帯における大学等「就学機会」を「拡充」すること――少なくとも、その「縮減」を予防すること――は可能になると考えられる。

ただし、繰り返しになるが生活保護制度という「構造」の定める限定的かつ制約的な「客観的な選択肢」こそが、利用世帯における「就学機会」を根本において規定していることに留意が必要である。したがって、「構造」、さらには、より広く関連する「社会政策」（とりわけ、「教育政策」）へ介入することなく、情報共有・情報提供の体系化や「媒介」の「複数化」を行ったとしても、根本的な問題（「制度的資源」の不十分／欠如）は解消されない。

4 残された課題＝限界

以上、ここまでに見てきた研究上の知見が得られた一方で、本研究には、大別して以下、二通りの限界が残されている。

（1） 方法に関わる限界＝課題

まず、研究の「方法」に関わる限界＝課題として、以下、四点が挙げられる。第一に、本研究で取り上げた「語り」（当事者の「声」）が限定的であったことである。例えば、本研究では、「父子世帯」や「男性の若者」の「語り」は得られていない。また、「援助者」側の「語り」（解釈、意味世界）が度外視されていたことも挙げられる。この意味で、本研究は、「利用者」側の「語り」（解釈、意味世界）という限定的な「観点」から行われていた。ひるがえって、より多様な「利用者」の「語り」、ならびに、「援助者」側の「語り」を検討することにより、より精緻に「必要」と「資源」（情報提供）のミスマッチが生じる要因を分析できると考えられる。

第二に、本研究が、そもそも「語り」というデータにのみ依拠して分析を行っていたことである。インタビュー調査から得られた「語り」は、「事実」（「過去の体験」）を含むと同時に、語り手自身の「解釈」や「理解の仕方」をも含むと考えられる（cf. 野家 2005）。つまり、調査データを「語り」にのみ依拠する限り、「語り手」を介した「過去の体験」にしか接近することができないと言えよう。

以上を踏まえると、「いま・ここ」で生起している出来事（養育者－子ども、CW－養育者、CW－子どもの関わり）を厳密に究明していくためには、語り手による「解釈」を含む「語り」（インタビュー調査）のみならず、インフォーマルなフィールドワーク、参与観察などの方法からもデータを得る必要がある（e.g. Edin., Kefalas., 2011; Lareau, 2011）。

第三に、上記二点目と関連するが、本研究では、分析焦点が生活保護制度「構造」と運用にあてられていたため、「学校」（教職員）が利用世帯における「就学機会」の「縮減／拡充」に際して「どのような」役割を果たしていたのかは十分に検討されていない。

そのため、今後、生活保護制度とともに「学校」の果たす役割に焦点化すること、ならびに、それに即したデータ（「学校」に関する養育者・子どもの「語り」[10]、「学校」の教職員の「語り」など）を収集・分析することが必要である。

第四に、本研究では、二〇一六年度（「若者調査」実施）以降の制度的な変化、ならびに、それに即した利用世帯の実態を分析できていないことである。二〇一七年度以降、日本学生支援機構の奨学金、さらには、生活保護制度に関する制度変更が行われている。変化を続ける制度・政策の動向が、利用世帯の子どもの進路選択に対して「どのように」影響しているのかは、引き続き検証していく必要がある（制度・政策の近年の動向に関しては、補論で検討する）。

（2）分析枠組みに関わる限界＝課題

次いで、分析枠組み（とりわけ「就学機会」）に関する課題＝限界として、以下、三点が挙げられる。第一に、本研究では、「就学機会」が「縮減」される場合の「グラデーション」を析出できていないことである。本研究では、「就学／就職・その他」という二分法的な視点から「就学機会」を分析している。そのため、より見えづらい「大学等就学」内での「縮減」――例えば、四年制大学から短期大学への変更を強いられる場合、より「就職（就労自立）」に資する学校への変更を強いられる場合等――は析出できていない。この点は、別途、適切な資料と分析枠組みを設計することで究明していく必要がある。

第二に、本研究では、「就学機会」に焦点化しているがゆえに「それ以降」の問題が度外視されていることである。仮に「就学機会」が「拡充」されたとしても、就学の継続可能性が低ければ、あるいは、大学等卒業後の生活が不安定であるとすれば、「就学機会」とは別の次元での問題が残されることになる。今後、大学等就学後の生活実態、そしてまた、大学等を離れてから以降の生活実態を改めて検討していく必要がある。

第三に、本研究では、高等学校等卒業後に「就職」する子どもの実態が究明されていないことである。「就職（希望）者」であっても、高等学校等卒業後の「選択」にあたって制度上の「なしうること（可能性）／なしえないこと（制約）」に直面することには変わりない。以上を踏まえると、より厳密に「進路選択の機会」を検討するためには、利用世帯から「就職」する場合の「利点／負担」と「進学」する場合の「利点／負担」を対比して分析する必要がある（cf. 三宅 2019）。

さらに言えば、「義務論」的な観点から「就学機会」を実質的に保障するためには、大学等に「就学しても／就学しなくても」問題なく「生きていける」ことが担保されていなければならないと考えられる。この点には、「就学機会」の保障と「労働」、「福祉」――「生存権保障」、さらにいえば、「貧困問題」の解消――との結節点を見出すことができる[11]。

以上が、本研究の限界であり、そしてまた、これからの研究に残された課題である。

■注

1　勿論、制度間での相違には留意が必要である。他の制度とは異なり生活保護制度では、その「選別主義」的な制度設計（「補足性の原理」に基づく資力調査）によって、利用者に対する「スティグマ stigma」（恥辱間）付与が生じると考えられる（cf. Spicker, 1984=1987）。このことにより、利用者からCWへの相談（さらに言うと、制度利用そのもの）が抑制される可能性がある（cf. 岡部 1991）。この点に関しては、「B市調査」の結果においても、養育者からCWへの「相談しがたさ」が語られていた。また、「相談しがたさ」の背後には、養育者たちが生活保護制度の利用を

「依存」や「恩恵」（≠権利）とみなしていることがあると考えられる（cf. 三宅 2017）。

2 ここでの議論は、Young（2011=2014）による「構造的不正義」を参照している。Youngによれば「社会的不正義」とは「社会構造上のプロセスのために経験する支配や剥奪に対する脆弱さ」（p. 91）である。そのうえで、「構造的不正義」を以下のとおり説明する：「構造的不正義」とは「ある種の道徳的不正だが、それは個々の主体や国家の抑圧的政策の不正行為とは異なっている。「構造的不正義」は、多くの個人や諸制度が、一般的な規則と規範の範囲内で、自らの個別の目的や関心を追求しようと行為した結果として生じるのだ」（p. 75）。

Youngの議論は、より「マクロ」な水準の「不正義」（貧困、搾取など）に関するものである。しかしながら、上記の「構造的不正義」に関する議論は、本研究で取り扱っているような「ミクロ」な水準にも援用できるだろう。例えば、CWによる情報提供の不十分／欠如は、「通知」に反するものもあれば、「通知」には反していないものもあるだろう。また、養育者による情報提供の不十分／欠如は、「善意による」場合もあるだろう。しかしながら、いずれにせよ、これら諸行為の結果として、子どもが「支配や剥奪に対する脆弱」な位置に置かれるとすれば、それは「不正」なことだと言えよう。

3 Agamben（1995=2003）は、「例外化」を「一種の排除」とし、「例外」を「一般的な規範から排除された単独の事例である」として（p. 29）、「これこれのものを排除することによってのみ包含するという、こうした極端な形をとる関係」を「例外関係」と呼んでいる（p. 30）。曰く「規範は、宙づりという形で例外との関係を維持する。規範は、例外に対して自らの適用を外し、例外から身を退くことによって自らを適用する」（p. 29）。

以上の議論を援用するならば、生活保護制度の下で大学等に就学する場合、就学者は例外的に「最低生活保障」の論理から排除され（生存権の宙づり）、しかしながら他方で、将来的な「狭義の自立」の可能性によって「自立助長」の論理に包摂されることになる。この論点は、大学等就学に限らず「世帯分離」に係る運用全般に関連すると考えられる。今後の検討課題としたい。

4 例えば、小川（2007）は、「教育扶助」の対象を論じる際に以下の指摘をしている。「特に生活保護法は、最低生活保障と同時に自立を助長することを目的としており（一条）、いいかえれば本法にいう最低生活保障とは同時に自立助長的意味を持つものでなければならないとしており、この点からも、本法による教育扶助によってカバーさるべき教育の範囲が問題とされるわけである」（p. 238）。また、阿部（2012）は、以下のように論じている。「生活保護による修学問題への対応が『文化的な最低限度』の枠組みに関わってくるだけに、大学進学率が三割台の実態からは、生活保護による対応は限定されざるをえない面はあり得るだろう。（…）自活手段がなければ修学を断念しなければならないような法の在り方と運用は、学習権保障の趣旨に著しく背馳することは確認しておきたい」（p. 156）。

5 例えば、Mill（1867=2011）は、大学に関して以下のように説明している。「大学は、生計を得るためのある特定の手段に人々を適応させるのに必要な知識を教えることを目的とはしていないのです。大学の目的は、熟練した法律家、医師、または技術者を養成することではなく、有能で教養ある人間を育成することにあります。」（p. 12）――cf. Standing（2011=2016）。

6 例えば、神奈川県では、二〇一〇年度から「生活困窮世帯の子ども健全育成事業」の一環として、郡部所管の保健福祉事務所に「子ども支援員」（生活保護制度と「子ども」に関する専門知識を持つ支援員）を配置している。「子ども支援員」は、CWと連携しながら、積極的な家庭訪問・個別相談（子どもへの面談を含む）を行うことにより、各世帯の必要に関する情報収集、「寄り添い型の支援」を行うことを目的としている。また、同事業では、六つの「子どもの健全育成プログラム」を策定している。そのひとつである「高校生支援プログラム」では、高校生の就学定着、卒業後の進路選択に関わる支援に用いるツール（アセスメントシート、学校の進路関係行事に沿った支援スケジュール、高校卒業後のフローチャート、利用者に対する説明資料など）が開発されている（以上、菊池・大澤・長谷部 2017: 神奈川県ホームページ「生活困窮世帯の子どもの健全育成について」http://www.pref.kanagawa.jp/cnt/f152/p1062265.html を参照）。

7 東京都では、二〇一六年度から「都立学校『自立支援チーム』派遣事業」が実施されている。この事業では、東京都・地域教育支援部・生涯学習課のユースソーシャルワーカー（以下、YSW）（福祉支援系、就労支援系）を、①課題（不登校・中途退学等）が集中する都立高校に継続的に、または、②学校の要請に応じて派遣している。YSWは、具体的には、①教員・学校管理職に専門的な情報提供・解決策の提案、②課題が顕在化した生徒・保護者に対する面談・家庭訪問、関係機関とのネットワーク構築、③学校内での生徒との関係性の構築、潜在的必要の発見、④学校外での学習支援、社会体験・職業体験、居場所づくりなどを行うことを目的としている（以上、梶野・柊澤 2017 を参照）。上記の取り組みは、必ずしも利用世帯を対象としているわけではないが、利用世帯の子どもがＹＳＷと関わることによって情報提供等を得られる可能性は考えられる。

8　ここでの議論は、熊谷（2013）の議論を参照している。熊谷は、障がいのある者が「ケア」の「依存先」を一か所に集中させる（e.g. 母親にだけケアを頼む）のではなく、その「依存先」を「広く薄く」分散できることが「自立」なのではないかと論じる（とりわけ、第4章を参照）。

9　例えば、ある主体（Ａ）が、子どもに対して「誤った情報」、あるいは、「偏った情報」を提供したとする。あるいはまた、そもそも、情報提供を行わなかったとする。しかしながら、その場合であっても、他に複数の主体（Ｂ～ｎ）が関与していれば、上記の情報は修正・補完される可能性が高い。したがって、ここで提起する「複数化」は、少なくとも現在の情報提供・情報共有の在り方に比して、それぞれの主体の恣意性が影響する余地を狭め、そしてまた、子どもが得られる情報の精度を高めると考えられる。

10　本研究で用いた「Ｂ市調査」や「若者調査」においても、「学校」の「教職員」に関する「語り」は断片的にではあるが得られている。しかしながら、そのほとんどが、「資料提供」（大学等パンフレットの提供）、「三者面談」の経験に関する部分的な「語り」であった。

11　さらに、ここに「ベーシックインカム（ＢＩ）」の議論との結節点が見出される（ＢＩの概要は、山森 2009; Fitzpatrick, 1999=2005 を参照）。「すべての人」に「定期的」な「個人単位」の「現金給付」が「資力調査なし」で提供されるならば、人びとが「自分の学びたいこと／学ぶ必要があること」を吟味することや、あるいは、「学ぶ時期」を計画、調整することが容易になる――別言するならば、大学等「就学機会」が実質的に保障される可能性が高まる――と考えられる。大学等の「授業料」負担をどのように設定するのかといった問題と併せて、今後、議論を深めていく必要があろう。

補論

生活保護制度における大学等就学

（二〇一七年度‐二〇一九年度の動向）

1　はじめに――目的と方法

本書では、インタビュー調査の実施時期（二〇一四年度～二〇一六年度）を踏まえて、二〇一七年度以降の生活保護制度の動向は論じてこなかった。しかしながら、二〇一七年度以降も大学等就学に関する生活保護制度、ならびに、「教育政策」（特に奨学金制度）は変化し続けている。

そうであるとすれば、本書において、限定的かつ制約的であると結論付けられた「客観的な選択肢」は、二〇一七年度以降どのように変化してきたのであろうか。以下では、上記の問いに答えることを目的として、近年の生活保護制度の動向を行政資料に基づいて分析する。

その際の研究方法は、第4章に準じ、主として『生活保護関係法令通知集』（平成二九年度、三〇年度、令和元年度版、中央法規）を用いて分析を行う。また、同時期の『生活保護手帳』（中央法規）及び『生活保護

手帳 別冊問答集』（中央法規）、『生活と福祉』（全国社会福祉協議会）も参照している。なお、対象期間は、二〇一七年度－二〇一九年度とする。

以上に加えて、「教育政策」（奨学金）の動向を行政資料（文部科学省、ならびに、日本学生支援機構）に基づいて整理する。これにより、生活保護制度における大学等「就学機会」の「客観的な選択肢」をより立体的に析出できると考える。

2 分析結果

(1) 生活保護制度における動向

はじめに、大学等就学に関連する生活保護制度の動向をみると表補－1のとおりである。大きな変更点としては、二〇一七年度に創設された給付型奨学金が世帯分離要件に明記されたこと、二〇一八年度に進学準備給付金の創設されたこと、ならびに、「世帯分離就学」時に住宅扶助を減額する措置のとりやめが挙げられる。以下、年度別に検討する。

A 二〇一七年度の改正

まず、二〇一七年度の「通知」改正では、「世帯分離就学」の要件に変更が加えられている。具体的には、同年度に先行実施された日本学生支援機構の給付型奨学金（詳細は後述）、ならびに、これまで明記されてこなかった大学独自の奨学金等が加筆されている。

表補 - 1 生活保護制度における大学等就学の取扱いに関する動向（2016-2019 年度）

年度	概要		根拠
2017 年度	世帯分離就学の要件変更	世帯分離就学の要件に： ・日本学生支援機構の給付型奨学金を明記・学校独自の奨学金を明記	【局 1-5-（2）- ア , エ】
	学資保険保有・活用の要件緩和	学資保険の保有容認の要件に： ・18 歳未満で満期保険金（一時金等含む）を受け取る場合を明記	【課 3- 問 19-1】
2018 年度	進学準備給付金の創設	大学等就学の際の新生活立ち上げ費用を給付	生活保護法 55 条の 5 【社援発 0608 第 6 号、第 7 号、第 2 号】
	収入認定除外の対象拡充	高等学校等就学者の収入認定除外の要件に： ・大学等就学の受験料（交通費・宿泊費等）に充てる場合を明記	【課 8- 問 58-2】
	住宅扶助費を減額しない措置	大学等における正規の修業年限に限り、同居する「世帯分離就学者」を含めた人員数で住宅扶助の限度額を適用	【課 7- 問 52】 〔問 7-96〕
2019 年度	収入認定除外の対象拡充	高等学校等就学者の収入認定除外の要件に： ・大学等就学後に要する費用に充てる貸付金を明記	【局 8-2-（3）- イ -（ウ）】 【課 8-40-（2）- オ -（エ）】

次のいずれかに該当する場合は、世帯分離して差し支えないこと。

（略）

（2）次の貸与金を受けて大学で就学する場合

ア　独立行政法人日本学生支援機構による貸与金又は給付金

（略）

エ　大学が実施する貸与金、給付金等であって、保護の実施機関が適当と認めるもの[1]（局1－5－（2）－ア、エ）

以上に加えて、学資保険に加入したまま生活保護を利用できる場合の要件、「同一世帯の構成員である子が一五歳又は一八歳時に、同一世帯員が満期保険金（一時金等を含む）を受け取るものであること」が、「子が一八歳以下である時」に緩和されている（課3－問19－1）。

B　二〇一八年度の改正

次いで、二〇一八年度には、生活保護法の一部改正が行われている（二〇一八年六月一日）。同改正において、生活保護法第五五条の五に進学準備給付金が創設されている。

> 都道府県知事、市長及び福祉事務所を管理する町村長は、その管理に属する福祉事務所の所管区域内に居住地を有する（居住地がないか、又は明らかでないときは当該所管区域内にある）被保護者（十八歳に達する日以後の最初の三月三十一日までの間にある者その他厚生労働省令で定める者に限る。）であって教育訓練施設のうち教育訓練の内容その他の事情を勘案して厚生労働省令で定めるもの（次条において「特定教育訓練施設」という。）に確実に入学すると見込まれるものに対して、厚生労働省令で定めるところにより、進学準備給付金を支給する。
>
> （生活保護法第五五条の五）

これにより、大学等に就学する者は、進学準備給付金（利用世帯から転居する場合：三〇万円、その他の場合：一〇万円）を受け取ることができるようになっている。給付金の支給対象は、表補-2のとおりである。なお、上記の支給対象との関連で、「世帯分離」が認められる学校として「職業能力開発大学校等」が明示されている（『生活保護手帳別冊問答集　二〇一八年度版』中央法規、問1-50-2）。

ここで留意すべきは、進学準備給付金が、「狭義の自立」を要件に組み込んで設計されていることである。例えば、表中において下線を付しているように、とりわけ就学者自身の将来的な「就労自立」や「経済的自立」につながることを要件としている（「その者の収入を増加させ、若しくはその自立を助長することができる見

表補-2　進学準備給付金の概要

支給対象者	18歳に達する日以後の最初の3月31日を経過した者であって、次に掲げるもの
	ア　保護の実施機関が、高等学校等（高等学校、中等教育学校の後期課程若しくは特別支援学校の高等部（いずれも専攻科及び別科を除く。）又は専修学校若しくは各種学校（高等学校に準ずると認められるものに限る。）をいう。）に就学することが被保護者の自立を助長することに効果的であるとして、就学しながら保護を受けることができると認めた者であって当該高等学校等を卒業し又は修了した後直ちに特定教育訓練施設に入学しようとするもの ※以下の者も当該高等学校等を卒業し又は修了した後直ちに特定教育訓練施設に入学しようとする場合には、支給対象となる：修業年限が3年を超える高等学校等就学者；高等学校等への入学が遅れた者；高等学校等を留年・休学した結果、18歳となる年度に受験できなかった者；高等学校等卒業程度認定試験合格者；児童養護施設入所児童等に対する大学進学等自立生活支度費等の受給予定者
	イ　高等学校等就学者であった者（災害その他やむを得ない事由により、高等学校等を卒業し又は修了した後直ちに特定教育訓練施設に入学することができなかった者に限る。）であって、当該高等学校等を卒業し又は修了した後1年を経過するまでの間に特定教育訓練施設に入学しようとするもの ※「その他やむを得ない事由」：災害のほか本人の傷病や親の看護や介護等、真にやむを得ないと認められる場合
支給対象＝特定教育訓練施設	大学（短期大学を含む。）／専修学校（専門課程に限る。）／職業能力開発総合大学校の総合課程、職業能力開発大学校及び職業能力開発短期大学校の専門課程／水産大学校／海技大学校及び海上技術短期大学校／国立看護大学校
	高等学校及び中等学校の後期課程（いずれも専攻科に限る。）、専修学校（一般課程に限る。）並びに各種学校のうち、被保護者がこれらを卒業し若しくは修了し、又はこれらにおいて教育を受けることによりその者の収入を増加させ、若しくはその自立を助長することができる見込みがあると認められるもの ※次のすべての要件を満たすこと：修業年限が1年以上であること；就学によって生業に就くために必要な技能（例えば、工業、医療、栄養士、調理師、理容師、美容師、保育士、商業経理、和洋裁等）を修得することができる学校であること；予備校等、大学等の入学試験の準備を目的として通学する学校でないこと；趣味や日常生活、社会生活に必要な技術習得を目的とする学校（例えば、自動車学校、珠算学校等）でないことが明らかなこと
	以上のほか、被保護者が卒業若しくは修了し、又は教育を受けることによりその者の収入を増加させ、若しくはその自立を助長することができる見込みがあると認められる教育訓練施設 ※次のすべての要件を満たすこと：修業年限が1年以上であること；授業時間が年680時間以上であること；就学によって生業に就くために必要な技能を修得することができる教育訓練施設であること；大学等の入学試験の準備を目的として通学する教育訓練施設でないこと；趣味や日常生活、社会生活に必要な技術習得を目的とする学校でないことが明らかなこと
	その他支給対象外・高等専門学校専攻科への進学を予定する者、大学への3年次編入を予定する者は対象外 ・特別支援学校高等部専攻科への進学予定者は対象外（世帯内就学が認められているため） ・夜間大学等への進学（世帯内就学）を予定する者は対象外 ・世帯から転居して進学と就職をする者： 　パートタイム労働者の場合は支給対象；フルタイム労働者は対象外（就職支度費の対象） ・防衛大学校、海上保安大学校等は対象外（就職とみなされるため；就職支度費の対象）

資料：「生活保護法による進学準備給付金の支給について」（平成30年6月8日　社援発0608第6号）、「生活困窮者等の自立を促進するために生活困窮者自立支援法等の一部を改正する法律の一部施行について（公布日施行分（進学準備給付金関係））」（平成30年6月8日　社援発0608第7号）、「生活保護法による進学準備給付金の取扱いについて」（平成30年6月8日　社援保初0608第2号）に基づき筆者作成（下線筆者）

込みがある」、「生業に就くために必要な技能を修得することができる」）。

また、そもそも、進学準備給付金を規定する第五五条の五は、「第8章　就労自立給付金及び進学準備給付金」において、就労自立給付金（第五五条の四）と併記されている。ここでいう、就労自立給付金とは、就労収入により概ね六カ月以上最低生活を維持できると認められる場合に世帯単位で現金（単身世帯：一〇万円、複数世帯：一五万円）を支給するものである。その趣旨は「生活保護を脱却するためのインセンティブを強化する」とともに「脱却直後の不安定な生活を支え、再度保護に至ることを防止すること」にある（「生活保護法による就労自立給付金の支給について」平成二六年四月二五日　社援発〇四二五第三号）。

以上の整理を踏まえると、進学準備給付金は、あくまでも就労自立給付金とならぶ「就労自立」、「経済的自立（保護廃止）」の連続性のなかに位置付けられているといえる。ただし、進学準備給付金においては、「個人単位の自立」（就労や増収）に力点が置かれていること──少なくとも、対象選定の要件で「世帯の自立」が言及されていないこと──には留意が必要である。

上記の法改正に加えて、二〇一八年度には「通知」の改正も行われている。まず、高等学校等就学者の就労収入（アルバイト収入）のうち「就労や早期の保護脱却に資する経費」として「収入認定除外」となる対象に「受験料」が明記されている。

2　次のいずれかに該当し、かつ、当該経費の内容や金額が、具体的かつ明確になっていること。

（略）

（2）就労に資する資格を取得することが可能な専修学校、各種学校又は大学に就学するために必要な経費

（事前に必要な受験料（交通費、宿泊費など受験に必要な費用を含む。）及び事前に必要な入学料等に限る。）

（課8－問58－2）

また、「世帯分離就学」をする場合には、正規の就学期間に限り、「世帯分離就学者」を含めた人員数での住宅扶助限度額が適用されることになった。これにより、「世帯分離就学」に伴う住宅扶助費の減額がなされないこととなった。

C　二〇一九年度の改正

続く二〇一九年度には、「各種貸付金」の「収入認定除外」に関する改正が行われている。具体的には、高等学校等就学者の収入（貸付金、恵与金）の「収入認定除外」の対象として、大学等就学後の経費（授業料、生活費等）が明記されている。

（3）貸付資金のうち当該被保護世帯の自立更生のために当てられることにより収入として認定しないものは次のいずれかに該当し、かつ、貸付けを受けるについて保護の実施機関の事前の承認があるものであって、現実に当該貸付けの趣旨に即し使用されているものに限ること。

イ　次のいずれかに該当する就学資金

（略）

（ウ）大学等への就学のため、第一の五による世帯分離又は、大学等への就学にあたり居住を別にすること

が確実に見込まれる世帯について、大学等への就学後に要する費用にあてるための貸付資金

（局8－2－（3））

被保護世帯の自立更生のための用途に供されるものとしては、次に掲げる経費にあてられる額を認めるものとすること。（略）

（2）（1）に掲げるもののほか、実施機関が当該被保護世帯の構成、世帯員の稼働能力その他の事情を考慮し、次に掲げる限度内において立たせさせた自立更生計画の遂行に要する経費

（略）

オ　当該経費が就学等にあてられる場合は、次に掲げる額

（略）

（エ）当該経費が大学等への就学後に要する費用にあてられる場合は、授業料や生活費その他就学のために必要と認められる最小限度の額（当該取扱いは、大学等への就学後に要する費用にあてることを目的とした貸付金や恵与金を当該大学等に就学する者が高等学校等在学中に受ける場合に限る。）

（課8－問40）

＊＊＊

以上に見てきたとおり、二〇一七年度以降、生活保護制度では、「資源調達」の方法（進学準備給付金の創設、「世帯分離就学」時に住宅扶助費の減額をしない措置、「収入認定除外」条件の緩和等）が拡充されてきている。

別言するならば、「客観的な選択肢」の限定性が緩和されてきているといえよう。

しかしながら他方で、従前と同様、利用世帯出身者が大学等に就学すること、ならびに、そのために「資源調達」を行うことは、「狭義の自立」助長――とりわけ「個人単位」の「狭義の自立」助長――によって条件づけられたままである。つまり、「客観的な選択肢」の制約性は、二〇一七年度以降も貫徹している。

（2）「教育政策」の動向――給付型奨学金の創設（二〇一七年度‐二〇一九年度）

A　概要

他方、「教育政策」の領域では、内閣府の「ニッポン一億総活躍プラン」（二〇一六年六月二日閣議決定）[2]において給付型奨学金の創設等が言及され、次いで、文部科学省の設置した「給付型奨学金制度検討チーム」（同年七月〜）において議論されてきた。

そのうえで、二〇一七年三月三一日には「独立行政法人日本学生支援機構法の一部を改正する法律」が成立し、日本学生支援機構の奨学金制度に給付型奨学金が創設された。二〇一七年度には一部先行実施がなされ、二〇一八年度から本格実施が始まった。

B　給付対象

給付型奨学金の給付対象は、①住民税非課税世帯、②生活保護利用世帯、③社会的養護を必要とする者（児童養護施設等出身者）である。別言すれば、上記に該当しない者は、給付型奨学金を利用することができないということである。

表補-3　推薦基準

人物について	学習活動その他生活の全般を通じて態度・行動が給付奨学生にふさわしく、進学の目的及び進学後の人生設計が明確であり、将来良識ある社会人として活動し、将来的に社会に貢献する人物となる見込みがあること
学力及び資質について	下記のいずれかの要件を満たしていること ①各学校の教育目標に照らして十分に満足できる高い学習成績を収めている者 ②教科以外の学校活動等で大変優れた成果を収め、各学校の教育目標に照らして概ね満足できる学習成績を収めている者 ③社会的養護を必要とする生徒等であって、特定の分野において特に優れた資質能力を有し、又は進学後の学修に意欲があり、進学後特に優れた学習成績を収める見込みがある者

資料：独立行政法人・日本学生支援機構「給付奨学生採用候補者の推薦に係る指針」に基づき筆者作成（下線筆者）

また、上記の経済的条件を充たしたうえで、さらに、日本学生支援機構の定める「給付奨学生採用候補者の推薦に係る指針」[3]に基づき高等学校等からの推薦を受ける必要がある。具体的には、表補－3のとおりである。表中の下線にあるとおり、給付型奨学金を利用するためには、進学目的及び人生設計の明確さや、社会人として社会に貢献する見込みがあり、一定の能力及び資質（その見込み）を有していなければならない。

上記の条件をすべて充たし実際に採用された学生の人数は、二〇一七年度（先行実施分）二五〇二人[4]、二〇一八年度一万八五六六人、二〇一九年度一万八九一五人であった[5]。なお、この数値は、二〇一八年度大学等[6]入学者全体の一・九一％、二〇一九年度大学等入学者全体の一・九二％を占めるに過ぎない。

C　給付額

上記の諸条件を充たした場合には、表補－4のとおり、大学等の設置者（国立／公立／私立）、居所（自宅通学／自宅外通学）に応じて給付額が決定される。最高給付額は「私立・自宅外通学」で月額四万円（年間四八万円）、最低で「国立・自宅通学」で月額二万円（年間二四万円）となっている。また、社会的養護を必要とする就学者に対しては、別途進学時に一時

表補 -4　給付型奨学金（2017-19 年度）の概要（月額）

設置者	2017-19 年度	
	自宅通学	自宅外通学
国立	*20,000 円* *（0 円）*	*30,000 円* *（2,0000 円）*
公立	*20,000 円*	*30,000 円*
私立	*30,000 円*	*40,000 円*

* = 授業料全額免除の場合
斜体 = 2017 年度先行実施（社会的養護を必要とする者）の対象
グレースケール = 2017 年度先行実施（住民税非課税世帯、生活保護世帯）の対象

資料：日本学生支援機構 HP「奨学金の制度（給付型）」に基づき筆者作成

金（二四万円）が給付される。

なお、二〇一七年度の先行実施では、①社会的養護を必要とする者（国公私立大学等への就学者）、ならびに、②住民税非課税世帯または生活保護利用世帯の者（私立大学等に自宅外通学する者）のみを対象としていた。

＊＊＊

二〇一七年度の給付型奨学金創設は、利用世帯を含む貧困・低所得世帯にとって重要な「制度的資源」の拡充を意味する。勿論、日本における大学等修学に際しての私費負担（授業料等）が高いことを前提とすると、給付型奨学金の給付額は不十分である。しかしそれでもなお、従来、日本学生支援機構の奨学金に貸与型しかなかったことを踏まえると、給付型奨学金が創設されたことの意義は大きいといえよう。

しかしながら同時に、新設された給付型奨学金は、重層的な給付条件を課す「選別主義」的な制度設計であると考えられる。そもそも、給付型奨学金を利用するためには、あくまでも厳しい経済的条件を充たさなければならない。このことは、等しく「教育を受ける権利」を有するはずの貧困・低所得世帯（利用世帯含む）出身者と、その他の世帯出身者とを線引

き（分断）することを意味する。またさらに、特定の「主体像」（将来的に社会に貢献する人物となる見込みがある等）に適い、なおかつ、一定の能力及び資質（学力、その他能力）を有していなければ給付対象とならないのである。

3　限定的かつ制約的な「客観的な選択肢」、再考

以上、本補論では、二〇一七年度以降の大学等就学に関連する生活保護制度の動向、ならびに、「教育政策」（奨学金）の動向を分析してきた。以下では、まず、分析結果を検証しながら考察を加えていく。そのうえで、本補論の最終的な結論、ならびに、残された課題を述べる。

（1）分析結果の検証及び考察

本補論の冒頭では、以下の問いを立てた。利用世帯の子どもが大学等就学に際して採りうる「客観的な選択肢」は、二〇一七年度以降どのように変化してきたのか。この問いに対する答えとしては、大別すると以下、二点が指摘できる。

A　限定性の緩和

第一に、利用世帯の子どもが大学等就学時に採りうる「客観的な選択肢」の限定性が緩和傾向にあることである。本補論で分析したとおり、利用世帯を給付対象に含む給付型奨学金が創設されている。これにより、

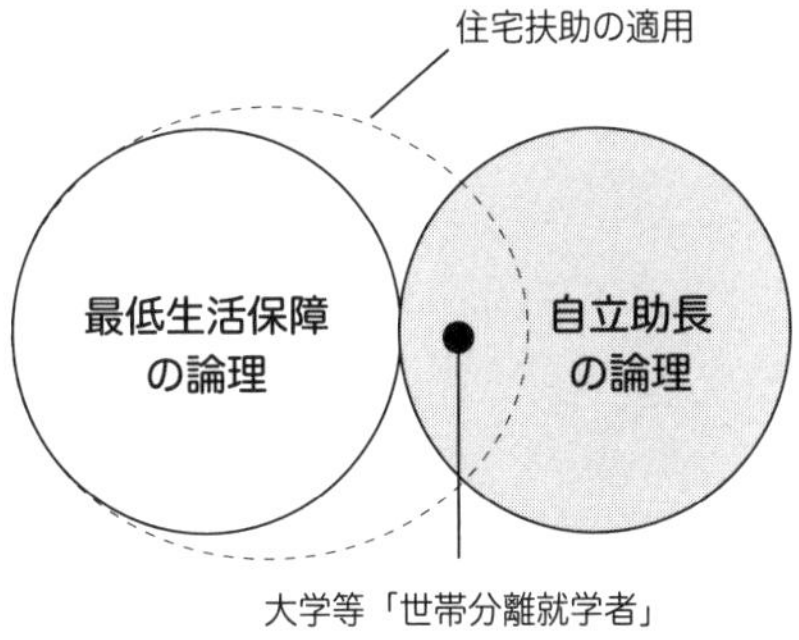

図補-1　住宅扶助の適用と「世帯分離就学者」

従来、貸与型に偏重していた生活保護制度外の「制度的資源」が大幅に拡充されたと考えられる。

また、生活保護制度においては、上記の給付型奨学金を活用できるよう「通知」の改正が行われ、さらには、進学準備給付金の創設、「世帯分離就学」時に住宅扶助を減額しない措置等の改正が行われている。

ここで留意すべきは、「世帯分離就学」時の住宅扶助の減額をとりやめたことにより、生活保護制度における大学等就学（者）の位置づけが変容したことである。そもそも、上記のように各種「資源」の拡充が進められてきた一方で、いまだ大学等への「世帯内就学」が認められていない。そのため、利用世帯からの大学等就学（者）は、二〇一七年度以降もなお「最低生活保障」の論理から排除されながら、同時に「自立助長」の論理に包摂されるという曖昧な状況に置かれ続けている。

しかしながら、二〇一八年度から「世帯分離就学」時に住宅扶助が減額されなくなったことにより、大学等「世帯分離就学者」は、「世帯分離」後にも――住宅扶助に限られるが――「最低生活保障」の論理に一部包摂されることになる（図補-1）。このことは、大学等就学（者）の位置づけがさらに「例外」的になることを意味する一方で、第7章で論じたような「世帯内就学」の可能性を拓くひとつの契機になると考えられる。

以上のように、利用世帯の子どもが大学等就学時に活用できる各種「資源」（とりわけ「制度的資源」）は、二〇一七年度以降、従前に比して拡充されてきている。勿論、課題は残されている。後述するように各種「資源」活用の条件には制約があり、給付型奨学金等の給付水準も十分ではない。また、生活保護制度においては、大学等への就学支援を進める一方で、並行して、生活保護基準の引き下げ＝「最低生活」水準の切り下げが進められている（cf. 岡部・三宅 2019）。

しかしながら、それでもなお、給付型奨学金の創設、ならびに、進学準備給付金の創設、「世帯分離就学」時の住宅扶助減額のとりやめといった変化は、大学等就学時の「客観的な選択肢」の拡充に一定程度、寄与するものと評価できるだろう。

B　制約性の貫徹

他方で、第二に、「客観的な選択肢」の制約性には変化が見られないことが指摘できる。依然として、生活保護制度内では、大学等就学に際して「なしうること／なしえないこと」が「狭義の自立」（「就労自立」、「保護脱却」等）に条件づけられており、大学等就学（者）は「手段」化されたままである。また、新設の進学準備給付金においても「狭義の自立」が制度設計に組み込まれている。

以上に加えて、新設の給付型奨学金制度においても、給付を得るためには、経済的条件（住民税非課税世帯、生活保護利用世帯、社会的養護を必要とする者）を充たし、なおかつ、特定の「主体像」に適うこと（一定の学業成績・資質能力、将来的に社会に貢献すると期待される等）が求められる。

以上を踏まえると、利用世帯出身者が大学等に就学するためには、①将来的に「世帯の自立」、自身の「就労自立」や「保護脱却」に資する「主体」になること、そしてまた、②「社会に貢献」するような「主体」になることが強いられると考えられる。つまり、かれらは、「生活保護利用世帯出身者である」がゆえに――生活保護制度を利用せず、かつ、給付型奨学金を利用しない大学等就学者とは異なり――他者の望む「主体像」へと方向付けられることになる。

そして、ここで視点を変えるならば、利用世帯の子ども[7]の「教育を受ける権利」は、それが権利であるがゆえに無条件に保障されるのではなく、「目的」（「狭義の自立」、「社会への貢献」等）の（将来的な）達成を志向する限りで、結果として充足されているに過ぎない。つまり、給付型奨学金や進学準備給付金が創設されてもなお、「教育」の「手段化」は終わっていないのである。

（2）結論

以上、本補論での分析及び考察を踏まえ、以下のとおり結論を提示する。

すなわち、①二〇一七年度以降、生活保護制度内外において各種「資源」が整備されてきたことにより「客観的な選択肢」の限定性が（不十分さを含みながらも）緩和されつつあること、しかしながら他方で、②それらの「資源」を活用する際には、生活保護制度内外における制約的な条件（「狭義の自立」助長に資すること、「社会に貢献」すること等）が一貫して課され続けていること、③それゆえ、これまでになされてきた「客観的な選択肢」の拡充は、あくまでも「目的論」的な視点によるものであり、大学等就学（者）は「手段化」されていること、以上である。

つまり、利用世帯の子どもが選択しうる「客観的な選択肢」の拡充——ひいては、大学等「就学機会」の拡充——は、大学等就学（者）が「経済的／社会的」に「役に立つ」限りで認められる「条件付きの拡充」であるといえよう。

（3）残された課題

最後に本補論では論じきれなかった課題を二点提示して結びにかえたい。

第一に、本補論の分析対象は、生活保護制度＝構造や「教育政策」によって規定されている「客観的な選択肢」に限られていたことである。そのため、当事者たちの「主観的な選択肢」や「資源調達」の過程は射程外である。仮に「客観的な選択肢」が拡充されたとしても、当人たちがそれを認識、理解していなければ、あるいは、「他者」の関与によって実質的に活用できない状況に陥っているとすれば、その拡充には意味がない。

また、「通知」等によって制約的な条件が課されていることと、それらがどのようにして現実に適用されているのか、あるいは、当事者がそれにどのように対応しているのか——条件に適うように順応しているのか、あるいは、それに抵抗しているのか等——は別次元の問題である。上記の論点は、あらためて調査研究を通じて究明していく必要がある。

第二に、二〇二〇年度以降の動向を分析できなかったことである。二〇二〇年度からは、大学等修学支援新制度が施行されることとなっている。この制度においては、確認要件を充たした大学等に就学する学生に対して、授業料等（入学金・授業料）減免を行うとともに、拡充された給付型奨学金を支給することとなっている。

大学等修学支援新制度は、利用世帯も支援対象としており、生活保護制度内でも、利用世帯の子どもが同制度を活用できるよう「通知」の改正が進められている（cf.「生活保護関係全国係長会議資料」[8]）。そのため、新制度の施行は、利用世帯における「客観的な選択肢」のさらなる拡充につながるものと予想される。

ただし、大学等修学支援新制度の支援対象は、厳しい経済的条件（住民税非課税世帯、または、それに準ずる世帯）を充たし、なおかつ、一定の学業成績等を充たした者に限られており、従前以上に選別性の高いことが指摘されている（小川 2019; 田中 2019; 栗原 2020; 中嶋 2020）。

以上のような問題点を含む大学等修学支援新制度施行以降＝二〇二〇年度以降の生活保護制度の在り方に関しては、今後の検討課題としたい。

■注

1 以下、「通知」の引用に付した下線は引用者（筆者）による。
2 内閣府「ニッポン一億総活躍プラン」（https://www.kantei.go.jp/jp/singi/ichiokusoukatsuyaku/pdf/plan1.pdf）
3 独立行政法人・日本学生支援機構「給付奨学生採用候補者の推薦に係る指針」（http://www.nps.ed.jp/narakita-hs/03zaikou/filesguideline_180511_1.pdf）
4 独立行政法人・日本学生支援機構「平成二九年度「給付奨学金」の採用状況について」（https://www.jasso.go.jp/about/information/press/__icsFiles/afieldfile/2017/10/13/JP_171013_1.pdf）
5 独立行政法人・日本学生支援機構「平成三〇年度「給付奨学生」の採用状況について」（https://www.jasso.go.jp/shogakukin/kyufu/saiyojokyo/h30_kyufu_jokyo.html）、ならびに、同「令和元年度「給付奨学生」の採用状況について」（https://www.jasso.go.jp/shogakukin/kyufu/saiyojokyo/r1_kyufu_jokyo.html）

6 「学校基本調査　結果の概要」（平成三〇年度、令和元年度）を参照（https://www.mext.go.jp/b_menu/toukei/chousa01/kihon/kekka/1268046.htm）。ここでいう大学等入学者は、大学、短期大学、専修学校（専門課程）の入学者を指している。二〇一八年度：大学六二万八八二一人（通信制一万五一〇六人）、短期大学五万三八五八人（通信制六一六九人）、専修学校（専門課程）二六万七五六二人。二〇一九年度：大学六三万一二七三人（通信制一万五四四〇人）、短期大学五万一三〇六人（通信制六〇三六人）、専修学校（専門課程）二八万七人。なお、上記には、高等専門学校（四年生・五年生）は含まれていない。

7 ここでは、本書の関心・目的に沿って「利用世帯の子ども」に論点を絞っているが、給付型奨学金の課す条件は、広く貧困・低所得世帯の子どもを対象とするものである。したがって、ここでの論点は、生活保護制度外に広がりをもつものと考えられる。

8 厚生労働省「生活保護関係全国係長会議資料」（令和二年三月五日）（https://www.mhlw.go.jp/content/12201000/000604160.pdf）、とりわけ「二〇二〇（令和二）年四月一日施行　生活保護実施要領等」（https://www.mhlw.go.jp/content/12201000/000604770.pdf）参照。

資料

1　学校系統図と生活保護制度

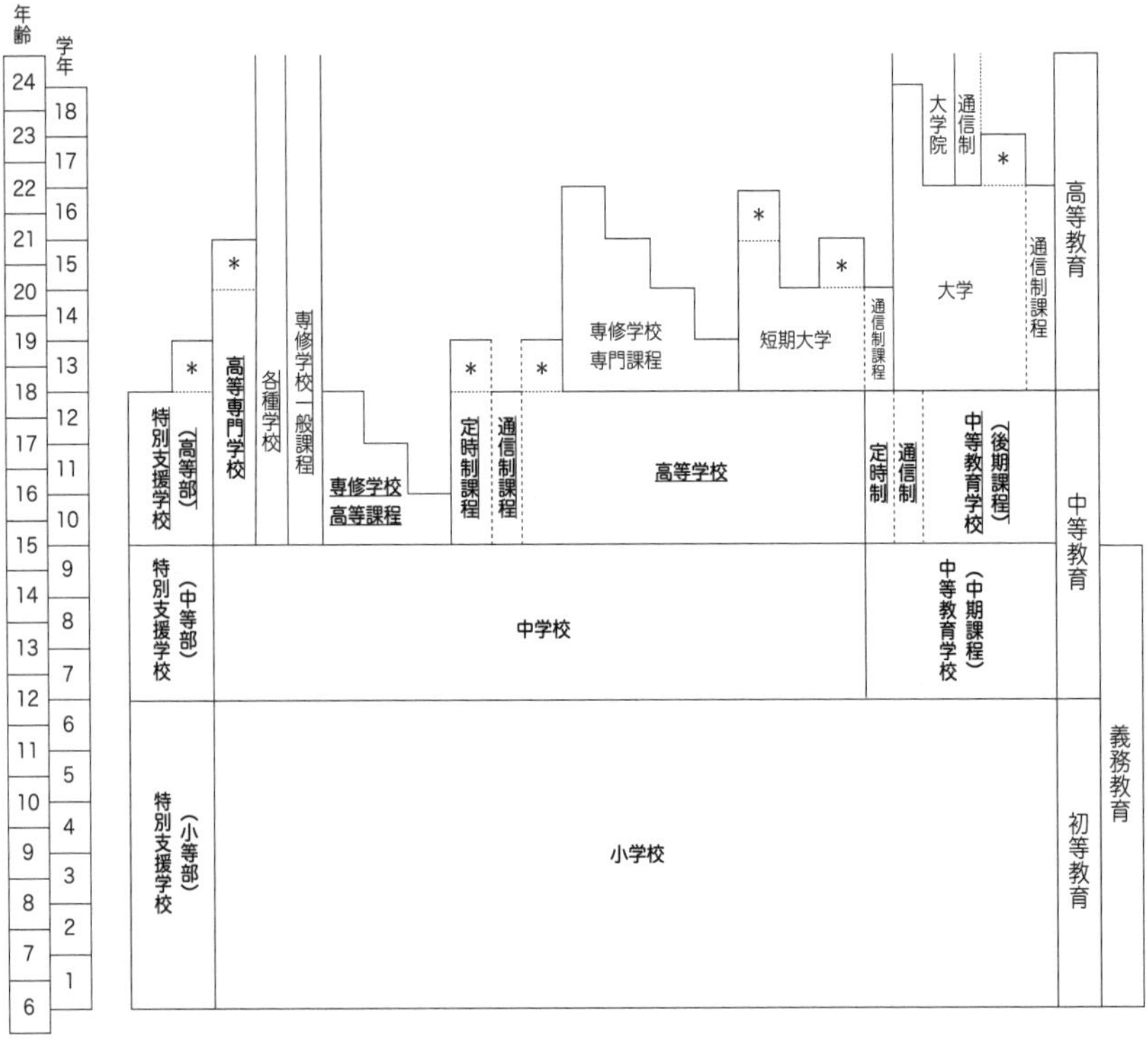

文部科学省「日本の学校系統図」を基に筆者作成
＊印＝専攻科　太字＝教育扶助の給付対象　傍線＝技能修得費の給付対象　太字＋傍線＝高等学校等就学費の給付対象

2　調査協力者の生活歴（概要）

本書の第５章及び第６章では、個別的な生活歴は記述しきれなかった。以下には、第５章及び第６章の理解を深めるための補助線として、本書で分析対象とした「当事者」の生活歴を表形式でまとめてある。

なお、事例ごとにインタビュー調査の実施時間に相違があること、ならびに、「語り」の焦点に相違があることから表中の情報量には違いがある。また、個人情報保護の観点から、固有名詞はすべて匿名化している。また、個々の情報については、不整合が生じない範囲で修正を加えている。

事例 No.1　母親Ｆさん

時期	居所	生活歴
出生	Ｂ県Ａ市	出身世帯：祖母、父（自営業）、母、長男、長女、次女（＝Ｆさん）
小学５年生		父が事業に失敗　両親が離婚
小学５年生～６年生		祖母と死別　母と死別 母の入院時・死亡後は、長男（当時大学生→その後、中退）と同居）
中学１年生～２年生		親戚（おば）の家で生活
中学３年生~高校１年生		姉夫婦の家で生活（姉：大学中退）　同時期に義兄から虐待を受ける
高校２年生～３年生	Ｃ県	高等看護学校に入学
20 歳		うつ病になり休学　半年間は看護師として働く
20 ～		休職期間をはさみながら、アパレル、看護の仕事を転々とする
20 代中頃		結婚（１人目）　後に離婚（離婚の時期は不明）
20 代中頃 30 代前半	Ａ県Ｂ市Ｄ福祉事務所所管地域	結婚（２人目：入籍のみ）　長女出産前にパートナーは刑務所へ ◎長女Ｐさんの出産後に生活保護申請・利用開始
長女の小学校入学時頃		パートナーの出所時に正式に離婚　その後パートナーは再度刑務所へ
40 代前半		長男の妊娠・出産（経緯・時期不明）
40 代後半　2013 年	Ｃ福祉事務所所管地域	パートナーが再出所後に接触してくることを恐れ転居 同年パートナー病死
2014 年～ 2015 年		療養中
2016 年		療養中　短期間のパート就労

事例 No.1　長女Ｐさん

時期	居所	生活歴
出生	Ａ県Ｂ市Ｄ福祉事務所所管地域	出身世帯：母、父（ほとんど生活を共にしていない）、長女（＝Ｐさん）
～３歳頃		母はパート就労（看護系）をしており、保育園に預けられていた　母親も長女も本が好きだったため、図書館に通っていた
小学１年生～６年生		クラブ活動：バスケットボール　習い事：ダンス教室　通塾等：通信教育学業成績：「普通ぐらい」（5 段階で３～4）
中学１年生～３年生		部活動等：バスケットボール　習い事：ダンス教室　通塾等：通信教育、私塾（中学３年生の２学期頃～ ' 塾代助成を活用） 学業成績：「3 がほとんどで 4 がちょこっと」　進路希望：靴が好きなため公立Ｂ高校（デザイン関係）を希望（中学２年生の頃）→Ｂ高校を受験（不合格）→公立Ａ高校を受験（合格）　私立高校の受験は、貸付金「返済のこと」を考慮して「頭になかった」
高校１年生～２年生 2013 年～ 2014 年	Ｃ福祉事務所所管地域	公立Ａ高校　アルバイト：商店街の食料品店（高校２年生の終わり頃～）部活動：ダンス部　通塾等：なし 学業成績：「大体 4 とか」、数学 5、英語 3、クラスで「5 番前後ぐらい」　進路希望：靴に関わることをしたいのでＡ専門学校
高校３年生 2015 年		アルバイト：同上継続　月平均６～７万円の収入→４万円を預貯金（収入認定除外） 卒業後の予定：Ａ専門学校進学（願書提出済み）　AO 試験の面接を予定　前期授業料の約 80 万円は預貯金＋学校独自の給付型奨学金で賄う予定 日本学生支援機構、母子・寡婦福祉資金の貸付金については未理解　世帯分離就学を予定
専門学校１年生 2016 年		Ａ専門学校に世帯分離就学（住居は母親と同一）　アルバイト：同情継続日本学生支援機構、母子・寡婦福祉資金の貸付金利用

事例 No.3　母親 A さん

時期	居所	生活歴
出生	D 県 A 市	出身世帯：祖母、長女（＝ A さん）
幼少期		股関節脱臼で股関節を痛める
小学 4 年生～高校 3 年生		児童養護施設入所（祖母が高齢により面倒を見られなくなったため）
18 歳～ 20 代中頃	D 県 B 市	電気関係の企業に就職 会社提携の専門学校（夜間部）に 3 年間通い卒業　保育士資格取得 20 代半ばに結婚→長男出産
20 代中頃～	A 県	長女（Z さん）出産 パートナーが A 県の支社に転勤（時期不明）
長男小学校 6 年生の冬	A 県 B 市 C 福祉事務所所管地域	DV から逃れるため、A さん・子どもはシェルターに避難（離婚済） ◎女性センターを経由して、生活保護を申請・利用開始
40 代前半　2013 年		療養中（股関節症）　A さんの実母（生活保護申請）の所在を知る
40 代前半　2014 年		療養中（股関節症）

事例 No.3　長女 Z さん

時期	居所	生活歴
出生		出身世帯：母 A さん、父、長男、長女（＝ Z さん）
小学 3 年生	A 県 B 市 C 福祉事務所所管地域	父からの DV、両親の離婚に伴って転校 転校先の学校で不登校（半年間） ◎生活保護利用開始
小学 4 年生		朝礼中に倒れたため病院で検査 自律神経失調症、起立性調節障害、軽度の ADD
小学 5 年生～ 6 年生		クラブ活動：なし　習い事：なし　通塾等：なし　学業成績：回答なし
中学 1 年生～ 3 年生		特別支援学級に通級 部活動等：回答なし　習い事：なし　通塾等：無料の塾（隣の市） 学業成績：回答なし　進路希望：Z さんは、特別支援学校・定時制高校を嫌がっており、公立 F 商業高校希望、願書提出時には、公立 D 工業高校に変更（合格）
高校 1 年生～ 2 年生 2013 年～ 2014 年		公立 D 工業高校 アルバイト：なし　部活動等：バスケットボール部（マネージャー）　通塾等：なし 学業成績：クラスで最下位から 2 番目（母親曰く「成績を求めるということ」は「本当はしたらいけない」ことで、学年を「何とかあがってる感じ」） 進路希望：「専門学校か短大」に進学、保育士になることを希望

事例 No.5　母親 H さん

時期	居所	生活歴
出生	A 県 F 市	出身世帯：父（公務員）、母、長女、次女（＝ H さん）
中学 3 年生		当時の担任教師に「すすめられるがまま」バレーボール推薦で私立 L 高校を受験（合格） 両親に学費の面で「苦労かけたみたい」
高校 1 年生～ 3 年		卒業後は付属の専門学校への進学を希望 長女からは学費を「自分で全部払うつもり」で進学するように言われ断念
18 歳～	D 県 B 市	電子部品の企業に就職　1 年後に退職
19 歳～ 21 歳頃		文化活動（「2 年間ぐらいより道した」）
21 歳頃～		塗装会社に就職（事務職） 職場同僚と結婚（時期不明）
20 代中頃		長男 J さん出産
20 代後半		長女出産
30 代前半		次男 S さん出産
30 代中頃		次女出産
30 代後半		パートナーの事業（自営業）失敗 （「借金地獄」で「それこそ生きるか死ぬかの」生活）
30 代後半 （上記の翌年）	A 県 B 市 C 福祉事務所所管地域	住宅の家賃滞納　家族全員でシェルターへ ◎シェルターで生活保護申請・利用開始　離婚
50 代前半　2014 年		保育園の給食補助・保育補助（パート就労）　長男が高校に進学後に就労開始
50 代前半　2015 年		同上継続

事例 No.5　長男 J さん

時期	居所	生活歴
出生	A 県	出身世帯：母 H さん、父、長男（＝ J さん）
中学 1 年生～ 3 年生	A 県 B 市 C 福祉事務所所管地域	中学 1 年生の頃に両親が離婚 部活動等：回答なし　習い事：回答なし　通塾等：私塾（中学 3 年生～約 1 年間：塾代助成活用） 学業成績：理数 4 ～ 5、英語 2 進路希望：公立 C 工業高校を受験（合格） （「大学に行かせられるかどうかわかんない」ので工業高校への進学を助言：教師からは「もったいない」（上位校を目指せる）と言われた）　なお、公立 E 高校、公立 M 工業高校も言及されていたが、前者は入試難易度が難しいため、後者は優しすぎるため未受験
高校 1 年生～ 3 年生		アルバイト：なし　部活動等：なし　通塾等：なし 学業成績：5 ～ 4（入試の成績はトップ：学年「10 番以下は下がったことがない」） 進路希望：高校 3 年生・1 学期の頃に専門学校への進学を希望　C 専門学校、D 専門学校を見学→ C 専門学校を受験（合格） （H さんも「専門的なことをやってほしい」という思いあり） 母子・寡婦福士資金、学校の教育ローンを活用
専門学校 1 年生～ 3 年生		C 専門学校に世帯分離就学（住居は母親と同一） アルバイト：居酒屋（時期不明）、コンビニ（2013 年 12 月頃～）
専門学校 4 年生 2014 年		卒業後の予定：IT 関係の企業に内定
23 歳　2015 年	A 県	IT 関係の企業に就職　利用世帯から転出、長女と同居

事例 No.5　次男Ｓさん

時期	居所	生活歴
出生	Ａ県	出身世帯：母Ｈさん、父、長男（＝Ｊさん)、長女、次男（＝Ｓさん)
小学２年生～３年生頃	Ａ県Ｂ市Ｃ福祉事務所所管地域	◎生活保護利用開始　離婚
中学１年生～３年生		部活動等：回答なし　習い事：回答なし 通塾等：私塾（中学３年生の冬季講習～：塾代助成活用) 学業成績：中学３年生・２学期に英語１（他不明) 進路希望：公立Ｆ商業高校を受験（合格) 公立Ｃ工業高校（長男進学)、Ｆ商業高校（長女進学）が候補に挙がり、Ｓさんは、後者を希望（塾の講師からは「Ｆ商業ではもったいない」と言われたが、「資格が取れること」にこだわり普通科は未受験)
高校１年生～２年生 2014 年		公立Ｆ商業高校 アルバイト：コンビニ　部活動等：バスケットボール部　通塾等：なし 学業成績：「クラスで 10 番目ぐらい」、英語２ 進路希望：保育士
高校３年生 2015 年		アルバイト：コンビニ　部活動等：：バスケットボール部　通塾等：なし 学業成績：クラスで「まんなかぐらい」(15 番前後) 進路希望：Ｌ専門学校を受験予定 学費は「120 万円ぐらい」→調査実施現在では、母子・寡婦福祉資金、アルバイト収入による預貯金、長男・長女による援助を予定

事例 No.10　父親 W さん

時期	居所	生活歴
出生	日本国外	出身世帯：父（外国籍・自営業）、母、長男（＝ W さん）、次男
8 歳頃	A 県 F 市	
中学 2 年生頃～	A 県 G 市	転居　B 市の公立高校に進学
18 歳～ 20 歳頃		高校卒業後の 2 年間、実家（飲食店）を手伝う
21 歳～ 25 歳頃		私立大学（4 年制・経済学部）に進学、卒業
大学卒業後～ 30 歳頃		秘書業　同時期にパートナーと出会う （パートナー＝母に関しては、短大卒・傷病等のないこと以外、詳細不明）
30 代前半	A 県 B 市 C 福祉事務所所管地域	結婚　現在の居所に転居（時期不明）
30 代中頃		長男誕生
40 代中頃		外資系企業に転職　転職先で借金を負う
40 代中頃		急性大動脈瘤解離（入院・手術） ◎退院後に生活保護申請・利用開始
50 代前半　2014 年		療養中（定期的な治療）　パートナー：パート就労
50 代前半　2015 年		療養中（定期的な治療）　パートナー：パート就労

事例 No.10　長男 G さん

時期	居所	生活歴
出生	A 県 B 市 C 福祉事務所所管地域	出身世帯：母、父（＝ W さん）、長男（＝ G さん）
就学前		幼稚園に通園
小学 1 年生～ 6 年生		クラブ活動：なし　習い事：地域のサッカークラブ 通塾等：なし　学業成績：「目立たないぐらい」 ◎小学 5 ～ 6 年生頃に生活保護利用開始
中学 1 年生～ 3 年生		部活動等：サッカー部　習い事：地域のサッカークラブ 通塾等：私塾（中学 3 年生～：塾代助成を活用） 学業成績：「5 がほとんどで 4 が、1 つ 2 つ」 進路希望：進学　通塾先から頼まれて難関私立高校 3 校、公立 K 高校を受験（すべて合格）　経済的な理由で公立 K 高校に進学（同級生から生活保護に関する嫌味を言われたのがきっかけで、進学校を目指し始めたとのこと） 中学 2 年生の頃には国立 X 大学への進学希望を表明
高校 1 年生 2014 年		公立 K 高校　アルバイト：なし（校則で認められない）　部活動等：サッカー部　通塾等：なし　学業成績：「学年で 10 位以内」、偏差値 70 台 進路希望：国立 X 大学
高校 2 年生 2015 年		アルバイト：なし（校則で認められない）　部活動：サッカー部　通塾等：なし　学業成績：模擬試験で国立 X 大学 A 判定、国立 B 大学 A 判定（1 年生の頃より「落ちてる」） 進路希望：国立 X 大学、B 大学（G さんは「お金がかかるんだったら」進学をあきらめて大学に「いかないで働いてもいい」と言い出していた）

事例 No.11　父親 C さん、母親

時期	居所	生活歴
出生	E 県	出身世帯：詳細は回答なし
18 歳～	B 県	E 県の高校卒業後、親戚の工場に就職 疾病により大腸全摘出、以降ストーマ使用
20 代中頃		調理系の仕事に転職
30 代前半		再度、調理系の仕事に転職
40 代中頃		結婚（時期不明） 長女出産
50 代中頃	A 県 B 市 C 福祉事務所所管地域	◎祖母の転入に伴い生活保護申請・利用開始 （利用開始の具体的な経緯、時期は不明）
2014 年		タクシー会社（運転手） 以前は介護関係の仕事（ヘルパー 2 級取得済）、職場閉鎖に伴い現職
2015 年		同上継続
2016 年		同上継続 体調不良、平衡感覚に違和感（大学病院にて肺、脳に関して検査中）

時期	居所	生活歴
出生	不明（漁師町）	出身世帯：父、母、3 きょうだい
小学校～中学校		きょうだい 3 人で生活しており、ほとんど学校に行けていない
20 代中頃		結婚　長女出産
2014 年～ 2016 年		飲食店でパート就労

事例 No.11　長女 R さん

時期	居所	生活歴
出生	A 県 B 市 C 福祉事務所所管地域	出身世帯：母、父（＝ C さん）、長女（＝ R さん）
小学 1 年生～ 6 年生		クラブ活動：回答なし　習い事：回答なし　通塾等：回答なし 学業成績：「国語がすごい抜群に良かった」 ◎小学 3 ～ 4 年生頃に生活保護利用開始
中学 1 年生～ 3 年生		部活動等：バレーボール部　習い事：なし 通塾等：私塾（中学 3 年生、夏休み頃から短期間：塾代助成を活用） 学業成績：「数学がよくなった」 進路希望：公立 A 高校受験（合格）（R さん自身は明確な希望はなかったが、C さんは「最低でも」高校に行くように助言；入試結果を見る限りでは、A 高校より入試難しい高校でも合格可能であった）
高校 2 年生 2014 年		公立 A 高校　アルバイト：ドラッグストア（高校 1 年生の途中～）　部活動：なし　通塾等：なし　学業成績：英語 11 ～ 2 番目、全体で 7 番目（クラスか、学年かは不明） 進路希望：進学または就職
高校 3 年生 2015 年		アルバイト：ドラッグストア（高校 1 年生の途中）　部活動：なし 通塾等：なし　学業成績：10 番以内（クラスか学年かは不明） 卒業後の予定：就職　飲食関係、郵便関係、クリーニング店が候補→クリーニング店に内定、実家から通勤予定 R さん就職後に生活保護廃止の可能性あり
18 歳 2016 年		クリーニング店に就職するが、3 か月後に体調不良・人間関係を理由に退職 →その後、遊興施設の事務職（パート就労）で働くが、1 週間で退職 →調査時現在は、事務関係で求職活動をしながら日々雇用（イベント設営等）

あとがき

本書は、二〇一七年度に首都大学東京大学院・人文科学研究科に提出した博士論文『生活保護利用世帯における大学等「就学機会」に関する研究』を大幅に加筆・修正したものである。本書に含まれる論稿の初出は、以下のとおりである。

第4章 (2015)「生活保護制度における高等学校等・大学等就学の『条件』に関する研究――『生活保護制度の実施要領』の分析を通じて」日本社会福祉学会『社会福祉学』55 (4) : 1-13

第6章 (2014)「生活保護受給世帯における『大学等』への就学機会に関する研究――養育者とソーシャルワーカーの役割に着目して」日本社会福祉学会『社会福祉学』55 (2) : 40-53 (分析枠組み、分析対象の選定方法のみ参照)

＊＊＊

筆者＝私は、少年期 (小学生〜中学生) を東京都新宿区で過ごしている。そして、この時期に過ごした生活世界とそこでの経験――公園に立ち並ぶ段ボールハウス、路上生活者、巨大な公営住宅団地、ひとり親世帯、やんちゃな友人等々――が、貧困に関する研究をしていく上での動因となっている。

他方で、私自身は、経済的に安定した世帯出身で生活保護制度を利用した経験がない。つまり、「生活保護制度と大学等就学」に関する問題の直接的な当事者ではない。しかも、職業は私立大学の教員で、研究活動をしながら学生を相手に社会福祉学を教えることで賃金を得ている。そんな人間が、生活保護制度における大学等就学、さらにいえば「貧困と教育」に照準した研究をしている。なんだか変な感じがする。

勿論、当事者性がなければ研究をしてはならないということはない。また、私自身、自分なりの「正しい」動機があり、目指すところがあって研究を行っているつもりである。少年期から現在に至るまでに出会ってきた貧困・低所得状況で生きる人びと――生身としての「顔」をもつ人びと――に、研究者として応答する義務があるとも思っている。

しかしながら同時に、研究を行うこと自体に「誰々のため」という押しつけがましさや、個人的な欲望（問うこと／知ることの快等）が伴っていることも否定できない。居心地の悪さが残る。こんなことを考えていると、最終的には「社会福祉学（者）なんて、吹き飛んでしまえ」という気分になり、何も書けなくなる。かといって、「研究者」を名乗りながら何も書かないことは、それはそれでひどく無責任なことに思える。

だから、結局、私のような研究者にできることは、事実を積み重ねて、解釈を交えながら書いていくことしかない。そうやって居直って、調べて、考えて、書く。

＊＊＊

本書は、以上のような堂々巡りをしながら、多くの人の力を借りて書かれた。

とりわけ、インタビュー調査に協力してくださった当事者の皆さまには、心よりお礼申し上げたい。それぞれの「生活」（仕事、子育て、療養等）があるなかで、長時間のインタビュー調査に協力していただいた。本書の最良の部分は、皆さんが真剣に、時に笑い声をあげ、時に怒りや涙をにじませながら語ってくださった「語り」に負っている。

――このようにあっさりと書くと、なんだか「調査協力者」や「語り」の実在性が薄れる感じがしてしまう。しかし、現実には、具体的な文脈／時間／空間において、出会いや別れ、あるいはまた、思いがけない出来事を伴いながら「語り」は語られた。

＊＊＊

例えば、調査協力者であるHさんと初めて会ったのは、二〇一四年一一月二七日のことであった。その日の対面は、Hさんに調査の趣旨説明を行うことが目的であった。Hさんの希望もあり、趣旨説明の場には、Hさんの世帯を担当するケースワーカーが同席していた。

筆者＝私から一通りの調査の趣旨説明を受けると、Hさんは「話すネタはあるけど、これは何のための調査なのか？」、「何かA県B市に働きかけてくれるのか？」と質問をしてきた。さらりとした口調ではあったが、核心をつく問いだと思った。

私は、生活保護世帯の子育て・教育に関する実態を明らかにして、将来的な制度の改善につなげていきたいと考えていること、しかし、すぐに協力者の皆さんに何かを還元できるような調査ではないことを正直に伝えた。断られても仕方ないと覚悟していたが、ひとまず、Hさんは日を改めて調査を実施することに同意してくれた。

二〇一四年一二月四日、雨の日。私とHさんは、公共施設の会議室にて一対一で向き合っていた。改めて調査協力への同意を確認して、インタビューを開始した。インタビューを開始してしばらくすると、Hさんの語りは滑らかになり、逆に質問（三宅さんは、結婚しているのか？　子どもはいるのか？　等々）をしては語りを展開してくれた。

調査終了後、Hさんは、「こんなに話すことがあるとは思わなかった」と調査時間があっという間に過ぎたことに驚いていた。帰り際、Hさんは、唐突に個包装のミルクキャンディを四粒くれた。三粒は、帰り道と帰宅後に食べた。もう一粒は、何となく食べられず未だに手元に残っている。包装紙は色あせてしまった。

その後、Hさんは、二〇一五年度調査にも協力をしてくれた。また、二〇一六年度調査にも当初は協力を申し出てくれていた。しかし、この時期に新規に就労することとなり時間をとることが難しくなったとのことで、最終的に辞退された。なお、調査依頼文の返事には、「今回は、ご協力出来ず申し訳ありません。又、〔書類の〕返送も遅くなってしまい、すみません。これからの研究の成果、楽しみにしています。」とメモ書きを添えてくれた。

以上に加えて、本研究の実施、博士論文の執筆、そして、本書の出版に至るまで、多くの方々のお世話になった。本書で分析をしたインタビュー調査は、A県B市C福祉事務所の皆さまのご協力がなければなしえなかった。本来業務でご多忙ななかご協力いただいた職員の皆さま、とりわけ、福祉事務所長のDさん（調査実施当時）、ならびに、窓口として調整役をお引き受けいただいた職員Eさんに感謝申し上げたい。

また、インタビュー調査の実施に際しては、研究グループ（本書の表3-1参照）の皆さまに大変お世話になった。この場を借りてお礼申し上げる。

＊＊＊

次に、私が博士論文を提出し、今日に至るまで研究活動を続けられているのは、ひとえに指導教員の岡部卓先生（首都大学東京→明治大学）の学恩による。心より感謝申し上げたい。思い出してみると、私は、大学院生活（二〇一一年四月-二〇一八年三月）の大半を岡部先生の研究室に入り浸って過ごしてきた。先生の研究室では、茶菓子を片手に学問的な話をさせていただくとともに、社会福祉学の研究者／大学教員として「研究する」プロセスを傍で疑似体験させていただいた。先生の学恩に報いるためにも、これから先も「学問の険しい坂道をよじのぼる労苦」をいとわず研究に邁進していきたいと思う。

また、稲葉昭英先生（首都大学東京→慶應義塾大学）、矢嶋里絵先生（首都大学東京→東京都立大学）には博士論文の副査をお引き受けいただいた。博士論文の審査過程では、何度も私の論文に目を通していただき、稲葉先生には社会学的な視点から、また、矢嶋先生には法学的な視点から、批判的かつ建設的なご意見をいただいた。本書の「いい意味」での領域横断的な性格は先生方のご指導に負っている。また、稲葉先生には、博論執筆後も多くの学びの機会をいただいている。改めてお礼申し上げたい。

以上に加えて、阿部彩先生（首都大学東京→東京都立大学）には、先生のゼミナールや「子ども・若者貧困研究センター」における調査事業等で多くのことを学ばせていただいた。この場を借りて感謝申し上げたい。また、三浦元先生（首都大学東京・非常勤講師→東京都立大学・非常勤講師）には、「保護の実施要領」の読み方・解釈の仕方などを教えていただいた。改めてお礼申し上げたい。

首都大学東京・東京都立大学の先輩・同期・後輩の皆さまからは、複数性のなかで自由闊達に議論することの楽しさを教えていただいた。人数が多すぎるので個別に名前を挙げることはしないが、私と関わってくださったすべての方に感謝申し上げたい。

二〇一九年度からは、幸運にも立教大学・コミュニティ福祉学部・福祉学科で職を得ることができた。まともに働いたことのないポンコツな私が、どうにかこうにか働きながら研究活動を続けられたのは、恵まれた研究環境と学部学科の教職員の皆さまのおかげである。この場を借りてお礼申し上げたい。

本書を出版することができたのは、坏洋一先生（日本女子大学→東京都立大学）のお力添えと、生活書院の髙橋淳さんのご尽力のおかげである。深く感謝申し上げたい。髙橋さんと出版の打ち合わせをした際に「三宅さんにしか書けない、とんがったものを書いてください」と言われたことが記憶に残っている。この本が少しでも「とんがったもの」になっていれば幸いである。

また、友人のZackary, kaplanさんには、本書の装丁について、アイデアを提案してもらった。この場を借りてお礼申し上げたい。

最後に家族へ。研究者として生きることを肯定してくれた両親と妹に感謝をしたい。ありがとう。そして、共に生きてくれているパートナーに感謝したい。いつもありがとう。

＊＊＊

本書で用いている調査研究は、日本学術振興会の科学研究費助成事業・基盤研究（B）（JSPS：26285132、研究代表者：岡部卓）、ならびに、特別研究員奨励費（JSPS：16J01607、特別研究員：三宅雄大）の助成を受けて実施している。この場を借りてお礼申し上げる。

また、本書の出版にあたっては、立教大学の出版助成制度の助成を受けている。記して謝意を表したい。

参考文献

阿部彩（2013）「子どもにとっての公正」武川正吾編『シリーズ福祉社会学1　公共性の福祉社会学――公正な社会とは』東京大学出版会：73-99

阿部和光（2012）『生活保護の法的課題』成文堂

阿部峰子（2013）「大学生等のいる母子・寡婦世帯の母親の生活」北海道大学大学院教育学研究院・教育福祉論研究グループ『教育福祉研究』19：19-35

Agamben, Giorgio.（1995）*HOMO SACER: il potere sovrano e la nuda vita,* Einaudi.（＝2003 高桑和巳訳『ホモ・サケル――主権権力と剥き出しの生』以文社）

圷洋一（2011）「社会政策の捉え方（1）――「視点」としての社会政策、主体、客体」圷洋一・堅田香緒里・金子充・西村貴直・畑本裕介『社会政策の視点――現代社会と福祉を考える』法律文化社：1-16

青木紀（2003）「貧困の世代的再生産の現状――B市における実態」青木紀編著『現代日本の「見えない」貧困――生活保護受給母子世帯の現実』明石書店：31-83

青木紀（2007）「学校教育における排除と不平等――教育費調達の分析から」福原宏幸編著『社会的排除／包摂と社会政策』法律文化社：200-219

有倉遼吉（1977）「憲法と教育――憲法26条を中心として」永井憲一『教育権』三省堂：65-81

Berlin, Isaiah.（1969）*Four Essays on Liberty,* Oxford University Press.（＝1971 小川晃一・小池銈・福田歓一・生松敬三共訳『自由論』みすず書房）

Bourdieu, Pierre., Passeron, Jean-Claude.（1964）*Les Heritiers: Les Etudiants et la Culture,* Les Editions de Minuit.（＝1997 石井洋二郎監訳『遺産相続者たち――学生と文化』藤原書店）

Bourdieu, Pierre.（1979）*Les trois états du capital culturel.* In Actes de la recherche en sciences sociales（30）：3-6（＝1986

福井憲彦訳「文化資本の三つの姿」福井憲彦・山本哲士編集『actes』1: 日本エディタースクール出版部）

Cherniak, Christopher.（1986）*Minimal Rationality*, MIT Press.（= 2009 柴田正良監訳、中村直行・村中達也・岡庭宏之訳『最小合理性』勁草書房）

Danermark, Berth., Ekström, Mats., Jakobsen, Liselotte., Karlsson, Jan Ch.（2002）*Explaining Society: Critical Realism in the Social Sciences*, Routledge.（= 2015 佐藤春吉監訳『社会を説明する――批判的実在論による社会科学論』ナカニシヤ出版）

Edin, Kathryn., Kefalas, Maria.（2011）*Promises I Can Keep: Why Poor Women Put Motherhood before Marriage*. University of California Press.

Esping-Andersen, Gøsta.（1990）*The Three World of Welfare Capitalism*, Basil Blackwell.（= 2001 岡沢憲芙・宮本太郎監訳『福祉資本主義の三つの世界――比較福祉国家の理論と動態』ミネルヴァ書房）

Esping-Andersen, Gøsta.（2009）*The Incomplete Revolution: Adapting to Women's New Roles*, Polity Press.（= 2011 大沢真理監訳『平等と効率の福祉革命――新しい女性の役割』岩波書店）

Ferraris, Maurizio.（2013）*Documentality: Why It is Necessary to Leave Traces*, Fordham University Press.

Ferraris, Maurizio.（2014）*Manifesto of New Realism*, Sunny Press.

Ferraris, Maurizio.（2015a）*New Realism: A Short Introduction*, in Gironi Fabio, Austin Michael, Jackson Robert（eds）. *Speculations VI*,（pp. 141-164）punctum books.（= 2018 清水一浩訳「新しい実在論――ショート・イントロダクション」『現代思想　10月臨時増刊号』46（14）: 177-199）

Ferraris, Maurizio.（2015b）*Positive Realism*, Zero Books.

Fitzpatrick, Tony.（1999）*Freedom and Security: An Introduction to the Basic Income Debate*, Macmillan Press.（= 2005 武川正吾・菊地英明訳『自由と保障――ベーシック・インカム論争』勁草書房）

Fitzpatrick, Tony.（2011）*Welfare Theory: An Introduction to the Theoretical Debates in Social Policy 2nd ed*, Palgrave Macmillan.

藤原千沙（2012）「ひとり親／ふたり親世帯の格差と貧困の影響」内閣府『平成23年度　親と子の生活意識に関する調査』

218-229
長谷川裕（1993）「生活困難層の青年の学校『不適応』――彼らはそれをどう体験しているか」久冨善之編『豊かさの底辺に生きる――学校システムと弱者の再生産』青木書店
畠山弘文（1989）『官僚制支配の日常構造――善意による支配とは何か』三一書房
林明子（2016）『生活保護世帯の子どものライフストーリー――貧困の世代的再生産』勁草書房
樋口くみ子（2014）「〈第2世代〉のライフ・イベントと家族にかかる負担」長谷川裕編著『格差社会における家族の生活・子育て・教育と新たな困難』旬報社：132-149
平沢和司・古田和久・藤原翔（2013）「社会階層と教育研究の動向と課題――高学歴化社会における格差の構造」日本教育社会学会編『教育社会学研究』93：151-191
Hirose, Iwao.（2015）*Egalitarianism*, Routledge.（= 2016 齊藤拓訳『平等主義の哲学――ロールズから健康の分配まで』勁草書房）
Holstein, James A., Gubrium, Jaber F.（1995）*The Active Interview*, Sage Publications, Inc.（= 2004 山田富秋・兼子一・倉石一郎・矢原隆行訳『アクティヴ・インタビュー――相互行為としての社会調査』せりか書房）
稲葉昭英（2011）「ひとり親家庭における子どもの教育達成」佐藤嘉倫・尾嶋史章編『現代の階層社会1――格差と多様性』東京大学出版会：239-252
稲葉昭英（2012）「ひとり親世帯と子どもの進学期待・学習状況」内閣府『平成23年度　親と子の生活意識に関する調査』191-198
乾彰夫編・東京都立大学「高卒者の進路動向に関する調査グループ」著（2006）『18歳の今を生きぬく――高卒1年目の選択』青木書店
乾彰夫（2006）「『高校1年目』の若者たちが直面していること――まとめにかえて」乾彰夫編・東京都立大学「高卒者の進路動向に関する調査グループ」著『18歳の今を生きぬく――高卒1年目の選択』青木書店：255-273
石田浩（2012）「相対的貧困と親および子の行動と意識」内閣府『平成23年度　親と子の生活意識に関する調査』180-190

岩永理恵（2009）「生活保護制度における自立概念に関する一考察――自立支援および自立支援プログラムに関する論議を通して」日本社会福祉学会『社会福祉学』49（4）：40-51
岩田正美（1991）「ニードと資源」大山博・武川正吾編『社会政策と社会行政――新たな福祉の理論の展開をめざして』法律文化社：43-67
篭山京（1984）『篭山京著作集――第６巻 貧困児の教育』ドメス出版
梶野光信・柊澤利也（2017）「ユースソーシャルワーカーによる高校生支援」末冨芳編著『子どもの貧困対策と教育支援――より良い政策・連携・協働のために』明石書店：289-305
兼子仁（1971）『国民の教育権』岩波書店
Kant, Immanuel.（1785）*Grundlegung Zur Metaphysik Der Sitten.*（＝2004 宇都宮芳明訳・注解『道徳形而上学の基礎づけ』以文社）
苅谷剛彦（2001）『階層化日本と教育危機――不平等再生産から意欲格差社会へ』有信堂
堅田香緒理・山森亮（2006）「分類の拒否――『自立支援』ではなくベーシックインカムを」『現代思想』34（14）青土社：86-99
菊池健志・大澤弘美・長谷部慶章（2017）「子どもへの支援」『生活保護ソーシャルワークはいま――より良い実践を目指して』ミネルヴァ書房：160-182
木村忠二郎（1958）『生活保護法の解説（第２次改訂版）』時事通信社
岸政彦（2015）「鉤括弧を外すこと――ポスト構築主義社会学の方法論のために」『現代思想』43（11）青土社：188-207
岸政彦（2016a）「マンゴーと手榴弾――語りが生まれる瞬間の長さ」『現代思想』44（1）青土社：58-68
岸政彦（2016b）「タバコとココア――『人間に関する理論』のために」『at+――特集　生活史』28、太田出版：112-131
岸政彦（2018）『マンゴーと手榴弾――生活史の理論』勁草書房
北田暁大（2018）『社会制作の方法――社会は社会を創る、でもいかにして？』勁草書房
小林雅之（2008）『進学格差――深刻化する教育費負担』ちくま新書

小西祐馬（2003）「貧困と子ども」青木紀編『現代日本の「見えない」貧困――生活保護受給母子世帯の現実』明石書店：85-109

小山進次郎（1975）『改訂増補　生活保護法の解釈と運用（復刻版）』中央社会福祉協議会

熊谷晋一郎（2013）『ひとりで苦しまないための「痛みの哲学」』青土社

栗原康（2020）『奨学金なんかこわくない！――「学生に賃金を」完全版』新評論

Lareau, Annette.（2011）*Unequal Childhoods: Class, Race, and Family Life. 2d ed*, University of California Press.

Lipsky, Michael.（1980）*Street-Level Bureaucracy*, The Russel Sage Foundation.（= 1986　田尾雅夫訳『行政サービスのディレンマ――ストリート・レベルの官僚制』木鐸社）

Lovett, Frank.（2010）*A General Theory of Domination & Justice*, Oxford University Press.

前馬優策（2014）「子どもへの『願望』にみる現代社会――A団地における『学歴期待』」長谷川裕編著『格差社会における家族の生活・子育て・教育と新たな困難』旬報社：261-283

牧園清子（1999）『家族政策としての生活保護――生活保護制度における世帯分離の研究』法律文化社

牧園清子（2006）「生活保護における世帯認定の動向」『松山大学論集』18（4）：161-182

松本伊智郎（2013）「教育は子どもの貧困対策の切り札か?――特集の趣旨と論点」貧困研究会編集『貧困研究』11、明石書店：4-9

Mill, John Stuart.（1867）*Inaugural Adress delivered to the University St. Andrews, Feb 1st 1867*, Rector of the University: London Longman, Green, Reader, and Dyer, MDCCCLX Ⅶ.（= 2011 竹内一誠訳『大学教育について』岩波書店）

耳塚寛明（2002）「誰がフリーターになるのか――社会階層的背景の検討」小杉礼子編『自由の代償／フリーター――現代若者の就業意識と行動』日本労働研究機構：133-148

宮島基（2013）「家族を支える女性たち――若者の移行とケアワーク」乾彰夫編『高卒5年　どう生き、これからどう生きるのか――若者たちが〈大人になる〉とは』大月書店：145-180

宮島喬（2017）『増補新版　文化的再生産の社会学――ブルデュー理論からの展開』藤原書店

三宅雄大（2014）「生活保護受給世帯における『大学等』への就学機会に関する研究――養育者とソーシャルワーカーの役割に着目して」日本社会福祉学会編『社会福祉学』55（2）：40-53
三宅雄大（2015）「生活保護受制度における高等学校等・大学等就学の『条件』に関する研究――『生活保護制度の実施要領』の分析を通じて」日本社会福祉学会編『社会福祉学』55（4）：1-13
三宅雄大（2017）「生活保護利用有子世帯の養育者による『自立』の解釈――養育者の語りをとおして――」日本社会福祉学会編『社会福祉学』57（4）：14-27
三宅雄大（2019）「生活保護制度における高等学校等卒業後の就職に関する研究――「保護の実施要領」の分析を通じて」貧困研究会編『貧困研究』22，明石書店：96-107
宮本太郎（2013）『社会的包摂の政治学――自立と承認をめぐる政治対抗』ミネルヴァ書房
盛満弥生（2011）「学校における貧困の表れとその不可視化――生活保護世帯出身生徒の学校生活を事例に」日本教育社会学会編『教育社会学研究集』88：273-294
宗像誠也（1975）「教育行政（第10条）」宗像誠也編著『改訂新版　教育基本法』新評論：263-297
長瀬正子（2011）「高学歴達成を可能にした条件――大学等進学者の語りから」西田芳正編著　妻木進吾・長瀬正子・内田龍史著『児童養護施設と社会的排除――家族依存社会の臨界』解放出版社：113-132
中嶋哲彦（2020）『国家と教育――愛と怒りの人格形成』青土社
中村睦男・永井憲一（1972）「社会的生存権としての教育権の構造――その歴史的形成と問題解明への視点」小川利夫・永井憲一・平原春好編『教育と福祉の権利』勁草書房：26-57
仲村優一（2002）「公的扶助における処遇論」『仲村優一社会福祉著作集　第五巻「公的扶助論」』旬報社：226-238
中澤渉（2015）「日本の公教育費が抱える問題」貧困研究会編『貧困研究』15，明石書店：57-70
仁平典宏（2009）「〈シティズンシップ／教育〉の欲望を組み替える――拡散する〈教育〉と空洞化する社会権」広田照幸『自由への問い　教育――せめぎあう「教える」「学ぶ」「育てる」』岩波書店：173-202
仁平典宏（2015）「〈教育〉化する社会保障と社会的排除――ワークフェア・人的資本・統治性」日本教育社会学会編『教

育社会学研究』9：175-196
日本財団・子どもの貧困対策チーム（2016）『徹底調査　子供の貧困が日本を滅ぼす――社会的損失40兆円の衝撃』文藝春秋
西田芳正（2012）『排除する社会・排除に抗する学校』大阪大学出版会
西尾勝（2001）『行政学　新版』有斐閣
野家啓一（2005）『物語の哲学』岩波書店
Nussbaum, Martha C.（2000）*Women and Human Development: The Capabilities Approach*, Cambridge University Press.（＝2005　池本幸生・田口さつき・坪井ひろみ訳『女性と人間開発――潜在能力アプローチ』岩波書店）
小川正人（2019）『日本社会の変動と教育政策』左右社
小川政亮（2007）「社会保障法と教育権――一つの接点としての教育扶助と教育補助の場合を中心に」小川政亮著作編集委員会編『小川政亮著作集4――家族・子どもと社会保障』大月書店：230-255
小川利夫（1972）「児童観と教育の再構成――『教育福祉』問題と教育法学」小川利夫・永井憲一・平原春好編『教育と福祉の権利』勁草書房：2-25
岡部卓（1991）「公的扶助における援助者側の意識――母子世帯の援助をめぐって」『日本社会事業大学社会事業研究所年報』27：217-244
岡部卓（2009）「生活保護における自立支援（第54回　日本社会保障法学会大会　ミニシンポジウムB　生活保護受給者に対する自立支援プログラムの意義と問題点）」日本社会保障法学会編『社会保障法』24，法律文化社：152-166
岡部卓（2013）「『貧困の世代間継承』にどう立ち向かうか――生活保護制度における教育費保障の観点から」貧困研究会編『貧困研究』11：29-39
岡部卓（2014）『新版　福祉事務所ソーシャルワーカー必携――生活保護における社会福祉実践』社会福祉法人全国社会福祉協議会
岡部卓・三宅雄大（2019）「社会保障とナショナル・ミニマム――〈福祉の論理〉から見た子どもの貧困と生活保護」山野

良一・湯澤直美編／松本伊智郎編集代表『シリーズ子どもの貧困⑤　支える・つながる――地域・自治体・国の役割と社会保障』明石書店：71-108
大澤真平（2008）「子どもの経験の不平等」北海道大学大学院教育学研究院・教育福祉論研究グループ『教育福祉研究』14：1-13
大内裕和（2017）『奨学金が日本を滅ぼす』朝日新聞出版
大内裕和（2020）『教育・権力・社会――ゆとり教育から入試改革問題まで』青土社
Oshio, Takashi., Sano, Shinpei. and Kobayashi, Miki.（2010）.*Child Poverty as a Determinant of Life Outcomes: Evidence from Nationwide Survey in Japan*, Social Indicator Research, 99（1）, 81-99.
Pettit, Philip.（2011）*The Instability of Freedom as Non-interference: The Case of Isaiah Berlin*, Ethics, 121（4）, 693-716.
Pettit, Philip.（2012）*On the People's Terms: A Republican Theory and Model of Democracy*, Cambridge University Press.
Rawls, John.（1999）*A Theory of Justice: revised edition*, Harvard University.（= 2010 川本隆史・福間聡・神島裕子訳『正義論　改訂版』紀伊国屋書店）
桜井厚（2002）『インタビューの社会学――ライフストーリーの聞き方』せりか書房
笹沼弘志（2008）『ホームレスと自立／排除――路上に〈幸福を夢見る権利〉はあるか』大月書店
Sen, Amartya.（1985）*Commodities and Capabilities*, Oxford University Press.（= 1988 鈴村興太郎訳『福祉の経済学――財と潜在能力』岩波書店）
Sen, Amartya.（1992）*Inequality Reexamined*, Oxford University Press.（= 1992 池本幸生・野上裕生・佐藤仁訳『不平等の再検討』岩波書店）
Sen, Amartya.（1999）*Development as Freedom*, Oxford University Press.（= 2000 石塚雅彦訳『自由と経済開発』日本経済新聞出版社）
Sen, Amartya.（2009）*The Idea of Justice*, Penguin Books.（= 2011 池本幸生訳『正義のアイデア』明石書店）
白沢久一（1978）「公的扶助行政と貧困学童対策――「教育扶助」の処遇を中心に」小川利夫・土井洋一編著『教育と福祉

の理論』一粒社：214-270
Spicker, Paul.（1984）*Stigma and Social Policy*, Prentice Hall.（＝1987 西尾祐吾訳『スティグマと社会福祉』誠信書房）
Standing, Guy（2011）*The Precariat: The New Dangerous Class*, Bloomsbury Academic.（＝2016 岡野内正監訳『プレカリアート――不平等社会が生み出す危険な階級』法律文化社）
鈴木一郎（1967）「生活保護法における世帯単位の原則と世帯分離――とくに子供が高校以上に進学した場合における」『生活保護法の法社会学的研究』勁草書房：270-302
高山武志（1981）「教育と貧困」江口英一編『社会福祉と貧困』法律文化社：115-134
武川正吾（2009）『社会政策の社会学――ネオリベラリズムの彼方へ』ミネルヴァ書房
田中秀佳（2019）「教育の無償化の政策動向と制度原理」日本教育法学会編『日本教育法学会年報　教育における平等と「市民社会」』48, 有斐閣：82-90
田中総一郎（2013）「生活保護受給世帯の中学生の学習・生活実態と教育支援」社会政策学会編『社会政策』5（2）：114-126
田中拓道（2011）「脱商品化とシティズンシップ――福祉国家の一般理論のために」『思想』No.1043、岩波書店：145-163
田中拓道（2016）「承認論の射程――社会政策の新たなパラダイム」田中拓道編『承認――社会哲学と社会政策の対話』法政大学出版会：5-35
立岩真也（2013）『私的所有論――第2版』生活書院
知念渉（2012）「〈ヤンチャな子ら〉の学校経験――学校文化への異化と同化のジレンマのなかで」日本教育社会学会『教育社会学研究』91：73-94
戸室健作（2017）「拡大する子育て貧困世帯」『現代思想』45（7）, 青土社：210-218
妻木進吾（2005）「本当に不利な立場におかれた若者たち――フリーターの析出に見られる不平等の世代間再生産」（社）部落解放・人権研究所編『排除される若者たち――フリーターと不平等の再生産』解放出版社：24-65
トロウ・マーチン（天野郁夫・喜多村和之訳）（1976）『高学歴社会の大学――エリートからマスへ』東京大学出版会

埋橋孝文（2007）「ワークフェアの国際的席捲――その論点と問題点」埋橋孝文編著『ワークフェア――排除から包摂へ？』法律文化社：15-45

Willis, Paul E.（1977）*Learning to Labour: How Working Class Kids Get Working Class Jobs*, Saxon House.（＝1996 熊沢誠・山田潤訳『ハマータウンの野郎ども』筑摩書房）

山田哲也（2016）「格差・貧困から公教育を問い直す」『教育　変革への展望2――社会のなかの教育』）岩波書店：103-138

山森亮（2009）『ベーシック・インカム入門――無条件給付の基本所得を考える』光文社

山野良一（2017）「子どもの貧困対策を斬る」『現代思想』45（7），青土社：200-209

山崎真秀（1994）『憲法と教育人権』勁草書房

矢野眞和（2015）『大学の条件――大衆化と市場化の経済分析』東京大学出版会

横山孝子（2001）「生活保護法における学習権保障の検討――要保護世帯児童の高校修学をめぐって」熊本学園大学社会関係学会『社会関係研究』7（2）：97-126

Young, Iris Marion.（2011）*Responsibility for Justice*, Oxford University Press.（＝2014 岡野八代・池田直子訳『正義への責任』岩波書店）

本書のテキストデータを提供いたします

本書をご購入いただいた方のうち、視覚障害、肢体不自由などの理由で書字へのアクセスが困難な方に本書のテキストデータを提供いたします。希望される方は、以下の方法にしたがってお申し込みください。

◎データの提供形式＝CD-R、フロッピーディスク、メールによるファイル添付（メールアドレスをお知らせください）。

◎データの提供形式・お名前・ご住所を明記した用紙、返信用封筒、下の引換券（コピー不可）および200円切手（メールによるファイル添付をご希望の場合不要）を同封のうえ弊社までお送りください。

●本書内容の複製は点訳・音訳データなど視覚障害の方のための利用に限り認めます。内容の改変や流用、転載、その他営利を目的とした利用はお断りします。

◎あて先
〒160-0008
東京都新宿区四谷三栄町6-5 木原ビル303
生活書院編集部　テキストデータ係

【引換券】
「縮減」される
「就学機会」

著者紹介

三宅雄大
（みやけ・ゆうだい）

1988年生。首都大学東京（現：東京都立大学）人文科学研究科博士後期課程修了。博士（社会福祉学）。現在、立教大学コミュニティ福祉学部助教。
主な論文に、「生活保護受給世帯における『大学等』への就学機会に関する研究：養育者とソーシャルワーカーの役割に着目して」日本社会福祉学会『社会福祉学』55（2），40-53，2014年など。

「縮減」される「就学機会」
——生活保護制度と大学等就学

発　行———— 2021年2月15日　初版第1刷発行
著　者———— 三宅雄大
発行者———— 髙橋　淳
発行所———— 株式会社　生活書院
〒160-0008
東京都新宿区四谷三栄町6-5 木原ビル303
ＴＥＬ 03-3226-1203
ＦＡＸ 03-3226-1204
振替 00170-0-649766
http://www.seikatsushoin.com
印刷・製本—— 株式会社シナノ

Printed in Japan

ISBN 978-4-86500-124-2

定価はカバーに表示してあります。
乱丁・落丁本はお取り替えいたします。